Ordet og nadveren

Ordet og nadveren

Artikler og foredrag om dansk liturgi

af HOLGER VILLADSEN

BOOKS ON DEMAND

København 2020

Ordet og nadveren:
Artikler og foredrag om dansk liturgi.
Af Holger Villadsen

Forlag: BoD – Books on Demand, København, Danmark
Fremstilling: BoD – Books on Demand, Norderstedt, Tyskland

ISBN: 978-87-4301--457-7

MIX
Papir fra ansvarlige kilder
Paper from responsible sources
FSC® C105338

INDHOLD

Forord

I 1992 fik Den Danske Folkekirke en ny alterbog, der også omfattede en ny højmesseordning. Alterbogen blev autoriseret ved kongelig resolution af 12. juni 1992 og efterfølgende trykt med titlen *Den Danske Alterbog* (København 1992).

Det grundlæggende arbejde forud for den nye alterbog var blevet udført af liturgikommissionen, der blandt andet i 1975 udsendte en betænkning om *De bibelske læsninger i gudstjenesten* (Betænkning nr. 750, København 1975) og 10 år senere et *Forslag til Alterbog* (Betænkning nr. 1057, København 1985).

Forud for autorisationen af alterbogen i 1992 blev liturgikommissionens forslag revideret af biskopperne, der i 1991 udsendte et *Oplæg til Gudstjenesteordning*. Oplægget omfattede et revideret forslag til alterbog, højmesseordning, ritualer og alterbogstillæg. Den autoriserede alterbog fra 1992 er næsten identisk med biskoppernes oplæg fra 1991, men i den trykte alterbog var dog indarbejdet den nye bibeloversættelse, som var blevet autoriseret samme år, den 19. februar 1992.

Et markant træk ved den nye alterbog og den nye højmesseordning var, at de bibelske læsninger i gudstjenesten blev indledt med en læsning fra Det Gamle Testamente. Det var et hovedpunkt i liturgikommissionens to forslag, og det blev fulgt af biskopperne, som dog i et vist omfang reviderede det konkrete perikopevalg. Desuden er der i den autoriserede højmesseordning fra 1992 en mulighed for kun at have to bibelske læsninger, hvor det ikke nødvendigvis er sådan, at den første læsning er taget fra Det Gamle Testamente.

En afgørende forskel på liturgikommissionens to forslag og den autoriserede alterbog er, at den nytestamentlige epistel ifølge liturgikommissionen skulle bruges som udgangslæsning til slut i gudstjenesten, efter nadveren, mens den efter normalordningen i den autoriserede højmesseordning er den anden bibellæsning i gudstjenestens første del før prædikenen.

Den danske normalordning fra 1992 med perikopestrukturen GT – Epistel – Evangelium følger den almindelige økumeniske tendens i den katolske kirke, i den anglikanske kirke og i vore lutherske nabokirker, mens liturgikommissionens forslag med en epistel som udgangslæsning ville have etableret en ny dansk liturgisk særtradition uden paralleller i hverken historie eller samtid.

I den periode, hvor biskopperne arbejdede med den indstilling, som endte med at blive autoriseret i 1992, fungerede jeg som liturgisk sekretær for biskopperne. Og i denne periode fra 1988 til 1994 skrev jeg nogle artikler og holdt en del foredrag, som jeg efterfølgende i 2011 samlede og udgav i bogen *Folkekirkens gudstjenestereform 1992* (Books on Demand 2011).

Året forinden havde jeg udgivet en anden artikelsamling *Perikoper og kirkeår i oldkirken* (Books on Demand 2010). Bogens emne er oldkirkelige perikopeordninger, og de pågældende artikler er hovedsageligt skrevet i perioden 1987-91, hvor det var til debat, hvilken højmesseordning og perikopestruktur, der skulle være i Den Danske Folkekirke. Bogens artikler handler dog ikke om dansk liturgi, men om de oldkirkelige liturgier i Jerusalem, Konstantinopel og Rom.

Denne bog, *Ordet og nadveren*, er en tredje samling af artikler og foredrag om liturgi, især den danske højmesseordning. De er alle skrevet eller holdt efter 1992, hvor folkekirken fik en ny gudstjenesteordning og en ny alterbog. Der er tale om opfølgende og opklarende artikler, hvoraf flere forsøger at give et længere historisk perspektiv, ofte med fokus på overgangen fra senmiddelalderlig latinsk liturgi til efterreformatorisk dansk liturgi.

Den første af bogens artikler handler om *Nikænum i dansk liturgisk tradition*. Højmesseordningen fra 1992 har to sidestillede trosbekendelser: den apostolske trosbekendelse og nikænske trosbekendelse. Den nikænske trosbekendelse kaldes også mere præcist den nikænokonstantinopolitanske trosbekendelse.

I den tidligere højmesseordning fra Biskoppernes Vejledning 1949 og 1955 var den nikænokonstantinopolitanske trosbekendelse anført i en fodnote, og der stod, at den undtagelsesvist kunne bruges. Liturgikommissionen foreslog i betænkningen fra 1985, at de to trosbekendelser blev anført som to sidestillede muligheder. Der var ikke nogen videre debat om punktet i høringerne og offentligheden, og biskopperne fulgte i deres indstilling liturgikommissionens forslag. Ordlyden af den danske version af Nikænum blev ikke forandret. Det var en oversættelse af den latinske version, som Regin Prenter havde udarbejdet engang før 1949.

Et af sporene i artiklen drejer sig om forholdet til den latinske, middelalderlige liturgi. Her er der både tale om kontinuitet og brud. Kontinuiteten viser sig ved, at det latinske Nikænum også bliver brugt i Danmark efter reformationen, omend kun i begrænset omfang og i en begrænset periode. Bruddet kommer til udtryk i, at den nikænske trosbekendelse som den normale gudstjenstlige trosbekendelse bliver erstattet af en nyformuleret trossalme på dansk, og at man hører op med at bruge den oldkirkelige bekendelsestekst i gudstjenesten. I løbet af 1800-tallet hører man op med at bruge den danske trossalme, sådan at der i en periode normalt slet ikke var nogen trosbekendelse i gudstjenesten. I første halvdel af 1900-tallet vender trosbekendelsen tilbage, og her i form af Apostolikum efter evangelielæsningen fra alteret.

Et andet spor i artiklen drejer sig om 'filioque', der som bekendt indgår i den latinske version af Nikænum. Undersøgelsen viser, at de danske reformatorer overtog Nikænum fra den eksisterende senmiddelalderlige tradition, og her fulgte filioque med – både i den latinske tekst og i de senere danske oversættelser. På den anden side har jeg ikke fundet spor af bestemmelser om, at folkekirken er forpligtet til bruge den latinske version af Nikænum som grundtekst, selv om vi hidtil har gjort det. Så jeg slutter artiklen med et forslag til ny dansk oversættelse af Nikænum på grundlag af den græske grundtekst – og det er naturligvis uden filioque.

Ifølge en meget almindelig opfattelse var der oprindelig i gudstjenesten en tre- eller fire-ledet perikopestruktur med en eller to indledende gammeltestamentlige læsninger, men allerede i oldkirken forsvandt den eller de gammeltestamentlige læsninger og i stedet kom der i den romerske liturgitradition en to-ledet perikopestruktur: Epistel og Evangelium. Ifølge denne opfattelse må det være en undtagelse eller en form for uorden, at der i de tidligste danske alterbøger var gammeltestamentlige læsninger på fem helligdage.

I den anden af bogens artikler, *Gammeltestamentlige læsninger og kirkeår i Danmark på reformationstiden*, undersøger jeg nærmere brugen af gammeltestamentlige læsninger på reformationstiden. Og her viser der sig et klart mønster. Det var ikke en undtagelse eller en uorden, at der i den første danske alterbog efter reformationen, Palladius' alterbog fra 1556, var gammeltestamentlige læsninger på fem helligdage i kirkeåret. Det er i klar forlængelse af et mønster i de senmiddelalderlige missaler, hvor der var et stort antal gammeltestamentlige læsninger – blot ikke på søndagene.

Perikopestrukturen i de senmiddelalderlige missaler var normalt toledet, og den sidste læsninger var altid en evangelielæsning. Men den første læsning var ikke altid en epistel. Det kunne også være en gammeltestamentlig læsning – og det var det på mange dage i kirkeåret. Men på søndagene var den første læsning altid (næsten altid) en epistel, det var aldrig (eller næsten aldrig) en gammeltestamentlig læsning.

Perikopevalget i den første danske reformatoriske alterbog var på de fleste dage sammenfaldende med perikopevalget i de senmiddelalderlige missaler, men når kirkeåret i alterbogen blev reduceret til stort kun at omfatte søndage, faldt de fleste af de gammeltestamentlige læsninger væk, selv om der hos reformatorerne ikke var nogen intention om at eliminere de gammeltestamentlige læsninger.

Den tredje af bogens artikler handler om valget af gammeltestamentlige perikoper i Den Danske Alterbog (1992). Titlen er *»På gudstjenestens betingelser«*, og det er et programmatisk citat fra biskoppernes *Oplæg til Gudstjenesteordning* (juni 1991). Ordene var i 1991 formuleret i bevidst modsætning til liturgikommissionen, der i den grå betænkning fra 1975 havde skrevet, at den gammeltestamentlige læsning »skal lyde i kirken på sine egne betingelser«.

Artiklen blev oprindelig holdt på bestilling som et mundtligt oplæg på en temadag på Københavns Universitet den 25. februar 2015. Frederik Poulsen havde fået en bevilling til et forskningsprojekt om »Det Gamle Testamente i gudstjenesten« og arrangerede i den forbindelse en temadag. Efterfølgende blev der udgivet en bog, *Bibelen i gudstjenesten* (2015), som blandt andet indeholder flere af temadagens oplæg i bearbejdet form.

Det er ikke et specielt dansk fænomen, at der i slutningen af 1900-tallet blev indført gammeltestamentlige læsninger – det er et led i en bred økumenisk bevægelse, som også omfatter de lutherske nabokirker. Men det konkrete valg af gammeltestamentlige læsninger i Den Danske Alterbog 1992 er i mange tilfælde specielle danske valg. Det er resultatet af et samspil mellem liturgikommissionens betænkninger og biskoppernes efterfølgende bearbejdelse.

Hovedsagen i artiklen er en historisk oversigt over, hvordan det gik til, at der i den danske alterbog kom en indledende gammeltestamentlig læsning. Fokus er især på liturgikommisssionens to betænkninger fra henholdsvis 1975 og 1985 og biskoppernes efterfølgende bearbejdelse af forslagene på grundlag af udtalelserne fra forsøgsperioden fra 1986 til 1988. Artiklen går ikke i detaljer med det konkrete perikopevalg, men holder sig til de overordnede linjer og principper.

Liturgikommissionens forslag om at inddrage gammeltestamentlige læsninger blev taget godt imod af de fleste præster og menigheder, der udtalte sig om forslaget. Og den autoriserede alterbog fra 1992 blev også hurtigt taget i brug af de fleste præster og menigheder – inklusive de gammeltestamentlige læsninger. Men man kunne godt have fravalgt dem.

I 2016 besluttede de danske biskopper at nedsætte tre faggrupper, som skulle undersøge og beskrive folkekirkens nuværende liturgiske situation og de spørgsmål den rejser. Faggrupperne afsluttede deres arbejde med tre rapporter, den første i 2018 og de to sidste i 2019.

Faggrupperne begyndte deres arbejde ved en fælles liturgidag i Odense, den 2. november 2016. Ved den lejlighed var jeg, som tidligere liturgisk sekretær for biskopperne, inviteret til at komme med en orientering om *Det liturgiske arbejde i Folkekirken*. Denne orientering har jeg efterfølgende revideret og fremlægger her i trykt form.

Emnet for mit oplæg var især den seneste fase af arbejdet forud for autorisationerne i 1992 af alterbog og ritualer, og fokus i orienteringen lå snarere på beslutningsprocesserne, både på landsplan og decentralt, end på selve indholdet.

Kirkeministeriet havde i 1970 nedsat en liturgisk kommission, som arbejdede i 17 år og fremlagde nogle betænkninger. Kirkeministeren bad derefter biskopperne om en udtalelse om betænkningerne. Denne udtalelse kom til at bygge på flere omfattende høringer, og det medførte, at biskoppernes udtalelse ikke bare blev et ja eller et nej, men blev et revideret forslag til ny alterbog, ny højmesseordning og nye ritualer.

Efter min personlige vurdering er der et samspil mellem den principielle decentralisering af 'den liturgiske magt' til sogneniveau og de regler på landsplan, der bliver fastsat ved kongelig resolution. Uden centrale regler i form af autoriserede ritualer, der gælder folkekirken som helhed, er der en fare for, at 'den liturgiske magt' i stedet flyttes opad til provst og biskop. Og derfor slutter jeg med at spørge, om det er klogt at stille frihed og autorisation op som to modsætninger.

I 2017 fejrede vi i Danmark 500 års jubilæum for reformationen. I den forbindelse blev jeg inviteret til at holde et foredrag ved det årlige møde i Lolland-Falsters Stiftskonvent. Emnet for foredraget var *Reformationen og gudstjenesterne i Danmark*.

Der er tale om et almindeligt kirkehistorisk eller liturgihistorisk foredrag. Når jeg alligevel har ment, at foredraget godt kunne tages med i denne artikelsamling, skyldes det, at den beskæftiger sig med et emne, som indtager en central plads i andre af samleværkets artikler, nemlig kontinuiteten mellem latinsk liturgi i Danmark før reformationen og dansk liturgi efter reformationen.

Den sidste af bogens artikler handler om oldkirkelige spor i dansk nadverliturgi. Det drejer sig mere præcist om nadverbøn C i den autoriserede højmesseordning fra 1992. Artiklens overskrift, *»I kor med alle engle«*, er et citat fra denne nadverbøn, der har tydelige oldkirkelige spor.

Det elementære spørgsmål er, om det er muligt at sige noget mere præcist om, hvorfra de oldkirkelige spor stammer? Min konklusion er, at det umiddelbare danske forlæg er et forslag udarbejdet i 1943 af et udvalg under Dansk Kirkesang. Og dette forslag følger ikke en bestemt oldkirkelig nadverliturgi, men er en selvstændigt udformet dansk nadverbøn med inspiration fra forskellige oldkirkelige nadverliturgier.

Som bilag til artiklen aftrykkes et antal danske nadverliturgier og forslag til nadverliturgier, fra 1500-tallet til 1900-tallet.

Sakskøbing, februar 2020
Holger Villadsen

Efterfølgende artikel om Nikænum blev oprindelig trykt i Dansk Teologisk Tidsskrift 71 (2008), s. 1-27.

Nikænum i dansk liturgisk tradition[1]

Abstract: This article examines the use of the Nicene Creed in the Church of Denmark from 1514 to 1992 when a new Service Book, *Den Danske Alterbog*, was authorized for use in the Evangelical Lutheran Church of Denmark. The Reformation replaced the Nicene Creed with a Danish hymn, but until 1640 the Latin Nicene Creed was sung in some cases. The Latin text was the same as in the medieval missals and was printed 1573 in the *Gradval* edited by Niels Jesperssøn. From 1640 to the 19th century the creed was sung only in the hymnal form. In the 19th century the creed as a hymn gradually disappeared. In 1949 the Danish bishops edited a new Service Book with an order for High Mass, where the creed was the Apostles' Creed, and where the Nicene Creed in Danish translation was placed in a footnote. In the Service Book from 1992 the two creeds are in principle placed at the same level. The article ends with the proposal of a new Danish translation of the Nicene Creed based on the Greek version known from the Council of Chalcedon 451.

Emnet for efterfølgende undersøgelse er brugen af Nikænum i dansk liturgi, herunder trosbekendelsens sproglige form og liturgiske kontekst.

1 Omarbejdet version af et foredrag, der blev holdt den 28. august 2000 i *Forum for Patristik.* Ved »Nikænum« forstås i denne sammenhæng den trosbekendelse, som i ældre dansk tradition, eksempelvis i Danske Lov 1683, kaldes det »Nicæniske« symbol. I moderne symbolik kaldes symbolet ofte den nikæno-konstantinopolitanske trosbekendelse; sidstnævnte navn har jeg i dansk sammenhæng ikke fundet længere tilbage end i Peter Erasmus Müllers bog om de tre oldkirkelige symboler: *Den christne Kirkes almindelige Symboler* (København: Andreas Seidelin 1817), 126 og 138.

Men Nikænum også er bekendelsesskrift i Den Danske Folkekirke, og derfor vil jeg indlede med en kort redegørelse for Nikænum som bekendelsesskrift.

Nikænum som bekendelsesskrift

Bestemmelserne om, hvad der er Den Danske Folkekirkes bekendelsesskrifter, skal ikke findes i grundloven, men i *Kong Christian Den Femtis Danske Lov* fra 1683.[2] Her står der følgende i anden bogs første kapitel:

> Den Religion skal i Kongens Riger og Lande alleene tilstædis / som overeens kommer med den Hellige Bibelske Skrift / det Apostoliske / Nicæniske og Athanasii Symbolis, og den Uforandrede Aar et tusind femhundrede og tredive overgiven Augsburgiske Bekiendelse / og Lutheri liden Catechismo.[3]

Hovedsagen i det pågældende kapitel i Danske Lov er en bestemmelse om, at den eneste tilladte religion i Danmark er den kirke, som i den senere grundlov kaldes den evangelisk-lutherske kirke. Den oprindelige bestemmelse om den evangelisk-lutherske kirkes monopolstilling er senere ophævet af grundlovens bestemmelse om religionsfrihed, men det forudsættes, at kapitlet stadigvæk har gyldighed, hvad angår afgrænsningen af Den Danske Folkekirkes bekendelsesgrundlag. Og til dette bekendelsesgrundlag hører det »Nicæniske« symbol. Det er dog relevant at bemærke, at Danske Lov ikke bruger ordet »bekendelsesskrift«, som er et nyere begreb.

[2] Jf. fx Henning Matzen og Johannes Timm, *Haandbog i den danske Kirkeret* (København: Gad 1891), 117-131; August Roesen, *Dansk kirkeret,* 3. udgave (Den Danske Præsteforening 1976), 210; Preben Espersen, *Kirkeret, Almindelig del* (Jurist- og Økonomforbundets Forlag 1993), 83-84.

[3] *Kong Christian Den Femtis Danske Lov* (Kbh. 1685), 204-205, citeret efter en moderne faksimileudgave; citatet kan også findes fx i Matzen-Timm (1891), 116, note 1.

Hvad angår Den Augsburgske Bekendelse er bestemmelserne i Danske Lov forholdsvis pertentlige og anfører, at den tekst, der gælder, er den uforandrede bekendelse fra 1530, men der er ikke andre tilsvarende præcise definitioner af de andre skrifter. Hvad angår Nikænum henvises ikke til bestemte udgaver, årstal eller sproglige versioner, ligesom der heller ikke henvises til bestemte versioner af »den hellige Bibelske Skrift«. Jeg vil derfor mene, at et eventuelt svar på, hvad Nikænum mere præcist er i dansk sammenhæng, må skulle findes ved en undersøgelse af den forudgående danske tradition.

Senmiddelalderlig tradition

Det credo, der brugtes i dansk, senmiddelalderlig messe, fandtes blandt andet i missalet, som var biskoppens og præstens håndbog ved messefejringen. I senmiddelalderen blev missalerne overført fra håndskrifter til trykte udgaver. Der findes blandt andet et Missale Hafniense Vetus, som er trykt i Mainz omkring år 1484 og et Missale Slesvicense fra 1486.[4] Et senere Missale Hafniense blev trykt af Matthæus Brandis i 1510, og få år senere blev der trykt et Missale Lundense i Paris 1514.[5] Credo er en del af messeordningen, som almindeligvis i missalerne befinder sig et sted inde i midten af bogen.

I Missale Lundense 1514, som er det nemmest tilgængelige, befinder messeordningen sig efter det første hovedafsnit med det almindelige kirkeår (proprium de tempore) og inden det næste hovedafsnit med det kalenderfaste kirkeår (proprium de sanctis). Forud for credo (Nikænum)

4 Jf. Toivo Haapanen, *Missale Hafniense Vetus, ett hittills okänt danskt missale tryckt i Mainz af Peter Schöffer omkring år 1484* (Særtryk af Nordisk Tidskrift för bok- og biblioteksvæsen, Uppsala 1922). Missale Slesvicense blev trykt i Slesvig af bogtrykker Stephan Arndes: *Missale secundum ordinarium et ritum Slesvicensis* (Sleswig 1486); Det Kongelige Bibliotek har to eksemplarer og heraf et komplet med 265 blade.

5 Bevarede eksemplarer af begge missaler befinder sig på Det Kongelige Bibliotek i København. *Missale Lundense* er udgivet i faksimileudgave: *Missale Lundense av år 1514,* faksimiledition med efterskrift och register av Bengt Strömberg (Malmø: John Kroon 1946).

har diakonen læst evangeliet, og efter credo følger offertorium. Præsten synger de første ord »Credo in vnum deum«. Der er to sæt noder til disse ord; det første sæt bruges på helligdage, og det andet sæt bruges på hverdage. Derefter fortsætter kor eller kantor med resten af credo. Credo ifølge Missale Lundense 1514 har følgende ordlyd:

> Credo in vnum deum.
> PAtrem omnipotentem factorem celi et terre visibilium omnium et inuisibilium. Et in vnum dominum iesum christum filium dei vnigenitum. Et ex patre natum ante omnia secula deum de deo lumen de lumine deum verum de deo vero. Genitum non factum consubstantialem patri per quem omnia facta sunt. Qui propter nos homines et propter nostram salutem descendit de celis. Et incarnatus est de spiritu sancto ex maria virgine et homo factus est. Crucifixus etiam pro nobis sub pontio pylato passus et sepultus est Et resurrexit tertia die secundum scripturas Et ascendit in celum sedet ad dexteram patris. Et iterum venturus est cum gloria iudicare viuos et mortuos. Cuius regni non erit finis. Et in spiritum sanctum dominum et viuificantem qui ex patre filioque procedit. Qui cum patre et filio simul adoratur et conglorificatur. qui locutus est per prophetas. Et vnam sanctam catholicam et apostolicam ecclesiam Confiteor vnum baptisma in remissionem peccatorum Et expecto resurrectionem mortuorum et vitam venturi seculi. Amen[6]

Det anførte credo er et traditionelt, middelalderligt Nikænum. Hvis der sammenlignes med det latinske Nikænum i Konkordiebogen fra 1580, er der afvigelser i ordlyden tre steder. Missale Lundense 1514 har »ascendit in celum«, »cum gloria iudicare« og »conglorificatur«, hvor Konkordiebo-

6 *Missale Lundense* (1514/1946), 329-330. Jeg har anført de sidetal, som der henvises til i faksimileudgavens registre, men som udgiveren forudsætter, at læseren selv udfører. Teksten er gengivet i tæt overensstemmelse med missalets stavemåde og tegnsætning; forkortelser er dog opløst.

gen 1580 på de tilsvarende steder har »ascendit ad coelos«, »in gloria iudicare« og »glorificatur«.[7]

Jeg har også sammenlignet med credo i Missale Hafniense fra 1510 og ikke fundet afvigelser i ordlyd og kun ubetydelige forskelle i stavemåde og tegnsætning, så jeg har ikke ment, at der var grund til også at gengive denne tekst.[8] Som titel eller overskrift på credo står der i Missale Hafniense »Symbu« (symbolum), mens der ikke findes noget tilsvarende i Missale Lundense.

Reformationen

De to former for credo, der kan dokumenteres i de tidlige danske reformatoriske messeordninger, er en fortsat brug af det latinske credo og en helt ny version af credo i form af en dansk trossalme på tre vers. Det blev den sidste form, den danske trossalme, der blev den dominerende i de første århundreder efter reformationen, hvorefter den gradvist gik ud af brug. [9] Jeg vil begynde med at undersøge brugen af det latinske credo,

7 Den latinske tekst til Nikænum i Konkordiebogen 1580 er trykt i *Bekenntnisschriften der evangelisch-lutherischen Kirche*, herausgegeben im Gedankenjahr der Augsburgischen Konfession 1930. Jeg har brugt 6. Auflage (Göttingen: Vandenhoeck & Ruprecht 1967), hvor Nikænum findes side 26-27. En fodnote gør opmærksom på tilsvarende forskelle mellem Konkordiebogen og Missale Romanum. Reinhart Staats argumenterer for, at Luther i 1538 brugte en latinsk tekst svarende til Missale Romanum ved sin oversættelse til tysk af Nikænum i skriftet *Die drei Symbola oder Bekenntnis des Glaubens Christi.* Det er Luthers tyske oversættelse fra 1538, der bruges i Konkordiebogen, men Luther har altså brugt en latinsk tekst, der afviger i tre detaljer fra den latinske tekst i Konkordiebogen. Jf. Reinhart Staats, »Das Nizänum in der lutherischen Reformation«, *Auctoritas Patrum,* ed. Leif Grane m.fl. (Mainz: Philipp von Zabern 1993), 214-215.

8 Credo finder sig på fol. CLXXXIII. Jeg har brugt en mikrofilm af missalet. En afskrift af credo i *Missale Hafniense* kan findes hos Erik Abrahamsen, *Liturgisk Musik i den danske Kirke efter Reformationen* (København: Levin & Munksgaard 1919), 35. Han har normaliseret stavemåde og tegnsætning.

9 Jf. *Den Danske Salmebog* (2002), nr. 437: »Vi tro, vi alle tro på Gud«. Udgangspunktet for den danske trossalme er Luthers tyske trossalme fra 1524: »Wyr

hvortil jeg kun har fundet en tekst to steder, nemlig i Frans Vormordsens messehåndbog fra Malmø 1539 og i Niels Jesperssøns graduale fra 1573.

I Frans Vormordsens messehåndbog findes credo på samme plads som i den senmiddelalderlige messeordning, nemlig efter evangelielæsningen, men der anføres to former, et latinsk credo og et dansk credo, og den danske form er den primære, idet den altid bruges.[10] På de steder, hvor der er skoler, synger man først det latinske credo og derefter det danske credo i form af en ny trossalme på tre vers »Vy tro alsammen paa en gudt«. I landsbyerne og på de steder, hvor der ikke er skoler, synger man kun credo på dansk. Når det latinske credo skal synges, vender præsten sig mod alteret og begynder på credo med ordene: »Credo in vnum deum«. Håndbogen har to sæt noder til intonationen, det første sæt til højtiderne og det andet til almindelige søndage. Og derefter fortsætter koret med at synge resten af Nikænum. Det latinske credo benævnes »simbolum Nicenum«.

Teksten til det latinske Nikænum i Frans Vormordsens messehåndbog 1539 ligger tæt op ad den tidligere anførte tekst fra Missale Lundense

glauben all an eynen Gott«. Allerede i 1528 foreligger den første danske version af trossalmen, der i forskellige versioner findes i alle senere danske salmebøger. Salmen har dog i løbet af 1900-tallet helt mistet sin specifikke liturgiske funktion som trossalme.

10 *Een gantske nyttelig oc alle sogneprester oc predicanter nødtørtelig Handbog Om den rette Euangeliske Messe oc hennis ustraffelige oc gamble seduanlige Ceremonier ... Flitteligen effter kongelige maistads Ordinantsis indeholdelse, Colligered, ordinered oc some stedis fordansskedt* (Malmø: Oluf Ulriksen 1539). De to credo'er findes blad D-Diii. Håndbogens forord er underskrevet af Frans Vormordsen i 1538. Messehåndbogen er nemmest tilgængelig i den moderne faksimileudgave: *Danske messebøger fra reformationstiden*, udgivet i facsimile af Universitets-Jubilæets danske Samfund med en liturgihistorisk redegørelse af S.H. Poulsen (København: J.H. Schultz 1959). Forkortes: Poulsen (1959). Der findes også en delvis udgivelse af håndbogen 1539 på delvis moderniseret dansk i: Harald Kent, *Brændpunkter i Reformationstidens Gudstjenesteordning, med Ny-udgivelse af 1539-Haandbogens Gudstjenestedel* (København: Levin & Munksgaard 1937), 81-112. Kent aftrykker dog ikke den latinske tekst til Nikænum.

1514. Hvis der ses bort fra mindre forskelle i tegnsætning og anvendelse af store bogstaver, er der kun en enkelt forskel i ordlyd: I begyndelsen af anden trosartikel findes der et »nostrum« mellem »dominum« og »iesum christum«. I øvrigt er der - som det kunne forventes - tale om et traditionelt latinsk Nikænum.

Det andet sted i reformationsårhundredets liturgiske bøger, hvor jeg har fundet et latinsk Nikænum, er i Niels Jesperssøns graduale fra 1573, hvor det befinder sig blandt teksterne til Christi fødsels dag.[11] Den liturgiske kontekst er: Halleluja, sekvens, evangelium, credo, prædikestolssang. Overskriften er »Credo«; den samme overskrift bruges også over trossalmen »Wi tro allesammen paa en Gud«, så ordet credo kan i denne periode ikke uden videre bruges til at skelne mellem forskellige trosbekendelser.

Der henvises i Niels Jesperssøns graduale også til brug af det latinske credo på påskedag, pinsedag, helligtrefoldigheds søndag og ved præstekalenter, men tekst og noder findes kun til Christi fødsels dag.[12] For de andre søndage og helligdage henvises til det danske credo »Wi tro allesammen paa en Gud«, hvor tekst og noder findes til første søndag i advent.[13]

Den latinske form af Nikænum i Niels Jesperssøn graduale er identisk med formen fra Missale Lundense 1514 og herunder de tre punkter, hvor den afviger fra Nikænum i Konkordiebogen 1580: »ascendit in Coelum«, »cum gloria iudicare« og »conglorificatur«. Stavemåde, tegnsætning og brug af store bogstaver er ændret på visse punkter, men ikke selve ordlyden.

11 *Gradval. En almindelig Sangbog, som Høybaarne Første oc Stormectige Herre, Her Frederich den Anden, Danmarckis Norgis Wendis Konning etc. haffuer ladet Ordinere oc tilsammen scriffue paa Latine oc Danske, at bruge i Kirckerne, til desydermere endrectighed vdi Sang oc Ceremonier, effter Ordinantzens lydelse.* Ved Niels Jesperssøn (København: Laurentz Benedicht 1573). Jeg har brugt en faksimileudgave: *Niels Jesperssøns Graduale 1573,* facsimileudgave med efterskrift af Erik Abrahamsen, Erik Dal og Henrik Glahn (København: Dan Fog 1986). Det latinske credo (Nikænum) med noder findes side 48-53. Jf. endvidere Abrahamsen (1919), 107-138.

12 Jesperssøn (1573/1986), 199, 257, 282 og 447.

13 Jesperssøn (1573/1986), 11-13.

Brugen af et sunget latinsk Nikænum i Niels Jesperssøns graduale fra 1573 korresponderer med, at der i samtidige danske alterbøger, fx alterbogen fra 1580, findes tekst og noder til den intonation, som var præstens opgave i gudstjenesten: »Credo vnum Deum«.[14]

Den primære form for credo i den danske reformation blev en dansk trossalme på tre vers, der som udgangspunkt har Luthers tyske trossalme fra 1524: »Wyr glauben all an eynen Gott«.[15] Den blev hurtigt oversat til dansk og findes tidligt i Claus Mortensens Det kristelige Messeembede fra 1528, samt i alle senere danske reformationssalmebøger og tilsvarende håndbøger.[16]

Det vil i denne sammenhæng, hvor emnet er Nikænum i dansk liturgisk tradition, ikke tjene noget formål at beskæftige sig nærmere med trossalmens forskellige redaktioner i de danske liturgiske bøger. Godt nok kan trossalmen betragtes som en gendigtning af Nikænum, men i givet fald er det en gendigtning, der forholder sig så frit til forlægget, at den til dels også kan betragtes som en gendigtning af Apostolikum.[17] Efter min vurdering vil den mest adækvate synsvinkel være at betragte trossalmen som en nyformulering af credo i tilknytning til de ældre symbo-

14 *Alterbogen. Det er Søndagis oc hellige dagis Episteler oc Euangelia met Collecter* (København 1580), blad Ll ii. Der findes også intonation til den danske trossalme, blad Ll iii. Praksis med at bruge latin på de store helligdage giver sig på dette tidspunkt også udslag i, at alterbogen 1580 anfører latinske kollekter og læsninger til juledag, påskedag og pinsedag parallelt med danske tekster.

15 Den blev først trykt i *Geystliche gesangk Buchleyn* (1524). Den tyske tekst er aftrykt hos Anders Malling, *Dansk Salmehistorie,* bind V (København: Schultz 1966), 141-142.

16 *Thet cristelighe messze embedhe paa dansche* (Malmø: Oluf Ulricksøn 1528). Faksimileudgave hos Poulsen (1959); der er ikke moderne sidetal i faksimileudgaven. Boghistoriske oplysninger Poulsen (1959), 152-153. Credo findes blad Ci - Cii og indledes således: »Wy thro allszammen paa en gud«.

17 Jf. C. T. Engelstoft, *Liturgiens eller Alterbogens og Kirkeritualets historie i Danmark* (København: Reitzel 1840), 72, hvor han giver udtryk for en opfattelse af, at trossalmens mest anvendte form alene bygger på Apostolikum.

ler.[18] Og hvis denne synsvinkel er holdbar, vil trossalmen være et markant udtryk for, at reformationen følte sig frit stillet til at formulere credo med nye ord og ikke bundet til kun at bruge traditionens gamle ord.

Trossalmen bruges på credos traditionelle plads efter evangelielæsningen på den plads, hvor tidligere det latinske Nikænum blev sunget af kor eller kantor. Den afgørende forskel fra den tidligere ordning er, at credo synges af menigheden eller folket, og til det formål anså reformatorerne det øjensynligt for bedst at bruge en dansk salme. I det følgende vil jeg beskrive trossalmens liturgiske kontekst og de nærmere praktiske anvisninger vedrørende fremførelsen i udvalgte salmebøger og håndbøger.

I Claus Mortensens Det kristelige Messeembede (1528) er overskriften til det pågældende led i messen: »Christhen forsamlingh och choredth syngher Credo«. Herefter anføres den danske trossalme, »Wy thro allzammen paa en gud«, med tomme nodelinjer over første vers.[19] Forud for credo har evangeliet været læst, og efter credo følger prædikenen, der indledes med en lovsang (Nu bede vi den Helligånd). Koret synger med på credo, men efter bogen og det reformatoriske ideal er det primært menigheden, der synger. Der findes ikke noget latinsk credo i denne tidlige reformatoriske håndbog.

I Ludwig Dietz' salmebog fra 1536, hvor der er en messeordning fra 1529, findes tilsvarende bestemmelser.[20] Credo synges af den kristne for-

18 Der henvises i stedet til salmehåndbøger, herunder især Malling (1966), bind V,141-149. Den seneste håndbog er Jørgen Kjærgaard, *Salmehåndbog I-II* (København: Vajsenhuset 2003), hvor trossalmen nr. 437 i *Den Danske Salmebog 2002*, kommenteres bind II,425-426. Jf. endvidere S. Widding, *Dansk Messe, Tide- og Psalmesang 1528-1573,* vol. I-II (København: Munksgaard 1933), hvor credo især behandles vol. I,110-113 og II,27-29.

19 Poulsen (1959), *Det kristelige Messeembede*, blad Ci - Cii. Trossalmen er aftrykt hos Malling (1966), bind V,143-144.

20 Titelbladet på salmebogen lyder: *Nogle nye Psalmer oc Loffsange som icke till forn ere wdgangne paa Danske ... tryckt y Rostock wedt Ludowich Dyetz* (1536). Imidlertid indeholder bogen også en ældre håndbog fra 1529 med særskilt paginering og titel: *Een ny handbog, med Psalmer oc aandelige loffsange ... Trycht i*

samling og koret i form af en dansk trossalme, hvortil der kun anføres et eksempel. Overskriften minder meget om overskriften i Messeembedet 1528: »Then Christne forsamling oc Chorid siunge tilhaabe Credo«. Forud er gået evangelielæsning og efter credo følger »Nw bede wy then Helliaand« som salme forud for prædikenen.[21]

Lignende anvisninger findes i en efterfølgende Håndbog i det evangeliske Messeembede fra Malmø 1535.[22] Afsnittet før og efter credo er formuleret således:

> Effter Alleluya wender preste sig til folkid oc siger Herren wære med eder Degnend suaar Oc med din aand Presten siger Desse efterfølgende Ewangeliiord bescriffwer Sanctus N Degnend suarer Gudt wære loff for siit gladelige budskaff Saa læss presten Euangelium som dagen tilhør oc biudet y Testamentidt Saa begynder degnend Credo Vy tro alsammen paa en Gwdt Som staar i psalmebøgerne / Der næst Nw bede wy den helligaandt Men gaar presten y predickestollen.[23]

Trossalmen benævnes igen credo, men det fremgår klart af de indledende ord og henvisningen til salmebøgerne, at credo er den danske trossalme og ikke det latinske Nikænum. De liturgiske led og deres rækkefølge er den samme som ellers i Malmømessen: evangelielæsning, credo, salme før prædikenen, prædiken. Rollefordelingen er anderledes beskrevet, idet degnen indtager en central rolle, og hverken kor eller menighed er omtalt. Forskellen hænger muligvis sammen med, at den første håndbog

Rostock (1529). Faksimileudgave ved Niels Knud Andersen, *Ludwig Dietz' salmebog 1536* (København: Akademisk Forlag 1972).

21 Messeordningen findes i *Een ny handbog* (1529), blad xlvii-lxii. Credo findes blad lxxx. Jf. faksimileudgave ved N.K. Andersen (1972).

22 *Een handbog som inne holler det hellige Euangeliske Messe embede med sine formaninger oc Brug som nu hollis y den Christne kircke* ... (Malmø: Oluf Ulricksøn 1535). Faksimileudgave i Poulsen (1959); boghistoriske oplysninger Poulsen (1959), 153-154.

23 Poulsen (1959), *Haandbog i det evangeliske Messeembede*, blad Ai - Aii.

er beregnet til brug i en bymenighed og den anden i en landmenighed med en mere beskeden bemanding.

I Malmøsalmebogen fra 1533 findes credo i tre former, som alle er forskellige danske gendigtninger af Luthers trossalme. Som indledning til den første trossalme står der: »Den Christne forsamling oc Chorid siunge tilhobe Credo«. Overskriften til anden version er »Det danske patrem« og til den tredje »Credo«. »Patrem« er det første ord, som koret synger af det latinske Nikænum, når det tager over efter præstens intonation; men på trods af den latinske titel er der tale om en dansk salme. Rækkefølgen i messen er den samme som i Messeembedet 1528: evangelielæsning, credo, salme før prædiken, prædiken.[24] En Ny Psalmebog fra 1553 følger samme mønster som Malmøsalmebogen fra 1533 og anfører tre forskellige versioner af en dansk trossalme med tre vers.[25]

Fælles for de anførte håndbøger og salmebøger er, at de ikke har noget latinsk credo i form af Nikænum, men i stedet en eller flere danske trossalmer, som kaldes credo og bruges på samme plads i messen som det latinske Nikænum, nemlig efter evangelielæsningen. Ingen af salmebøgerne kan bruges til mere præcist at definere og afgrænse, hvad Nikænum er.

Den første officielle reformationssalmebog med kongelig godkendelse er Hans Thomissøns Psalmebog fra 1569.[26] Til slut i bogen, som første

24 Det oprindelige titelblad er forsvundet og kan ikke rekonstrueres; salmebogen er trykt i Malmø 1533 af Christiern Pedersen. Jeg har benyttet en faksimileudgave: *Malmø-salmebogen 1533*, Faksimiledition, utg. av John Kroon (Malmø 1967). Trossalmerne er trykt blad lxvi - lxviii. Den sidste af trossalmerne er aftrykt hos Malling (1962-78), bind V,144.

25 *En Ny Psalmebog medt flere Psalmer oc Christelige oc Aandelige loffsang met Collecter og Bøner ...* (København 1553). Faksimileudgave ved Niels Knud Andersen, *En Ny Psalmebog 1553*, bind I-II (København: Akademisk Forlag 1983). De tre credo'er findes i faksimileudgaven bind I, blad 107-109, en kort kommentar til Credo i bind II,119.

26 *Den danske Psalmebog, met mange Christelige Psalmer, Ordentlig tilsammenset, formeret oc forbedret, Aff Hans Thomissøn* (København: Laurenz Benedicht 1569). Jeg har brugt en faksimileudgave udgivet af Det danske Sprog- og Littera-

del af de afsluttende registre, findes en oversigt over højmessen: »Om den Danske Euangeliske Messe«. Når præsten har annonceret evangelielæsningen, svarer »Degnen oc Folckit«: »Gud være loffuit for sit gladeligt budskab«. Når præsten derefter har messet evangelielæsningen, følger »Credo«. Oversigten henviser til trossalmen »Wi tro allesammen paa en Gud etc.«. Til forskel fra de tidligere salmebøger, men i overensstemmelse med Kirkeordinansen 1539, efterfølges credo normalt umiddelbart af prædikenen, og credo fungerer altså også som salme før prædikenen.

De overordnede bestemmelser om afholdelse af messe i den danske reformation blev fastsat i Kirkeordinansen 1539, som dog ikke er helt éntydig i sine bestemmelser om credo. Det fremgår klart, at den danske trossalme skal synges, men skal credo også fremføres på latin? Reglerne blev formuleret således:

> Nu wender hand [præsten] seg til folcked igien, oc læss Euangelium paa danske, med denne begyndelse, disse effterfølgende ord etc.
>
> Der nest vender hand seg atter til Alterid oc begynder, Credo in unum Deum etc.
>
> Derefter siunges paa Danske Wy troe alle sammen paa een Gud etc.
>
> Her efter skal nu den wonlige predicken skee, ... [27]

Det ser ud, som om Kirkeordinansen bestemmelser går ud på, at credo både skal fremføres som et latinsk credo og en dansk trossalme. Ordene »Credo in unum Deum« er begyndelsen på det latinske Nikænum, og det

turselskab (København: Levin & Munksgaard 1933). Højmesseordningens bestemmelser om Credo findes blad Aaa v.

27 Citat fra den moderne udgave af Martin Schwarz Lausten, *Kirkeordinansen 1537/39* (København: Akademisk Forlag 1989), 170. Citatet er fra *Den danske kirkeordinans,* 1539. Det danske udkast fra 1537 foreslår udelukkende en dansk trossalme, ligesom det var tilfældet i de liturgiske bøger fra Malmø før 1537; jf. Lausten (1989), 52. Den latinske version af Kirkeordinansen fra 1537 ser ud til at forudsætte, at credo synges både på latin og dansk; jf. Lausten (1989), 103.

efterfølgende »etc.« synes at markere, at nogen fortsætter med resten af den latinske tekst. Det vil i givet fald minde om bestemmelserne i Vormordsens messehåndbog 1539, der begynder med at beskrive en ordning, hvor et latinsk credo (Nikænum) efterfølges af et dansk credo (trossalmen). Og Vormordsens messehåndbog 1539 forsøger angiveligt netop at tage hensyn til Kirkeordinansens krav til en dansk normalmesse.

Det vil umiddelbart forekomme mærkeligt, hvis hensigten med Kirkeordinansens bestemmelser har været, at præsten skulle intonere på latin med den gamle indledning til det latinske Nikænum, hvorefter menigheden umiddelbart fortsætter med den danske trossalme. Men et krav om, at credo altid skulle synges på latin, ville på den anden side også være i modstrid med den praksis, der afspejles i tidligere og efterfølgende salmebøger.

Uanset hvad meningen har været, blev bestemmelserne hurtigt præciseret, rettet eller omfortolket i et efterfølgende bispemøde i København 1540, hvor synoden om credo besluttede følgende:

> De symbolo.
> Symbolum siue Credo in cathedralibus aliquando Latine propter scolam, semper (!) vero in Danice canatur, et minister verbi incipiat. In aliis vero ecclesiis tam vrbanis quam ruralis perpetuo Danice non Latine canatur, nisi in summis tribus festis tantum in vrbanis ecclesiis Latine cani permittatur.[28]

Bispernes præcisering går ud på, at credo (trossalmen) altid skal synges på dansk, og at det latinske credo (Nikænum) kun må synges en gang imellem i domkirker og bykirker. Og det ser ud til, at det blev biskoppernes linje, der kom til at holde i de følgende århundreder. Hvad angår terminologien kalder biskopperne både det latinske Nikænum og den danske trossalme for »symbolum« eller »credo«. Den danske trossalme er

[28] Holger Fr. Rørdam, *Danske Kirkelove samt Udvalg af andre Bestemmelser ... 1536-1683*, bind I-III (København: Selskabet for Danmarks Kirkehistorie 1883-89); citatet fra bispemødet 1540 findes bind I,154.

credo på samme niveau som det latinske credo, og den får tilmed en klar prioritet med bestemmelsen om, at det danske credo ikke kan udelades.

På samme bispemøde blev der truffet en bestemmelse om, at de gamle katolske missaler godt fortsat måtte bruges, men kun i messens første del (før prædikenen) og kun indtil der blev trykt nye og bedre bøger.[29] De nye og bedre bøger kom først til noget senere. Den første alterbog blev trykt i 1556, og et graduale med tekst og noder til det latinske credo blev trykt i 1573.

Som det udviklede sig, blev det alterbogen, der kom til at svare til det katolske missale, men alterbogen kom ikke til at indeholde credo, hverken det latinske Nikænum eller den danske trossalme. I reformationens nye liturgiske bøger skulle credo i stedet findes i salmebøgerne eller i gradualet. Den første alterbog efter reformationen blev udgivet af Peder Palladius i 1556, men i forordet gør han udtrykkelig opmærksom på, at bogen hverken må kaldes missale eller håndbog. Titlen kom i stedet til at lyde: »Søndagers Oc helige dagers Episteler oc Euangelia met Collecter, oc andet at bruge vdi Christi Naduere effter Ordinantzens lydelse«.[30] Ordet alterbog kom først til at indgå i bogens titel fra udgaven i 1574. Nadverritualet med noder til Fadervor og indstiftelsesordene findes i udgaven fra 1556 inde midt i bogen, ligesom det havde været tilfældet i de middelalderlige missaler. I Palladius' alterbog 1556 findes nadverritualet efter teksterne til skærtorsdag og inden teksterne til påskedag. Men der findes ikke nogen højmesseordning som helhed eller nogen tekst til credo, hverken på dansk eller latin. I slutningen af bogen findes et ritual til brudevielse og til dåb.

Alterbogen kom i nye og reviderede udgaver, fx i 1574 og 1580, men heller ikke her findes Nikænum, kun præstens intonation på latin. De senere alterbøger fik til slut tilføjet en »Catechismus«, der som anden part indeholdt »Vor Christelige Trois Artickle«. Den trosbekendelse, der her anføres i dansk oversættelse, er Apostolikum

29 Rørdam (1583-89), I,153.

30 Jeg har brugt en moderne udgave: *Peder Palladius, Den ældste danske Alterbog, 1556,* udgivet efter originalen af Lis Jakobsen (København: Gyldendal 1918).

Der er ikke i 1500-tallets Danmark spor af, at man til liturgisk brug har forsøgt sig med en prosaoversættelse til dansk af Nikænum.[31] I højmessen blev det i stedet den danske trossalme, der kom til at fungere som liturgisk credo, samt i begrænset omfang en fortsat brug af det latinske Nikænum. Der findes dog fra århundredet en dansk oversættelse af Nikænum i en anden sammenhæng. Martin Luthers skrift »Die drei Symbola« fra 1538 blev oversat til dansk i 1578 af Hans Mogenssøn.[32] I slutningen af dette skrift anføres en dansk oversættelse af de »De trende Symbola, Eller Christi Trois Bekiendelser, som endrecteligen bruges udi Kircken«. Det er »Apostlernis Symbolum«, »Symbolum Athanasij« og »Symbolum Ambrosij oc Augustini« [Te Deum]. Derefter anføres »Det Niceniske Symbolum« uden nærmere indledning. Den danske oversættelse, som formentlig er den ældste danske oversættelse af Nikænum, lyder således:

> JEg troer paa en almectig Gud, Faderen, Himmelens oc Jordens Skabermand, oc altings, som er, baade siunligt oc wsiunligt.
> OC paa en eniste HErre Jesum Christum, Guds eniste Søn, som fød er aff Faderen for den gantske Verden, Gud aff Gud, Lius af Liuset, sand Gud aff sand Gud, født, oc icke skabt, en natur aff Faderen, ved huilcken alting er skabt.
> Huilcken for oss Menniske, oc for vor Saligheds Skyld er kommen aff Himmelen, oc er bleffuen Kiød, ved den helligAand, aff Jomfru Maria, oc er bleffuen Menniske, Ocsaa for oss kaarsfæst under Pontio Pilato, haffuer lidt, oc er begraffuen.

31 I andre reformatoriske gudstjenesteordninger blev der udarbejdet oversættelser af Nikænum; det skete fx til den svenske gudstjenesteordning i 1537, 1548, 1614 og 1693. Oversættelserne er samlet og gengivet i Carl Henrik Martling, *Svensk liturgihistoria* (Stockholm: Verbum 1992), 206-213, især 210-211.

32 Martin Luther, *Den Christelige Trois Hoffuet Artickle, som wi skulle forsuare, oc bliffue ved imod Paffuen oc Helffuedis porte. Oc der hos tvende saare nyttelige smaa Bøger ... fordansket aff Hans Mogenssøn* (København: Andr. Gutterwitz 1578). Jf. Staats (1993), 214-215.

Oc er opstanden paa tredie Dag effter Scrifften, oc er opfaren til Himmels, oc sidder hos Faderens høyre Haand, oc skal igienkomme met Herlighed, at dømme Leffuendis oc Døde. Huis Riige icke skal haffue ende.
OC paa HERren den helligAand, som giør leffuendis, som udgaar aff Faderen oc Sønnen, Som tilbedis oc æris ieffne ved Faderen oc Sønnen, som haffuer talet ved Propheterne.
Oc en eniste hellig christelig oc Apostoliske Kircke.
Jeg bekiender en eniste Daab til Syndernis forladelse, oc foruenter de Dødis opstandelse, oc den tilkommendis Verdens liff. AMEN.

Det er tydeligt, at grundlaget for oversættelsen – sandsynligvis indirekte via tysk – er den middelalderlige, latinske version af Nikænum. Symbolet kaldes eksplicit »Det Niceniske Symbol«. Bogen har ikke nogen officiel status, og prosaoversættelsen af Nikænum er ikke beregnet til liturgisk brug.

Første forsøg i dansk sammenhæng på at definere kirkens bekendelse findes i fremmedartiklerne fra 1569. Artiklerne er udtryk for et forsøg på at forsvare den rette tro mod indvandrere med anden baggrund, herunder især sværmere og calvinister. Alle indvandrere skulle forelægges 25 spørgsmål, og hvis de ikke kunne tilslutte sig disse punkter, kunne de ikke få lov til at bosætte sig i Danmark og Norge.

I denne sammenhæng omtales den hellige kirkes symboler, »som ere det Apostoliske, Niceniske oc Ambrosij, Item den Ausborgiske bekiendelse«. Det var dog ikke nok med de tre oldkirkelige symboler eller den augsburgske bekendelse, og derfor tilføjes 25 supplerende artikler.[33]

Nikænum er med på listen over symboler og hørte altså med, når man i slutningen af 1500-tallet skulle fastlægge grænserne for den danske kirke. Desuden indgår Nikænum indirekte i bekendelsesgrundlaget i form af Confessio Augustanas artikel 1, hvor der er en henvisning til og en parafrase af beslutningerne på den nikænske synode.

33 Rørdam (1883-89), bind II,126-134; omtalen af symbolerne findes s. 128.

Hvis Danmark-Norge i 1580 havde tilsluttet sig Konkordieformelen og godkendt Konkordiebogen med dens samling af lutherske bekendelsesskrifter, herunder de tre oldkirkelige bekendelser, ville der formentlig i den sammenhæng været blevet indført en mere eller mindre forpligtende formulering af en autoriseret udgave af Nikænum. Men Danmark-Norge tilsluttede sig ikke Konkordieformelen, og Konkordiebogen blev forbudt i kongeriget.[34]

Undersøgelsen af Nikænum i den tidlige danske reformation viser, at Nikænum blev overtaget uden ændringer fra den eksisterende middelalderlige tradition, men at den som gudstjenstlig credo blev erstattet af en ny dansk trossalme som det primære credo. Det latinske Nikænum blev dog opretholdt som gudstjenstlig credo ved særlige lejligheder. Der er ikke spor af præcise definitioner på eller afgrænsninger af, hvad Nikænum er; det forudsattes tilsyneladende at være en selvfølge. Der er heller ikke spor af en bevidsthed om, at der er forskel på bekendelsen fra synoden i Nikæa 325 og den senere bekendelse fra synoden i Konstantinopel 381.[35]

Det 17. og 18. århundrede

De seneste officielle publikationer, der indeholder en tekst til Nikænum, er genoptrykkene af Niels Jesperssøns graduale 1573. Gradualet blev genoptrykt to gange i 1600-tallet i uændret form, første gang i 1606 og anden gang i 1637. Her kunne man fortsat i begyndelsen af 1600-tallet finde den latinske tekst til Nikænum med den traditionelle middelalderlige ordlyd.

34 Jf. fx Carsten Bach-Nielsen, »En rigtig pinlig historie. Frederik II og Konkordiebogen – endnu en gang«, *Ordet og livet, Festskrift til Christian Thodberg*, red. af Carsten Bach-Nielsen m.fl. (Århus: Aarhus Universitetsforlag 1999), 104-120. Her gennemgås historierne om, at Frederik II vendte sig så skarpt mod Konkordiebogen, at han lod det modtagne eksemplar blive brændt.

35 Jf. Staats (1993), 219, der gør opmærksom på, at fx forfatterne til Confessio Augustana heller ikke var opmærksomme på denne forskel.

Men allerede i 1640 bestemte kongen, at »den latinske Chorsang« skulle afskaffes i domkirkerne og erstattes af dansk salmesang og bibellæsning.[36] Denne bestemmelse må have medført, at man også ophørte med at synge det latinske Nikænum, samt at Niels Jesperssøns graduale med de latinske sange til introitus, kyrie, gloria, halleluja, sekvens, offertorium og præfation blev overflødig, selv om den var blevet genoptrykt få år forinden.

Afskaffelsen af det latinske Nikænum i gudstjenesten kunne tænkes at have medført forsøg på at udarbejde en dansk prosaoversættelse af Nikænum til liturgisk brug, men det ser der ikke ud til at være spor af. Derimod findes der fra denne periode i en bønne- og salmebog beregnet til privat brug en ny dansk oversættelse af Nikænum. Bønnebogen er oversat og bearbejdet af præsten Hans Rauffn i 1620 på grundlag af en tysk original forfattet af Basilius Förtsch og fik på dansk titlen»Siælens Aandelige Vandkilde« og i senere oplag »Den Ny Aandelige Vandkilde«.[37] Her er der et kapitel med de tre hovedsymboler, Apostolikum, Nikænum og Athanasianum, samt de fire »cantica«. Den danske oversættelse af Nikænum har en indledning, hvor symbolet knyttes til synoden i Nikæa:

> Det Niceniske Symbolum / huilcket i den Stad Nicea / vnder den Keyser Constantino Magno er giort / aff flere end 318 Bisper / imod de falske Kættere / de Arianer / som fornecte den Herris Christi Guddommelighed / etc.
>
> JEg troer paa en Gud / som er en Allmæctig Fader / som er Himmelens oc Jordens / oc alle siunlige oc wsiunlige Tings Skabere.
>
> Oc paa den eeniste HERre Jesum Christum / Guds eenborne Søn / som er fød aff Faderen for alle tider / Gud aff Gud / Lius aff Lius / sand Gud af sand Gud / som er fød og icke skabt / som er i lige Værelse met sin Fader / ved huilcken alting er skabt oc giort / huilcken for oss Mennisker skyld / oc til vor Salighed / er kommen ned aff

36 Rørdam (1883-89), bind III, 283-284.

37 Jf. Anders Malling, *Dansk Salmehistorie,* bind VIII (København: Schultz 1978), 83-85.

Himmelen / oc er bleffuen legemlig vndfangen aff den Hellig Aand / oc fød aff Jomfru Maria / oc er bleffven it Menniske. Hand er kaarssfest for oss vnder Pontio Piloto / oc er pint oc begraffuen / oc er paa tredje Dag opstanden / effter Skriften / oc er opfaren til Himmelen / sidder hoss GVds høyre Haand / oc skal komme igien med Herlighed / at dømme de Lefuendis oc de Døde / huis Rige haffuer ingen ende.

Oc paa den hellig Aand / den HERre som leffvende giør / som vdgaar fra Faderen oc Sønnen / som tillige met Faderen oc Sønnen tilbedis oc ærefuldgiøris / som haffuer talet ved Propheterne. Oc jeg troer en hellig Christelig Apostoliske Kircke: Jeg bekiender en eeniste Daab / til mine Synders Forladelse / oc jeg forventer de Dødis opstandelse / oc it Liff i den tilkommende tid / Amen.[38]

Oversættelsen afviger så meget fra den tidligere anførte danske oversættelse af Hans Mogenssøn fra 1578, at der må være tale om en anden og uafhængig oversættelse. Men udgangspunktet for oversættelsen er fortsat den middelalderlige, latinske form af Nikænum, som (fejlagtigt) identificeres med den bekendelse, der blev vedtaget af de 318 biskopper på synoden i Nikæa 325. Bønnebogen er ikke beregnet til officiel liturgisk brug, og der er ikke spor af, at den anførte danske oversættelse af Nikænum har været brugt ved gudstjenester.

Den markante begivenhed i denne periode er enevældens indførelse af Danske Lov 1683 og de opfølgende liturgiske publikationer: Kirke-Ritualet 1685, Baggers alterbog 1688 samt Kingos salmebog og Kingos graduale 1699. De stadigvæk gældende bestemmelser i Danske Lov om Nikænum er omtalt i begyndelsen af denne artikel. Den nye lovgivning og de nye bøger betød ikke i sig selv, at der skete nogen forandring i den liturgiske brug af Nikænum i forhold til den allerede trufne beslutning i 1640. Nikænum bruges ikke længere som en liturgisk tekst i gudstjenst-

38 Citatet er anført fra andenudgaven i 1638: *Den Ny Aandelige Vandkilde ...Aff M. Hans Rauffn Sognep. i Malmø* (København: Tyge Nielszen 1638), 320-322..

lig sammenhæng, og derfor findes teksten ikke i de opfølgende liturgiske publikationer, hverken i latinsk eller dansk version.

Den grundlæggende bog for liturgien i det nye enevældige system var Kirke-Ritualet fra 1685.[39] I denne bog findes de overordnede bestemmelser vedrørende gudstjeneste, dåb, skriftemål, nadver m.m., og her findes følgende anvisninger for højmessens forløb efter epistellæsningen og de efterfølgende salmer:

> Der paa vender Præsten sig atter om til Folket og med høj Røst og tydelig Stemme efter sædvane synger Evangeliet med denne begyndelse:
>
> Dette hellige Evangelium skriver Evangelisten N.N.
>
> Choret svarer:
>
> Gud være lovet for sit gladelige Budskab.
>
> Eller og:
>
> Priis og ære være dig HERRE!
>
> Der paa synger hand det gandske Evangelium, som hører til Dagen, og naar det er Ende, vender hand sig til Alteret igien og begynder:
>
> Vi tro allesammen paa een Gud etc.
>
> Hvilken siden af Menigheden og paa Orgelverket forfølgis indtil Enden.
>
> Efter Evangelium er udsiunget for Alteret, ringis udi Prædikestolen med de smaa Klokker, ligesom sædvanligt er.
>
> Mens Alleniste Gud etc. og Troen etc. synges, staar Degnen paa Landet altid nedre i Kirken, paa det Menigheden disbedre kand synge efter hannem.
>
> Saa gaar Præsten paa Prædike-Stolen og forretter den sædvanlige Prædiken over Dagens Evangelium.[40]

39 *Danmarks og Norgis Kirke-Ritual* (København 1685). Jeg har benyttet en genudgivelse: *Danmarks og Norgis Kirke-Ritual, 1685-1985,* genudgivet af Udvalget for Konvent for Kirke og Theologi (1985); forkortelse: *Kirke-Ritual* (1985). Jf. Svend Borregaard, *Danmarks og Norges Kirkeritual af 1685* (København: Gad 1953).

40 *Kirke-Ritual* (1985), 14-15. I originaludgaven fra 1685 findes citatet side 17-18.

De praktiske anvisninger går ud på, at præsten intonerer trossalmen, og at salmen derefter synges af menigheden med orgelledsagelse. Trossalmen er på vej til at blive en almindelig salme, og den danske trossalme er eneste mulighed.

Efter nyordningen i slutningen af 1600-tallet fandtes selve højmesseordningen kun i Kirke-Ritualet, mens teksterne skulle findes i de liturgiske brugsbøger: alterbog, salmebog og graduale. Den nyordnede alterbog, Hans Baggers alterbog fra 1688, som er præstens primære brugsbog, bringer kollekter, bibelske læsninger og bønner, samt de nødvendige ritualer og en katekismus med Apostolikum, men Nikænum findes ikke, hverken på dansk eller latin, og der findes heller ikke nogen samlet oversigt over højmessens gang.[41]

Udgivelsen af salmebogen og gradualet skulle også følge Kirke-Ritualets overordnede anvisninger. Derfor finder man i salmebogen og gradualet ikke noget latinsk credo eller latinske tekster overhovedet.[42] I forordet til gradualet ytrer Thomas Kingo sig meget kritisk over for latinske tekster i dansk sammenhæng og kalder sangen på latin for »dend Latinske Mumle-Sang og Munke-Skraal«.[43]

Kingos graduale bringer i indledningen de faste salmer, som »siunges i Guds Menighed efter Ritualet«.[44] I højmessen synges trossalmen, efter at evangeliet er læst for alteret. Den liturgiske kontekst er i hovedsagen uændret: evangelielæsning, trossalme, prædiken, men der er kommet et prædikestolsvers ind forud for prædikenen.[45]

41 *Forordnet Alterbog udi Danmark og Norge* (København: Joachim Schmedtgen 1688). Biskop Hans Bagger havde skrevet forord til alterbogen, som udkom i mange efterfølgende udgaver; seneste udgave med Hans Baggers forord blev udgivet i 1901.

42 *Gradual, En Ny Almindelig Kirke-Salmebog, Under behørige Noder og Melodier ...* af Thomas Kingo (Odense: Christian Skrøder 1699). Jeg har benyttet en faksimileudgave: *Thomas Kingos Graduale*, udg. af Samfundet Dansk Kirkesang (Odense 1967); forkortelse: *Gradual* (1699).

43 *Gradual* (1699), forordets side 2.

44 *Gradual* (1699), 1.

45 *Gradual* (1699), 15-21.

I 1700-tallet gøres der flere gange forsøg på en reform af gudstjenesteordningen, men ingen af dem bliver godkendt og sat i værk. Som et eksempel kan anføres en betænkning fra 1735 forfattet af den senere biskop Peder Hersleb, hvor han forslår, at menigheden står op under trossalmen, »ti det er heele Meenighedens offentlige Troesbekjendelse for Gud«.[46] Peder Hersleb er ellers inde på overvejelser om frit salmevalg, som viste sig at slå igennem i det følgende århundrede, men denne overvejelse gælder endnu ikke trossalmen, der betragtes som en fast salme med en helt særlig karakter.

Hovedtendensen i denne periode er, at Nikænum som selvstændig tekst i liturgisk sammenhæng efterhånden går helt ud af brug, og at den kun bruges indirekte i form af trossalmen »Vi tro allesammen paa een Gud«.[47]

Det 19. og 20. århundrede

Balles salmebog, *Evangelisk-kristelig Psalmebog til brug ved Kirke- og Huus-Andagt*, blev godkendt og taget i brug i 1798. Den afveg fra Kingos salmebog 1699 ved at have en systematisk dispostion, hvor Kingos salmebog var disponeret efter gudstjenesteordning og kirkeår og havde ret få valgmuligheder til den enkelte gudstjeneste.

En ændring i retning af frit salmevalg havde været på vej i slutningen af 1700-tallet. Denne tendens kommer klart til udfoldelse i Balles salmebog 1798 og i et opfølgende reskript fra 1802, som indfører et friere salmevalg. Ifølge reskriptet af 1802 skal trossalmen synges hver anden søndag; de andre søndage synges gloriasalmen.[48] Og trossalmen blev yderme-

46 P. G. Lindhardt, *Kirke-Ritualet og pietismen, Biskop Peder Herslebs betænkning over Danmarks og Norgis Kirke-Ritual af 1685* (København: Akademisk Forlag 1986), 30.

47 Jf. Staats (1993), 224-226, der anfører følgende overskrift for beskrivelsen af Nikænum i det 17. århundredes lutherske tradition: »Das zunehmende lutherische Desinteresse am Nizänum seit dem 17. Jahrhundert«.

48 Jf. Abrahamsen (1919), 143-145, samt Søren Sørensen, *Kirkens Liturgi*, 2. udg. (København: Wilhelm Hansen 1969), 85.

re flyttet fra dens hidtidige plads efter evangelielæsningen. Konsekvensen af denne lempelse af reglerne blev, at trossalmen efterhånden helt forsvandt fra højmessen.[49]

Det gradvise bortfald af brugen af trossalmen i højmessen i 1800-tallet virker ikke som en proces, der er styret oppefra, men som en ændring af praksis nedefra. Reglerne kommer snarere bagefter – som en kodificering af usus. Det samme gælder genindførelsen af trosbekendelsen som prosatekst i gudstjenesten i løbet af 1900-tallet. Det kirkelige Råd foreslog dog allerede i 1886, at den apostolske trosbekendelse skulle siges af præsten fra alteret .[50] Lignende forslag blev fremsat af privatpersoner, fx Georg V. Hansen i 1890 og 1895.[51] Selv om forslagene ikke i første omgang opnåede officiel tilslutning, ser det ud til, at Apostolikum efterhånden blev bredt anvendt som gudstjenstlig bekendelse fra alteret efter evangelielæsningen.

I 1936 sendte biskopperne en rundskrivelse om gudstjenesten til præsterne, hvorefter det blev godkendt, at Apostolikum kunne bruges i gudstjenesten efter evangelielæsningen fra alteret. Det må opfattes som en kodificering af en praksis, der havde vundet almindelig udbredelse i de fleste menigheder i den første del af århundredet.[52] Ordningen blev indarbejdet i Biskoppernes Vejledning fra 1949, hvor der anføres følgende vejledning til trosbekendelsen:

49 I Matzen og Timms Kirkeret fra 1891 forudsættes det eksempelvis, at ordningen med faste salmer blev forladt med den evangelisk-kristelige salmebog (1798) og erstattet af en ny ordning, som »er et Udtryk for Præstens almindelige Valgfrihed«. Se Matzen-Timm (1891), 418.

50 En oversigt over gudstjenesteforslag i slutningen af 1800-tallet kan læses hos Chr. Barfoed, *Vor Høimesse* (København: Lehmann & Stage 1899), 93-110.

51 Se fx Georg V. Hansen, *Oldkirkens Nadveroffer, Dets Forfald og dets Kaar i Nutiden* (København: Frimodt 1895), 183 og 192.

52 Jf. K. E. Skydsgaard, »Kirkens Gudstjeneste«, *Haandbog i Kristendomskundskab,* bind 6, red af Aage Bentzen m.fl. (København: Munksgaard 1943), 58, samt Gunnar Pedersen m.fl., »Forslag til En dansk Højmesseliturgi«, *Dansk Kirkesangs Aarsskrift* (1943), 5.

> Hvor forsagelsen og trosbekendelsen bruges, kan de fremsiges (eller synges) af præsten eller (og) menigheden.
>
> Præsten står herunder vendt mod alteret; under forsagelsen kan han stå vendt mod menigheden. Menigheden står op.
>
> Forsagelsen og trosbekendelsen kan også fremsiges fra prædikestolen før eller efter evangeliets oplæsning.[53]

Den anførte trosbekendelse er Apostolikum og ikke Nikænum, som ellers var den gamle gudstjenstlige bekendelse i vestlig tradition. Det kan der hypotetisk anføres forskellige mulige forklaringer på. Den mest sandsynlige forklaring er, at ændringen havde sit udspring i grundtvigske kredse, hvor den apostolske trosbekendelse havde en central plads.[54] Men det kan også have spillet ind, at Apostolikum ved visse gudstjenester var blevet læst fra prædikestolen som en kateketisk tekst, samt at Apostolikums tekst var aftrykt til slut i alterbøger fra 1574 til 1882 som en del af den såkaldte katekisme.

I en fodnote i Biskoppernes Vejledning 1949 anføres en mulighed for, at man undtagelsesvist i stedet for forsagelsen og trosbekendelsen kan

53 *Vejledning i Den danske Folkekirkes gudstjenesteordning med de autoriserede ritualer,* udarbejdet af biskopperne (København: Vajsenhuset 1949), 9. Forkortes: *Biskoppernes Vejledning.* Anden udgave af Biskoppernes Vejledning blev første gang trykt i 1955.

54 Jf. Skydsgaard (1943), 58. Grundtvigs opdagelse af trosbekendelsens grundlæggende betydning og funktion, drejede sig om Apostolikum, ikke om Nikænum. Grundtvig anså den nikænske trosbekendelse for at være en græsk, selvgjort trosbekendelse fra en senere periode, og han mente, at det var en stor fejl, at den græske eller østerlandske kirke havde skubbet den apostolske trosbekendelse til side som dåbsbekendelse og erstattet den af »den saakaldte nicæniske« trosbekendelse. Markante udtalelser findes i »Kirke-Speil«, der baserer sig på mundtlige foredrag 1861-63. Se fx *Nik. Fred. Sev. Grundtvigs Udvalgte Skrifter*, bind 10, ved Holger Begstrup (København: Gyldendal 1909), 149. Andre relevante vurderinger af Grundtvig kan findes s. 111, 160, 161 og 184. Udtalelserne af Grundtvig kan findes samlet i Johs. Feveile og Max W. Olsen, *Den danske Folkekirkes Bekendelsesskrifter* (København: Munksgaard 1955), 17-18, note 21. Jf. endvidere Staats (1993), 225.

bruge den nikænokonstantinopolitanske trosbekendelse.[55] Trosbekendelsen i bestemt form forudsættes at være Apostolikum, og Nikænum anføres med det navn, der ofte bruges i symbolik efter 1817. Den anførte oversættelse til dansk er følgende:

> Jeg tror på een Gud, den almægtige Fader, himmelens og jordens, alt det synliges og usynliges skaber.
> Og på een Herre, Jesus Kristus, Guds enbårne Søn, som er født af Faderen før alle tider, Gud af Gud, lys af lys, sand Gud af sand Gud, født, ikke skabt, af samme væsen som Faderen, ved hvem alt er skabt, som for os mennesker og for vor frelse steg ned fra himlene og blev kød ved Helligånden af jomfru Maria og blev menneske, som også blev korsfæstet for os under Pontius Pilatus, blev pint og begravet og opstod på tredie dagen ifølge skrifterne og opfor til himmels, sidder ved Faderens højre hånd og skal komme igen i herlighed for at dømme levende og døde, og der skal ikke være ende på hans rige.
> Og på Helligånden, som er herre, og som levendegør, som udgår fra Faderen og fra Sønnen, som tilbedes og æres tillige med Faderen og Sønnen, som har talt ved profeterne. Og på een, hellig, almindelig og apostolisk kirke. Jeg bekender een dåb til syndernes forladelse og forventer de dødes opstandelse og den kommende verdens liv.[56]

Denne form findes, hvad angår ordlyd, uændret i Den danske Salmebog 1953, i Biskoppernes Vejledning 1955 og i flere andre efterfølgende publikationer. Der er fortsat tale om en oversættelse fra den traditionelle latinske, middelalderlige form af Nikænum.

55 Forslaget fremsættes også i Dansk Kirkesangs højmesseforslag fra 1943; jf. Pedersen (1943), 9.

56 *Biskoppernes Vejledning* (1949), 10. En kildeangivelse side 153 meddeler, at oversættelsen er anført i professor R. Prenters oversættelse og giver en kort oversigt over symbolets brug i den danske gudstjeneste.

Den nuværende alterbog med højmesseordning, der blev autoriseret i 1992, forudsætter som udgangspunkt, at trosbekendelsen altid bruges, idet den indledende kursivtekst lyder: »Trosbekendelsen synges eller siges af præst og menighed«.[57] Den kan dog udelades, når der er dåb i højmessen, og da der i bymenigheder ofte er dåb, vil trosbekendelsen i praksis ofte falde bort som fast led i højmessen. Første mulighed vedrørende trosbekendelsens fremførelse er, at menigheden medvirker, samt at den synges.

Trosbekendelsens placering i højmesseordningen fra 1992 er ud fra én synsvinkel uændret, og ud fra en anden synsvinkel ændret på et centralt punkt. Den liturgiske rækkefølge i normalordningen er: epistellæsning, trosbekendelse, salme før prædiken, evangelielæsning fra prædikestolen. Ud fra den ene synsvinkel er trosbekendelsens placering uændret, idet den fremføres fra alteret efter højmessens anden læsning og forud for salmen før prædiken. Men hvor trosbekendelsen i tidligere ordninger fulgte efter evangelielæsningen fra alteret, kommer den ifølge normalordningen fra 1992 efter en epistellæsning og forud for evangelielæsningen; det er en indirekte følge af indførelsen af en fast indledende læsning fra Det Gamle Testamente. Hvis orienteringspunktet er trosbekendelsens placering i forhold til evangelielæsningen, er trosbekendelsens placering ændret

Der er anført tekst til to trosbekendelser. Først anføres Apostolikum indledt med forsagelsen, og derefter følger Nikænum. Formelt set er de to trosbekendelser sidestillede, men Apostolikum er klart den mest brugte trosbekendelse.[58]

Den danske oversættelse af Nikænum er i uændret i forhold til den tidligere anførte form i Biskoppernes Vejledning (1949 og 1955). Dog er der (i parentes) givet mulighed for i Nikænums indledning og afslutning at sige »Vi« i stedet for »Jeg«. Grundlaget for oversættelsen er fortsat den traditionelle latinske form af Nikænum. Med autorisationen af alterbo-

57 *Den Danske Alterbog. Autoriseret ved kgl. resolution af 12. juni 1992* (København: Vajsenhuset 1992), 9.

58 *Den Danske Alterbog* (1992), 9-11.

gen i 1992 blev der for første gang officielt autoriseret en dansk prosaoversættelse af Nikænum til liturgisk brug.[59]

Hovedtendensen i 19. og 20. århundrede vedrørende brugen af Nikænum er, at den i periodens begyndelse overhovedet ikke blev brugt i liturgisk sammenhæng, men kun som bekendelsesskrift. Den eneste mulighed for trosbekendelse i gudstjenesten var trossalmen, og i denne form var trosbekendelsen ved at glide helt ud af højmessen. I løbet af 20. århundrede kom trosbekendelsen tilbage i højmessen i en ny form. Det skete primært i form af Apostolikum i prosaoversættelse, men også Nikænum i dansk prosaoversættelse blev en mulighed.

Dansk oversættelse af det græske Nikænum

Undersøgelsen af Nikænum i dansk liturgisk tradition har vist, at de danske reformatorer og den danske kirke overtog Nikænum fra den eksisterende latinske senmiddelalderlige tradition. Det klareste udtryk for denne kontinuitet hen over reformationen er Niels Jesperssøns graduale fra 1573, der bringer et latinsk Nikænum med samme ordlyd som de senmiddelalderlige missaler fra Lund og København. Og når der i Danske Lov 1683 henvises til det »Nicæniske« symbol, kan der rimeligvis ikke tænkes på andet end det latinske Nikænum, som indtil 1640 havde været i liturgisk brug i domkirker og bykirker. Jeg har i hvert fald ikke fundet spor, der peger i en anden retning.

Det er således i således i god overensstemmelse med denne tradition, at det siden 1949 har været muligt i den danske højmesse at bruge en dansk oversættelse af Nikænum, hvor grundteksten for oversættelsen har været et traditionelt latinsk, middelalderligt Nikænum.

59 *Biskoppernes Vejledning* (1949 og 1955) var ikke i sig selv nogen autorisation af nye ordninger, men kun en vejledning, som indeholder tidligere autoriserede ritualer. Og ud fra en formel synsvinkel var brugen af Nikænum i dansk oversættelse efter *Biskoppernes Vejledning* 1949 og 1955 ikke nogen autoriseret ordning, heller ikke selv om den blev optaget i tekstdelen til *Den Danske Salmebog* i 1953.

På den anden side har jeg ikke i den danske tradition fundet spor af forpligtende bestemmelser om, at der skal bruges en bestemt grundtekst til Nikænum som bekendelsestekst eller liturgisk tekst. Danske Lov 1683 definerer ikke Nikænum nærmere. Og efter min vurdering er der ikke noget i den danske tradition, der tvinger folkekirken til at betragte det traditionelle latinske Nikænum som eneste mulige grundtekst for en dansk oversættelse. Det traditionelle valg af det latinske Nikænum fra Konkordiebogen 1580 kan i dansk sammenhæng ikke betragtes som andet end et praktisk valg af en god og lettilgængelig udgave; det er ikke et forpligtende valg.[60]

Efter min vurdering er der ikke noget til hinder for at erstatte eller supplere den eksisterende officielle danske oversættelse af Nikænum med en ny oversættelse, der bygger på den græske version. Og her er der i løbet af 1900-tallet blevet publiceret pålidelige tekstkritiske udgaver af det græske Nikænum, dels af E. Schwartz i 1926 og dels af Giuseppe Luigi Dossetti i 1967.[61] De to udgaver stemmer overens, hvad angår teksten, og afviger ikke fra den tekstform, der kan findes i fx *Bekenntnisschriften*

60 Det kan blandt andet ses af Peter Erasmus Müllers kommenterede udgave af de tre oldkirkelige bekendelser i forbindelse med reformationsjubilæet i 1817. Her udgiver han en latinsk tekst til Niceno-constantinopolitanum, men tager teksten fra en udgave af dokumenter fra Tridentinerkoncilet. Jf. Müller (1817), 135, note 2. Han aftrykker altså ikke det latinske Nikænum fra Konkordiebogen eller fra tidligere danske bøger. Og da Luther i 1538 oversatte Nikænum til tysk, brugte han en latinsk tekst, der afviger på tre mindre punkter fra den latinske tekst i Konkordiebogen; jf. Staats (1993), 214-215.

61 E. Schwartz,»Das Nicaenum und das Constantinopolitanum auf der Synode von Chalcedon«, *ZNW* 25 (1926), 38-88; her findes den græske udgave af Constantinopolitanum på side 49. Giuseppe Luigi Dossetti, *Il Simbolo di Nicea e di Costantinopoli, Edizione critica*, Testi e Ricerche 2 (Roma: Herder 1967); udgaven af »Il Simbolo al Concilio del 381 o ›Simbolo dei 150 Padri‹« findes side 243-251, hvor der anføres både den græske tekst og en oldkirkelig latinsk version.

(1930/1967) eller det katolske standardværk af Heinrich Denzinger med *Enchiridion symbolarum* (fx 37. Auflage 1991).[62]

Det kan diskuteres og bliver diskuteret, om Nikænum, som i denne sammenhæng mere præcist kan kaldes Konstantinopolitanum, er blevet formuleret på synoden i Konstantinopel 381, eller om den har været formuleret inden. Men uanset om det forholder sig på den ene eller den anden måde, er forholdet det, at vi ikke har trosbekendelsen overleveret i dokumenterne fra synoden i Konstantinopel 381. Vi skal frem til Chalcedon-synoden i 451, hvor Aetios, der var ærkediakon i Konstantinopel, højtideligt fra en medbragt bog oplæste de 150 fædres trosbekendelse, som stemmer overens med den hellige og store synode i Nikæa. I Nikæa var de 318 fædre, mens de i Konstantinopel kun var 150, så »de 150 fædres« trosbekendelse er trosbekendelsen fra synoden i Konstantinopel 381, som siges at stemme overens med den oprindelige fra Nikæa 325.[63]

Det var denne bekendelse, som ærkediakonen Aetios oplæste i Chalcedon 451, som blev den dominerende i liturgisk brug, og som senere blev kaldt »den nikænske trosbekendelse«, selv om den ikke er identisk med bekendelsen fra synoden i Nikæa 325, men kun stemmer overens med den.

Der er forskelle på flere punkter mellem den oprindelige græske form fra 381/451 og den senere traditionelle middelalderlige form af Nikænum. Det drejer sig ikke kun om »filioque«. Og hvis der skal foretages en ny-

62 *Bekenntnisschriften* (1930/1967), 26-27; den her gengivne græske tekst er taget fra *Schwartz* (1926), 49. Heinrich Denzinger, *Kompendium der Glaubensbekenntnisse und kirchlichen Lehrentscheidungen*, ed. Peter Hünermann, 37. Auflage (Freiburg i. B.: Herder 1991), 82-85.

63 Emnet her er ikke forhistorien for den tekst, der højtideligt blev oplæst på Chalcedon-synoden 451. For nyere redegørelser for dette emne kan henvises til: J.N.D. Kelly, *Early Christian Creeds*, 3. ed. (London: Longman 1972). Reinhart Staats, *Das Glaubensbekenntnis von Nizäa-Konstantinopel, Historische und theologische Grundlagen* (Darmstadt: Wissenschaftliche Buchgesellschaft 1996). Oskar Skarsaune, *Troens ord, De tre oldkirkelige bekjennelsene* (Oslo: Luther Forlag 1997), 135-238. Peder Nørgaard-Højen, *Den Danske Folkekirkes bekendelsesskrifter, Kommentar*, 2.. udg. (København: Anis 2004), 115-162.

oversættelse fra den græske grundtekst, vil det ikke være sagligt forsvarligt at nøjes med at bruge den seneste danske oversættelse og udelade et »og fra Sønnnen«. Den oprindelige græske form afviger især fra den senere traditionelle latinske form på følgende seks punkter:[64]

1. Den græske tekst indleder med flertal, »Vi tror på« (*pisteuomen*), hvor den latinske har éntal, »Jeg tror på« (*credo*). Tilsvarende i slutningen, hvor den græske form har »Vi bekender« og »Vi forventer«, mens den latinske har »Jeg bekender«.

2. Forud for »lys af lys« har det latinske tekst et »Gud af Gud«, som ikke findes i Konstantinopolitanum 381, men derimod kan genfindes i det oprindelige Nikænum fra 325.

3. Afsnittet om Sønnens inkarnation er formuleret lidt anderledes i den græske tekst end i den latinske. I den græske form er Helligånden og jomfru Maria sidestillet: » ... blev kød ved Helligånden og jomfru Maria«. Den latinske form bruger forskellige præpositioner og vil dermed markere en forskel: »... blev kød ved (*de*) Helligånden af (*ex*) Jomfru Maria«.

4. I tredje artikel karakteres Helligånden i den græske tekst af adjektivet *to kyrion*, men den latinske tekst har substantivet *dominum*. Den græske tekst bør derfor fx oversættes med »Helligånden, som hersker«, mens oversættelsen af den latinske form hidtil har været »Helligånden, som er Herre«.

5. Den græske tekst har et »på« (*eis*) både forud for »Helligånden« og forud for »én hellig, almindelig og apostolisk kirke«. I den latinske tekst der er kun et »på« (*in*) forud for »Helligånden«. Denne forskel er ikke markeret i den nuværende danske oversættelse, mens Hans Mogenssøn i 1578 fik denne forskel med i sin oversættelse af Nikænum.

6. I omtalen af Helligåndens udgang har den græske tekst kun et »fra Faderen«, mens den latinske tekst har et »fra Faderen og Sønnnen« (*filioque*).[65]

64 I sammenligningen refererer jeg primært til danske oversættelser, dels den ovenfor citerede form fra *Biskoppernes Vejledning* (1949), der som grundtekst bruger det latinske Nikænum fra Konkordiebogen 1580, og dels til det efterfølgende forslag til ny oversættelse fra den græske grundtekst.

65 Jf. også Skarsaune (1997), 229-230.

I det følgende anføres et forslag til ny dansk oversættelse af Nikænum på grundlag af den overleverede græske tekst fra synoden i Konstantinopel 381, sådan som den blev oplæst på Chalcedon-synoden i 451:

> Vi tror på én Gud, Fader og almægtig,
> skaber af himmel og jord, af alt synligt og usynligt;
> og på én Herre, Jesus Kristus, Guds enbårne Søn,
> som er født af Faderen før alle tider,
> lys af lys, sand Gud af sand Gud,
> født, ikke skabt,
> af samme væsen som Faderen,
> ved ham blev alt til,
> han som for os mennesker og til vor frelse steg ned fra himlen,
> blev kød ved Helligånden og jomfru Maria og blev menneske,
> som også blev korsfæstet for os under Pontius Pilatus
> og blev pint og begravet
> og opstod på den tredje dag ifølge skrifterne og opfor til himlen,
> sidder ved Faderens højre hånd
> og skal komme igen i herlighed for at dømme levende og døde,
> og der skal ikke være ende på hans rige;
> og på Helligånden, som hersker og levendegør,
> som udgår fra Faderen,
> som tilbedes og æres sammen med Faderen og Sønnen,
> og som har talt ved profeterne;
> og på én, hellig, almindelig og apostolsk kirke.
> Vi bekender én dåb til syndernes forladelse.
> Vi forventer de dødes opstandelse og den kommende verdens liv. Amen.[66]

[66] Oversættelsen forsøger at følge den græske tekst ret tæt, herunder også den lange sætningskonstruktion med kun et indledende »Vi tror på«. I den svenske økumeniske oversættelse af den nikænokonstantinopolitanske trosbekendelse har man i stedet valgt at opdele i tre artikler, der hver indledes med et »Vi tror på«. Oversættelsen er i nov. 1998 af det finske kirkeråd god-

Hvis det skal være muligt til gudstjenstlig brug i Den Danske Folkekirke at bruge en ny dansk oversættelse af Nikænum på grundlag af den græske grundtekst fra 381/451, bør den efter gældende folkekirkelig orden nok autoriseres ved en ny kongelig resolution, ligesom den nuværende oversættelse af Nikænum blev det i 1992. I en eventuel beslutningsproces bør inddrages andre synsvinkler end dem, som jeg har anlagt i denne artikel, herunder dogmatiske, økumeniske og juridiske synsvinkler. Og her er det kritiske punkt jo, at en oversættelse fra den græske grundtekst ikke vil indeholde den senere latinske udvidelse med *filioque*, som har været et adskillende punkt i forholdet mellem den østlige og den vestlige kirke.

På den anden side behøver det heller ikke at gøres meget indviklet. Når der autoriseres en ny dansk oversættelse af Bibelen, bruger man eksempelvis som grundlag for oversættelsen uden større diskussion den bedst mulige tekstkritiske udgave på pågældende tidspunkt. En lignende synsvinkel kan godt anlægges på en eventuel nyoversættelse af Nikænum.

En anden og lidt mindre officiel mulighed kunne være at anføre en alternativ oversættelse af Nikænum i et nyt uautoriseret alterbogstillæg. En sådan løsning vil svare til den model, der blev anvendt ved udgivelsen af Biskoppernes Vejledning i 1949, hvor der for første gang blev givet mulighed for at bruge Nikænum i dansk prosaoversættelse ved højmesser i Den Danske Folkekirke.

kendt til prøvebrug i gudstjenesterne parallelt med den nuværende oversættelse; jf. *Gudstjänstboken, antagen av kyrkomötet den 12 januari 2000* (Församlingsförbundets förlag 2004), 303-304.

Efterfølgende blev trykt i Kirkehistoriske Samlinger 2010, side 7-49.

Gammeltestamentlige læsninger og kirkeår i Danmark på reformationstiden

Indledning

Emnet for efterfølgende artikel er forandringerne i brugen af gammeltestamentlige læsninger i danske perikopesystemer på reformationstiden.

I den første officielle danske alterbog efter reformationen, Peder Palladius' alterbog fra 1556, er der kun gammeltestamentlige læsninger på fem helligdage, nemlig hellig tre kongers dag (6. jan., Es. 60,1-6), kyndelmisse (2. februar, Mal. 3,1-4), Mariæ bebudelses dag (25. marts, Es. 7,10-15), sankt Hans dag (24. juni, Es. 49,1-6) og Mariæ besøgelses dag (2. juli, Es. 11,1-10).

Ved en umiddelbar betragtning af et perikopesystem med så få gammeltestamentlige læsninger kunne man måske formode, at der til grund for systemet lå et princip om, at den første af de to læsninger i højmessen skal være en nytestamentlig epistel, og at der kun undtagelsesvist var valgt en gammeltestamentlig lektie. Dette kan kombineres med en hypotese om, at udgangspunktet for perikopesystemet i den vestlige kirke var en oldkirkelig ordning i Rom med tre læsninger: lektie fra Det Gamle Testamente, epistel fra Det Nye Testamente og evangelium.[1] Hvis man

1 Se fx Gerhard Kunze: *Die gottesdienstliche Schriftlesung,* Teil I, Göttingen 1947, s. 141-142, hvor det forudsættes, at der i romersk rite oprindelig må have været tre læsninger, hvoraf den første var en gammeltestamentlig læsning, selv om det ikke er bevidnet af bevarede kilder. Jf. endvidere den klassiske fremstilling af den romerske messe hos Josef Andreas Jungmann: *Missarum Sollemnia*, 5. Aufl., Freiburg 1962, bd. 1, s. 507: »Die römische Liturgie ist denselben Entwicklungsweg wenigstens eine Strecke weit gegangen. Auch ihre Messe muß einmahl regelmässig drei Lesungen aufgewiesen haben ...« Jung-

er tilhænger af denne almindeligt udbredte hypotese, vil forklaringen på det lille antal gammeltestamentlige læsninger i den danske reformatoriske alterbog ofte være den, at de gammeltestamentlige læsninger faldt bort allerede i oldkirken.[2]

En nærmere analyse af perikopesystemet i et senmiddelalderligt katolsk missale viser imidlertid, at der er mange dage i kirkeåret med en eller flere indledende gammeltestamentlige læsninger efterfulgt af dagens evangelium. Systemet ser ud til at gå ud på, at der normalt kun skal være to læsninger. Heraf er den sidste altid et evangelium, mens den første kan være en nytestamentlig epistel eller en gammeltestamentlig perikope. Søndagene (med en enkelt undtagelse) har nytestamentlige epistler, mens gammeltestamentlige læsninger kun anvendes på hverdage.[3]

Under reformationen blev kirkeåret reduceret til hovedsageligt kun at omfatte søndage. Og da man samtidigt overtog de eksisterende perikoper med kun få justeringer, blev resultatet, at den første af de to læsninger i de fleste tilfælde blev en nytestamentlig epistel og kun undtagelsesvist en gammeltestamentlig læsning. Men perikopevalget og perikopestrukturen i reformationens danske alterbog er ikke udtryk for et princip om, at den første læsning skal være en nytestamentlig epistel. Efter min vurdering er fraværet af gammeltestamentlige læsninger kun et tilfældigt udslag af, at kirkeåret blev kraftigt reduceret, og at denne reduktion eliminerede de fleste gammeltestamentlige læsninger, som havde været i

mann forudsætter, at den indledende gammeltestamentlige læsning senere er forsvundet fra dens faste plads i højmessen.

2 Et eksempel på en forklaring af denne type findes i *De bibelske læsninger i gudstjenesten,* Betænkning afgivet af Kirkeministeriets liturgiske kommission (Betænkning nr. 750), Kbh. 1975, s. 203, hvor det bemærkes, at det klassiske læsningssystem, som vi præsenteres for i det romerske missale, i det fleste tilfælde havde skåret læsningernes antal ned til to, epistel og evangelium. »De gammeltestamentlige læsninger var sjældne«.

3 Et tilsvarende princip for brug af gammeltestamentlige læsninger kan findes allerede i den ældste kilde til epistellæsningerne i romersk liturgi, Würzburger Comes, der afspejler forholdene i Rom i første halvdel af 600-tallet. Jf. Holger Villadsen: *Würzburger Comes, en brik til historien om første tekstrække,* (Patristik 10), netpublikation 2009: www.patristik.dk/Patristik10.pdf.

brug i middelalderen.[4] Denne tolkning forekommer mig at være et mere nærliggende bud på en forklaring end den almindeligt udbredte hypotese om, at gammeltestamentlige læsninger allerede faldt bort i oldkirken ved overgang fra et treledet perikopesystem til et toledet perikopesystem. Og det er denne tolkning, som jeg vil forsøge at underbygge i efterfølgende artikel.

Emnet for undersøgelsen er altså primært de principper eller det system, der ligger til grund for de vigtigste danske perikopeordninger på reformationstiden. Principperne er ikke formuleret eksplicit, så jeg forsøger at analysere mig frem til dem gennem en nærmere undersøgelse af den struktur, der kommer til udtryk i det konkrete perikopevalg.

Som kilde til perikopesystemet i Danmark før den reformatoriske vending anvendes Missale Lundense fra 1514.[5] Missalet repræsenterer et forsøg på at lave en velordnet og homogen liturgisk brugsbog til det danske ærkestift med udnyttelse af det moderne bogtryk. Jeg anvender Missale Lundense blandt andet af praktiske grunde, idet den findes i en moderne faksimileudgave fra 1946.[6] Men primært anvendes den naturligvis, fordi den kronologisk og geografisk er et relevant valg. Den hører hjemme i tiden umiddelbart forud for reformationen og er beregnet til brug i et dansk stift.[7] Der findes andre tekster, der kunne være anvendt som kilde,

4 I sin bog *Det danske Kirkeaar og dets Pericoper, en Haandbog for Prædikanter og Kirkegjængere,* 4. Udg., Kbh. 1878, antager Wilh. Rothe, at det er udtryk for et bevidst princip, at man ved reformationen afskaffede gammeltestamentlige læsninger og nøjedes med nytestamentlige læsninger (s. 38). Efter min vurdering er det en forkert beskrivelse af forløbet fra katolsk missale til reformatorisk alterbog.

5 For nærmere bibliografiske oplysninger henvises til Lauritz Nielsen: *Dansk Bibliografi 1482-1550,* Kbh. 1919, nr. 181. (Herefter forkortet: LN). Missale Lundense er i folioformat med en kolumne på ca. 25 x 17 cm og 276 blade.

6 *Missale Lundense av år 1514*, faksimiledition med efterskrift och register av Bengt Strömberg, Malmø 1946.

7 I litteraturen er der flere eksempler på uheldige valg af kilder til at repræsentere den danske missaletradition. Det mest markante eksempel på et fejlvalg findes i bogen af C. T. Engelstoft: *Liturgiens eller Alterbogen og Kirke-*

fx. Missale Slesvicense fra 1486 eller Missale Hafniense fra 1510.[8] Jeg har foretaget stikprøveundersøgelser i de to missaler, og de tyder ikke på, at det vil gøre nogen forskel i forhold til emnet for denne undersøgelse.[9]

Som hovedkilde til forholdene efter den reformatoriske vending i Danmark anvendes Peder Palladius' alterbog fra 1556.[10] Palladius' alterbog er et naturligt valg som hovedkilde, da den fik næsten officiel status og blev mønster for de efterfølgende alterbøger i Danmark.

Som supplerende kilde anvendes Hans Tausens postil fra 1539, der også er en slags alterbog, idet den indeholder en dansk oversættelse af alle kirkeårets perikoper.[11] Det var formentlig Hans Tausens perikopeover-

ritualets Historie i Danmark, Kbh. 1840. Som repræsentant for missaletraditionen bruger han et missale, der er trykt efter ændringerne og uniformeringen på Tridentiner-konciliet (s. 139). Det betyder, at han ikke giver et retvisende billede af den danske alterbogs forhold til missaletraditionen.

8 Jf. LN nr. 185 og nr. 179.

9 Missale Slesvicense er grundigt beskrevet og sammenlignet med andre danske og tyske missaler i afhandlingen af Mark John Christensen: *A study of the Mass in the Diocese of Slesvig in the late medieval period*, University of Notre Dame 1993. Førstelæsningerne undersøges i kap. 5: Lessons (s. 184-230). Han sammenligner Missale Slesvicense med de danske trykte missaler Viborgense 1500, Hafniense 1510 og Lundense 1514; fra Tyskland sammenlignes med håndskriftet Missale Bremense fra 15. årh. og de trykte missaler Lubicense 1486, Magdeburgense 1497 og Hamburgense 1509. Konklusionen på undersøgelsen er, at der er stor overensstemmelse mellem de danske missaler, hvad angår førstelæsningerne: »The evidence of a very strong relationship between the lesson series of Miss. Slesv. and the Danish missals is overwhelming. There are more than forty days on which the Miss. Slesv. supports a peculiar Danish lesson and only two on which it uses an exclusive German lesson« (s. 226).

10 Petrus Palladius: *Søndagers Oc hellige dagers Episteler oc Euangelia met Collecter oc andet at bruge vdi Christi Naduere effter Ordinantzens lydelse*, Weydeborgk 1556. Jf. den bibliografiske beskrivelse hos LN, nr. 1248. Jeg har brugt en moderne udgave: *Peder Palladius, Den ældste danske Alterbog, 1556*, udgivet efter Originalen af Lis Jakobsen, Kbh. 1918.

11 Postillen udkom i to bind. Hans Tausen: *Winterdelen aff Postillen* og *Sommerdelen aff Postillen*, Magdeborch 1539. Desuden udkom et særskilt bind beregnet til brug i »dimmelugen« op til påskedag. Jeg har benyttet en moderne

sættelser, der mest blev brugt til gudstjenestebrug i perioden fra 1539 og frem til Palladius' alterbog i 1556. Kirkeårets omfang og det konkrete perikopevalg hos Hans Tausen er næsten identisk med det i alterbogen fra 1556. Den forholdsvis store overensstemmelse mellem Hans Tausens postil fra 1539 og Peder Palladius' alterbog fra 1556 er et vidnesbyrd om, at kirkeårets omfang, perikopestruktur og perikopevalg i alt væsentligt ser ud til at have ligget fast på et meget tidligt tidspunkt i den danske reformation.

Hvis emnet for nærværende undersøgelse var spørgsmålet om det konkrete historiske forlæg for kirkeår og perikopesystem i Danmark efter reformationen, burde undersøgelsen omfatte flere kilder. Det kunne fx tænkes, at det faktiske forlæg for kirkeår og perikopeordning i den danske reformation skulle søges i Wittenberg, hos Martin Luther eller Johannes Bugenhagen. En anden mulighed for kilder eller mellemstadier kunne være reformkatolske tiltag i Danmark, fx Christiern Pedersens postil fra 1515, der også indeholder en dansk oversættelse af epistler og evangelier til kirkeårets søndage og enkelte store helligdage. Og som den formentlig tidligste repræsentant for en reformatorisk perikopeordning kunne anvendes Christiern Pedersens danske oversættelse fra 1529 af Det Nye Testamente.[12] Men da emnet primært er forandringerne i princip-

udgave: *Det Danske Sprog- og Litteraturselskabs Udgave af Hans Tausens Postil*, med Indledning og Noter af Bjørn Kornerup, bd. I-II, Kbh. 1934.

12 Faksimileudgave: *Det Ny Testamente, oversat af Christiern Pedersen, Antwerpen 1529*, ved Bertil Molde og Volmer Rosenkilde, Kbh. 1950. Markant i denne sammenhæng er, at den indeholder en tavle over epistler og evangelier til alle søndage og søgnedage samt en tavle med supplerende helligdage. Kirkeåret er meget mere omfattende end i de senere reformatoriske ordninger. Der er fx tekster til onsdage og fredage. Sådan kunne et reformatorisk kirkeår måske også være kommet til at se ud. På de dage, hvor der i missaletraditionen var gammeltestamentlige læsninger, anføres ingen epistel, kun en evangelietekst. Det skyldes formentlig blot, at tavlerne var register til den efterfølgende oversættelse af Det Nye Testamente, og at det var årsagen til, at de sædvanlige gammeltestamentlige læsninger ikke omtales. Derfor har jeg ikke ment, at det var relevant at inddrage tavlerne i denne sammenhæng.

perne for brugen af gammeltestamentlige læsninger i Danmark på reformationstiden, vil jeg mene, at de udvalgte tre hovedkilder er tilstrækkeligt repræsentative til formålet.

Der findes i litteraturen sammenlignende oversigter over kirkeår og perikopevalg, som inddrager andre kilder. Men de vil være uanvendelige i denne sammenhæng, da de begrænser sammenligningen til de dage, som er repræsenteret i det senere danske efterreformatoriske kirkeår og desuden ofte bruger misvisende repræsentanter for en dansk missaletradition. Det betyder, at oversigterne giver et forkert og anakronistisk helhedsbillede af de ældre perikopeordninger. Helt konkret vil de fleste dage med gammeltestamentlige læsninger være udeladt, sådan at man fejlagtigt vil få det indtryk, at der ikke blev brugt gammeltestamentlige læsninger i det senmiddelalderlige perikopesystem. Dette gælder fx oversigterne hos Wilh. Rothe i hans bog om *Det danske Kirkeaar* eller oversigten af Finn Fosdal i hans undersøgelse af kilderne til Hans Tausens postil.[13] Derfor har jeg valgt i artiklen at bringe oversigter over kirkeårets »ikke-evangeliske« perikoper fra henholdsvis Missale Lundense 1514, Hans Tausens postil 1539 og Peder Palladius' alterbog 1556.

Min tese er, at man ved en umiddelbar analyse af perikopevalget i Palladius' alterbog 1556 vil tage fejl af principperne for brugen af gammelte-

Men det kan ikke helt udelukkes, at der lå en bevidst intention bag de manglende gammeltestamentlige læsninger.

13 To oversigtstavler er indsat mellem s. 312 og 313 hos Rothe 1878. I oversigten er der fem spalter: »Hieronymi Comes«, »Gregor d. St. Homilier«, »Alcuins Homilarium« »Det romerske Missale« og »Vor Alterbog«. Men i de fire første spalter medtages kun de kirkeårsdage, der findes i »Vor Alterbog«. Finn Fosdal bringer i sin i artikel »Luthers kirkepostil og Hans Tausens postil«, i *Tro og tale, Studier over Hans Tausens Postil,* red. Knud Eyvin Bugge, Kbh. 1963, s. 15-126, også en oversigt i fem spalter over perikoperne fra 1. advent til Palmesøndag / Mariæ bebudelses dag (s. 31-33). Som kilde til det romerske missale bruger han »Comes a Pamelio ed.« (s. 30, note 39). Det er ikke en optimal kilde eller en optimal udgave, og desuden er oversigten beskåret for de kirkeårsdage, der ikke forekommer i Luthers kirkepostille, Tausens postil eller Alterbogen 1556. Det gør Fosdal dog selv opmærksom på (s. 34).

stamentlige læsninger. En sammenligning med den forudgående perikopeordning i Danmark repræsenteret af Missale Lundense 1514 vil give et andet perspektiv på perikopevalg og perikopestruktur. Det lille antal gammeltestamentlige læsninger skal ikke opfattes som et principielt fravalg, men snarere som en utilsigtet konsekvens af en reduktion af kirkeåret.

Missale Lundense 1514

Dette bogtrykte missale er trykt i Paris 1514. Ærkebiskoppen i Lund havde givet Christiern Pedersen, der var kannik i Lund, men opholdt sig i Paris, til opgave at få trykt et missale til brug i stiftet. Som trykkegrundlag anvendtes et rettet og korrigeret missale fra domkirken i Lund. Formålet med trykningen var blandt andet at sikre fælles liturgisk praksis i stiftet, og det forudsattes, at landsbykirkerne rettede ind efter domkirkens liturgiske praksis.

Efter forskelligt indledende stof, herunder en kalender, kommer missalets første hoveddel med teksterne til det bevægelige kirkeår, *proprium de tempore*, der indeholder tekster til kirkeårets søndage, til hverdage i den følgende uge og til julens helligdage. Der indledes med teksterne til første søndag i advent, og der sluttes med sidste søndag efter trinitatis. I alt er der tekster til 208 dage i det bevægelige kirkeår. Teksterne til den enkelte søndag omfatter introitus, kollekt, epistel (*lectio*), graduale, halleluja, evangelium og de variable tekster til nadverliturgien og gudstjenestens afslutning.

Næste hoveddel i missalet er højmesseordningen med de faste tekster. Og sidste hoveddel er teksterne til det kalenderfaste kirkeår, *proprium de sanctis*, og forskellige andre specielle gudstjenester.[14]

Efterfølgende liste giver en oversigt over førstelæsningen (*lectio*) i missalets første hoveddel med det bevægelige kirkeår fra første søndag i advent til sidste søndag efter trinitatis. Dagens kirkeårsnavn gengives i let

[14] For nærmere beskrivelse af missalets indhold henvises til Bengt Strömbergs efterskrift s. 3-13 i faksimileudgaven fra 1946 af Missale Lundense.

normaliseret form, og derefter angives omfanget af den eller de indledende læsninger. Den latinske bibeltekst er ikke gengivet, og evangelielæsningen er ikke medtaget i oversigten. Jeg har tilføjet en nummerering af dagene for i det følgende lettere at kunne henvise til dem med forkortelsen ML.

1 Dominica i aduentus: Rom. 13,11-14
2 Feria quarta: Jak. 5,7-10
3 Feria vi: Zach. 9,9-14
4 Dominica ii aduentus: Rom. 15,4-13
5 Feria iiii: Mal. 3,1-5 + 4,1-6
6 Feria vi: Es. 28,16-22
7 Dominica iii aduentus: 1. Kor. 4,1-5
8 Feria quarta quattuor temporum: Es. 2,2-5 / Es. 7,10-15
9 Feria vi quattuor temporum: Es. 11,1-5
10 Sabbato iiii temporum: Es. 19,20-22 / Es. 35,1-7 / Es. 40,9-11 / Es. 45,1-8 / Dan. 3,49-51 / 2. Thess. 2,1-8
11 Dominica iiii aduentus: Fil. 4,4-7
12 Feria quarta: Es. 30,18-23
13 Feria vi: Es. 30,27-30
14 In vigilia nativitatis domini: Es. 62,1-4 / Rom. 1,1-6
15 Missa in gallicantu: Es. 9,2.6-7 / Tit. 2,11-15
16 Missa in aurora: Es. 61,1-3 + 62,11-12 / Tit. 3,4-7
17 Ad summam missam (In die nativitatis domini): Es. 52,6-10 / Hebr. 1,1-12
18 In die sancti stephani: Ap.G. 6,8-10 + 7,54-60
19 In die sancti iohannis: Sir. 15,1-6
20 In festo innocentum: Åb. 14,1-5
21 In festo sancti thome: Hebr. 5,1-6
22 Infra octauam nativitatis: Gal. 4,1-7
23 In festo circumcisionis: Gal. 3,23-4,2
24 In vigilia epyphanie: Rom. 3,19-26
25 In die epyphanie: Es. 60,1-6
26 Dominica infra octauam epyphanie: Rom. 12,1-5

27 Feria iiii: Rom. 1,7-12
28 Feria vi: Ef. 1,13-18
29 In octaua epyphanie: Es. 25 + 35 + 41
30 Dominica i post octauam epyphanie: Rom. 12,6-16
31 Feria quarta: Kol. 1,23-28
32 Feria sexta: Ef. 2,1-6
33 Dominica ii post octauam epyphanie: Rom. 12,16-21
34 Feria quarta: 1. Tim. 1,15-17
35 Feria sexta: Kol. 1,3-9
36 Dominica iii post octauam epyphanie: Rom. 13,8-10
37 Feria iiii: Rom. 5,18-21
38 Feria vi: 1. Thess. 1,2-10
39 Dominica iiii post octauam epyphanie: Kol. 3,12-17
40 Feria iiii: 1. Kor. 1,26-31
41 Feria vi: ut supra [1. Kor. 1,26-31]
42 Dominica v post octauam epyphanie:[som 39, Kol. 3,12-17]
43 Feria quarta: ingen
44 Feria vi: ingen
45 Dominica in septuagesima: 1. Kor. 9,24-10,4
46 Feria quarta: Hebr. 4,11-16
47 Feria vi: Jer. 3,11-14
48 Dominica [sexagesime]: 2. Kor. 11,19-12,9
49 Feria iiii: Hebr. 12,3-9
50 Feria sexta: Ez. 18,30-32
51 Dominica quinquagesime: 1. Kor. 13,1-13
52 Feria iiii cinerum: Joel 2,12-19
53 Feria v post cinerum: Es. 38,1-6
54 Feria vi post cinerum: Es. 58,1-9
55 Sabbato post cineres: Es. 58,9-14
56 Dominica in quadragesime: 2. Kor. 6,1-10
57 Feria ii post dominicam i xl.: Ez. 34,11-16
58 Feria iii post dominicam i xl.: Es. 55,6-11
59 Feria iiii post dominicam i xl: 2. Mos. 24,12-18 / 1. Kong. 19,3-8
60 Feria v post dominicam i xl: Ez. 18,1-9

61 Feria vi post dominicam i xl: Ez. 18,20-28
62 Sabbato post dominicam i xl: 5. Mos. 26,15-19 / 5. Mos. 11,22-25 / 2. Makk. 1,23 + 1,2-5 / Sir. 36,1-10 / Dan. 3,49-51 / 1. Thess. 5,14-23
63 Dominica ii quadragesime: 1. Thess. 4,1-7
64 Feria ii ebdo. ii xl.: Dan. 9,15-19
65 Feria iii post dominicam ii xl.: 1. Kong. 17,8-16
66 Feria iiii post dominicam ii xl.: Est. 13,9-11.15-17
67 Feria v post dominicam ii xl.: Jer. 17,5-10
68 Feria sexta post dominicam ii xl.: 1. Mos. 37,6-22
69 Sabbato post dominicam ii xl.: 1. Mos. 27,6-40
70 Dominica tertia xl.: Ef. 5,1-9
71 Feria ii: 2. Kong. 5,1-15
72 Feria iii: 2. Kong. 4,1-7
73 Feria iiii, ebdo. iii xl.: 2. Mos. 20,12-24
74 Feria v post dominicam iii xl.: Jer. 7,1-7
75 Feria vi post dominicam iii xl.: 4. Mos. 20,6-13
76 Sabbato post dominicam iii xl.: Dan. 13,1-9.15-17.19-30.33-62
77 Dominica in media xl.: Gal. 4,22-31
78 Feria ii post dominicam iiii xl.: 1. Kong. 3,16-28
79 Feria iii, ebdo. iiii xl.: 2. Mos. 32,7-14
80 Feria iiii, ebdo. iiii xl.: Ez. 36,23-28 / Es. 1,16-19
81 Feria v, ebdo. iiii xl.: 2. Kong. 4,25-38
82 Feria vi post dominicam iiii xl.: 1. Kong. 17,17-24
83 Sabbato post dominicam iiii xl.: Es. 49,8-15 / Es. 55,1-11
84 Dominica in passione: Hebr. 9,11-15
85 Feria ii, ebdo. passionis: Jonas 3,1-10
86 Feria iii post dominicam in passione: Dan. 14,27-42
87 Feria iiii post dominicam in passione: 3. Mos. 19,11-19
88 Feria v post dominicam in passione: Dan. 3,35-45
89 Feria vi post dominicam in passione: Jer. 17,13-18
90 Sabbato ante palmarum: Jer. 18,18-23
91 Dominica palmarum: 2. Mos. 15,27-16,10
92 Dominica palmarum, officium misse: Fil. 2,5-11
93 Feria ii, ebdo. palmarum: Zak. 11,12-13,9 / Es. 50,5-10

94 Feria iii, ebdo. palmarum: Jer. 11,18-20 / Visd. 2,12-22
95 Feria iiii, ebdo. palmarum: Es. 62,11-63,7 / Es. 53,1-12
96 Feria quinta in cena domini: 1. Kor. 11,20-32
97 In die parasceue: Hos. 6,1-6 / 2. Mos. 12,1-11
98 In vigilia pasce: 1. Mos. 1,1-2,2 / 2. Mos. 14,24-15,1 / Es. 4,1-6 / Es. 54,17-55,11 / [Benedictio fontis] / Kol. 3,1-4
99 In die sancto pasche, ad missam: 1. Kor. 5,7-8
100 Feria ii post pasche: Ap.G. 10,37-43
101 Feria iii post pasche: Ap.G. 13,26-33
102 Feria iiii post pasche: Ap.G. 3,13-15 +17-19
103 Feria v post pasche: Ap.G. 8,26-40
104 Feria vi post pasche: 1. Pet. 3,18-22
105 Sabbato post pasche: 1. Pet. 2,1-10
106 In octaua pasche: 1. Joh. 5,4-10
107 Feria iiii: Hebr. 13,17-21
108 Feria vi : Ap.G. 5,34-41
109 Dominica ii post pasche: 1. Pet. 2,21-25
110 Feria iiii, ebdo. ii pasche: 1. Pet. 1,18-25
111 Feria vi, ebdo. ii pasche: Ap.G. 15,7-12
112 Dominica iii post pasche: 1. Pet. 2,11-19
113 Feria iiii, ebdo. iii post pasche: 1. Joh. 2,1-8
114 Feria vi, ebdo. iii post pasche: Ap.G. 3,20-26
115 Dominica iiii post pasche: Jak. 1,17-21
116 Feria iiii: 1. Thess. 5,5-11
117 Feria vi, ebdo. iiii pasche: Ap.G. 15,23-29
118 Dominica v post pasche: Jak. 1,22-27
119 In diebus rogationum: Jak. 5,16-20
120 In vigilia ascensionis: Ap.G. 4,32-35
121 In die ascensionis: Ap.G. 1,1-11
122 Feria vi post octauam ascensionis domini: 1. Pet. 4,7-11
123 In vigilia penthecostes: 1. Mos. 22,1-19 / 5. Mos. 31,22-30 / Es. 4,1-6 / Bar. 3,9-38 / [dåb] / Ap.G. 19,1-8
124 In festo penthe: Ap.G. 2,1-11
125 Feria ii post penthe.: Ap.G. 10,42-48

126 Feria iii post penthe.: Ap.G. 8,14-17
127 Feria iiii post penthe.: Ap.G. 2,14-21 / Ap.G. 5,12-16
128 Feria v post penthe.: Ap.G. 8,5-8
129 Feria vi post penthe.: Ap.G. 2,22-28
130 Sabbato post penthe.: Joel 2,28-32 / 3. Mos. 23,9-11 +15-17 +21 / 5. Mos. 26,1-11 / 3. Mos. 26,3-12 / Dan. 3,49-51 / Ap.G. 13,44-52
131 Dominica sancte trinitatis: Rom. 11,33-36
132 In die corporis christi: 1. Kor. 11,23-29
133 Dominica i post trinitatem: 1. Joh. 4,8-21
134 Feria quarta, ebdo. i post trinitatem: Kol. 3,5-11
135 Feria sexta, ebdo. i post trinitatem: Rom. 5,6-11
136 Dominica ii post trinitatem: 1. Joh. 3,13-18
137 Feria iiii, ebdo. ii post ebdo.: 1. Kor. 15,12-22
138 Feria vi, ebdo. ii post ebdo.: 1. Pet. 4,3-6
139 Dominica iii post trinitatem: 1. Pet. 5,6-11
140 Feria iiii, ebdo. iii post trinitatem: Kol. 3,17-24
141 Feria vi, ebdo. iii post trinitatem: 2. Pet. 1,10-17
142 Dominica iiii post trinitatem: Rom. 8,18-23
143 Feria quarta, ebdo. iiii post trinitatem: Ef. 1,16-21
144 Feria vi, ebdo. iiii post trinitatem: 1. Joh. 2,24-3,3
145 Dominica v post trinitatem: 1. Pet. 3,8-15
146 Feria iiii, ebdo. v post trinitatem: 1. Tim. 2,1-7
147 Feria vi, ebdo. v post trinitatem: 1. Joh. 5,1-5
148 Dominica vi post trinitatem: Rom. 6,3-11
149 Feria iii, ebdo. vi post trinitatem: Hebr. 12,28-13,8
150 Feria vi, ebdo. vi post trinitatem: 1. Joh. 5,13-20
151 Dominica vii post trinitatem: Rom. 6,19-23
152 Feria iiii, ebdo. vii post trinitatem: Rom. 8,1-6
153 Feria vi, ebdo. vii post trinitatem: Rom. 15,30-33
154 Dominica viii post trinitatem: Rom. 8,12-17
155 Feria iiii, ebdo. viii post trinitatem: Rom. 5,8-11
156 Feria vi, ebdo. viii post trinitatem: 1. Sam. 12,20-24
157 Dominica ix post trinitatem: 1. Kor. 10,6-13
158 Feria iiii, ebdo. ix post trinitatem: Rom. 6,16-18

159 Feria vi, ebdo. ix post trinitatem: Rom. 16,17-20
160 Dominica x post trinitatem: 1. Kor. 12,2-11
161 Feria iiii, ebdo. x post trinitatem: 1. Kor. 15,39-46
162 Feria vi, ebdo. x post trinitatem: 1. Kor. 8,1-6
163 Dominica xi post trinitatem: 1. Kor. 15,1-10
164 Feria iiii, ebdo. xi post trinitatem: 1. Kor. 6,15-20
165 Feria vi, ebdo. xi post trinitatem: Ordspr. 2,1-8
166 Dominica xii post trinitatem: 2. Kor. 3,4-9
167 Feria iiii: 2. Kor. 4,5-10
168 Feria vi: Ordspr. 3,1-6
169 Dominica xiii post trinitatem: Gal. 3,16-22
170 Feria iiii, ebdo. xiii post trinitatem: 2. Kor. 5,1-11
171 Feria vi, ebdo. xiii post trinitatem: 1. Thess. 2,2-8
172 Dominica xiiii post trinitatem: Gal. 5,16-24
173 Feria iiii, ebdo. xiiii post trinitatem: 2. Kor. 6,14-7,1
174 Feria vi, eddo. xiiii post trinitatem: 1. Pet. 4,17-5,4
175 Dominica xv post trinitatem: Gal. 5,25-6,10
176 Feria iiii, ebdo. xv post trinitatem: Kol. 1,12-18
177 Feria vi, ebdo. xv post trinitatem: Tob. 13,1-9
178 Dominica xvi post trinitatem: Ef. 3,13-21
179 Feria iiii: Kol. 2,8-13
180 Feria vi: Tob. 13,19-23
181 Dominica xvii: Ef. 4,1-6
182 Feria iiii quattuor temporum ieiunii mensis septimi: Amos 9,13-15 / Neh. 8,1-10
183 Feria vi, quattuor temporum: Hos. 14,2-10
184 Sabbato quattuor temporum: 3. Mos. 23,26-32 / 3. Mos. 23,39-43 / Mika 7,14.16.18-20 / Zak. 8,14-19 / Dan. 3,49-51 / Hebr. 9,2-12
185 Dominica xviii post trinitatem: 1. Kor. 1,4-8
186 Feria quarta, ebdo. xviii post trinitatem: Kol. 3,5(-11)
187 Feria vi, ebdo. xviii post trinitatem: Judit
188 Dominica xix post trinitatem: Ef. 4,23-28
189 Feria iiii: 2. Thess. 2,15-3,5
190 Feria sexta: 1. Kor. 16,1-6

191 Dominica xx post trinitatem: Ef. 5,15-21
192 Feria quarta: 2. Thess. 3,6-13
193 Feria sexta: 2. Kor. 7,1-4
194 Dominica xxi post trinitatem: Ef. 6,10-17
195 Feria iiii: 1. Tim. 6,7-14
196 Feria sexta: Gal. 5,10-16
197 Dominica xxii post trinitatem: Fil. 1,6-11
198 Feria iiii: 1. Tim. 1,5-12
199 Feria vi: Dan. 7,13-14
200 Dominica xxiii post trinitatem: Fil. 3,17-21
201 Feria iiii: 2. Tim. 1,8-13
202 Feria vi: Kol. 3,12-17
203 Dominica xxiiii post trinitatem: Kol. 1,9-11
204 Feria iiii: Rom. 11,25-36
205 Feria vi: Ez. 20,42-44
206 Dominica ultima post trinitatem: Jer. 23,5-8
207 Feria iiii: 1. Thess. 1,2-6
208 Feria vi: Es. 10,22-27

Kirkeåret i Missale Lundense

Kirkeåret i Missale Lundense omfatter alle søndage (*dominica*).[15] Den første gruppe af søndage er relateret til julen og omfatter fire adventssøndage før jul (ML 1, 4, 7 og 11), samt seks søndage efter epifani (ML 26, 30, 33, 36, 39 og 42). Tællepunktet for søndagene efter epifani er oktaven efter epifani (*octaua epyphanie*, 13. jan.). Den anden og største gruppe er relateret til påsken. Den indledes med septuagesima (ML 45) og sluttes med sidste søndag efter trinitatis (ML 206).

På alle søndage er der kun én indledende læsning, og den er (med to undtagelser) taget fra ét af de nytestamentlige breve. Det ligner et klart princip. Den ene undtagelse er pinsedag, hvor den indledende læsning er Ap.G. 2,1-11 (ML 124). Det er en nytestamentlig tekst, men den er taget

[15] 6. søndag efter påske mangler.

fra Apostlenes Gerninger, hvad der er klare indholdsmæssige og traditionsmæssige grunde til. Den anden undtagelse er sidste søndag efter trinitatis, hvor første læsning er en gammeltestamentlig læsning, nemlig Jer. 23,5-8 (ML 206).[16]

Mens der altså ingen gammeltestamentlige læsninger er på søndage, forholder det sig helt anderledes med hverdagsgudstjenester i perioderne før og efter de tre store højtider: påske, pinse og jul.

Perioden op til påske begynder med askeonsdag (ML 52) og slutter med vigilien påskeaften (ML 98). Der er gudstjenester til alle hverdage i perioden, og der er normalt én gammeltestamentlig læsning og ingen nytestamentlig epistel. Se fx den anden uge i fastetiden (*post dominicam ii xl.*, ML 64-69) og tredje uge (*ebdo. iii xl.*, ML 71-76). Enkelte særlige dage har to gammeltestamentlige læsninger. Det gælder tamperondag (ML 59), onsdag i fjerde uge (ML 80), lørdag i fjerde uge (ML 83) og fire af hverdagene i ugen efter palmesøndag (ML 93, 94, 95 og 97). To lørdage skiller sig ud med en særlig perikopestruktur; det drejer sig om tamperlørdag i første fasteuge (*sabbato quattuor temporum xl.*, ML 62) og vigilien om lørdagen før påskedag (*in vigilia pasce*, ML 98). Tamperlørdag har fem gammeltestamentlige læsninger og har desuden en nytestamentlig epistel. Samme mønster findes i de andre tre tamperlørdage (ML 10, 130 og 184). Påskevigilien har fire gammeltestamentlige læsninger samt en nytestamentlig epistel. Samme mønster findes i pinsevigilien (ML 123).

Det ligner et ganske klart princip for brug af gammeltestamentlige læsninger: at de bruges på hverdage i forberedelsesperioden forud for den gamle hovedfest, påsken. Det normale er kun én læsning, men på dage med en særlig profil kan der være flere gammeltestamentlige læsninger.

16 Det er en undtagelse, der rækker langt tilbage i tiden. Perikopen Jer. 23,5-8 findes også i Würzburger Comes, der afspejler forholdene i Rom i 600-tallet. Her står den som nr. 2 blandt 5 tekster til advent. Jf. Villadsen 2009, s. 12 og 33. De øvrige fire er de samme som epistlerne i Missale Lundense til de fire adventsøndage. Kirkeårsbetegnelsen i Missale Lundense, sidste søndag efter trinitatis, knytter også indirekte søndagen til adventstiden.

I ugen efter påske (*post pasche*, ML 100-105) er der også gudstjenester på alle hverdage, men her er princippet for perikopevalget et andet: Der er ingen gammeltestamentlige læsninger, men kun én nytestamentlig læsning pr. dag. Markant på hverdage i hele perioden mellem påske og pinse er især brug af læsninger fra Apostlenes Gerninger.

De følgende uger mellem påske og pinse har normalt kun læsninger til onsdag og fredage, hvad der nok bedst opfattes som en del af den generelle serie af onsdage og fredage til hele året. Karakteristisk for perioden er dog læsninger fra Apostlenes Gernninger på fredage (ML 108, 111, 114, 117).

Pinsen har kun en enkelt dag, der klart har forberedende karakter, nemlig pinsevigilien (*vigilia penthecostes*, ML 123). Den har samme perikopestruktur som påskevigilien med fire gammeltestamentlige læsninger samt en nytestamentlig epistel.

Ugen efter pinse har læsninger til alle hverdage. Karakteristisk for de fem første dage er nytestamentlige læsninger fra Apostlenes Gerninger (ML 125-129). Onsdagen (ML 127) afviger fra det almindelige mønster ved at have to nytestamentlige læsninger fra Apostlenes Gerninger. Det skal dog ses i sammenhæng med, at det er en tamperonsdag, og at de tre andre tamperonsdage også har to læsninger (ML 8, 59 og 182). Det er også forklaringen på, at lørdagen (ML 130) har en særlig perikopestruktur med fem gammeltestamentlige læsninger og en nytestamentlig epistel. Det er nemlig en tamperlørdag, og den har samme perikopestruktur som de tre andre tamperlørdage.

Til julens gudstjenester hører tre gudstjenester juledag (25. dec., ML 15-17) samt gudstjenesterne på de følgende dage (26.-29. dec., ML 18-21). Endvidere omskærelsen (1. jan., ML 23), epifani (6. jan., ML 25) og oktaven efter epifani (13. jan., ML 29). Til gruppen skal også henføres de to vigilier forud for helligdagenene, julens vigil (24. dec., ML 14) og vigilien forud for epifani (5. jan., ML 24).

Der er ikke umiddelbart et enkelt og klart princip for perikopevalget, der her aftegner sig. De fleste dage har kun én indledende læsning ligesom søndagene, og der er flere dage, der har en indledende gammeltestamentlig læsning. Det drejer sig om evangelisten Johannes' dag (27.

dec., ML 19), epifani (6. jan., ML 25) og oktaven efter epifani (13. jan., ML 29). Jeg opfatter det som et udslag af et princip, hvorefter gammeltestamentlige læsninger kan bruges på hverdage.

Vigilien den 24. dec. og de tre gudstjenester den 25. dec. skiller sig ud fra det generelle mønster med kun én indledende læsning, idet de har to indledende læsninger: den første fra Det Gamle Testamente og den anden fra Det Ny Testamente (ML 14-17). Det kan opfattes som en rest af et oldkirkelige perikopesystem i Rom med tre læsninger, hvoraf den første er taget fra Det Gamle Testamente. Jeg vil ikke helt udelukke muligheden, selv om jeg er meget skeptisk.[17]

De fire uger forud for julen følger det almindelige mønster i Missale Lundense med læsninger til onsdage og fredage. Karakteristisk for perioden er dog, at den indledende læsning normalt er en gammeltestamentlig læsning (ML 3, 5, 6, 9, 12 og 13). I perioden er der desuden en tamperuge med dens særlige perikopestruktur. Tamperonsdag (ML 8) har to gammeltestamentlige læsninger, og tamperlørdag (ML 10) har fem gammeltestamentlige læsninger samt en nytestamentlig epistel.

Ugen efter jul tilhører ikke det bevægelige kirkeår, men det kalenderfaste kirkeår (ML 18, 19, 20 og 21). Dagene har deres egen karakter og skal næppe opfattes som egentlig opfølgning af julen. Opfølgende karakter har derimod julens oktav (1. jan., ML 23), epifani (6. jan., ML 25), den forudgående vigil (5. jan., ML 24) og den efterfølgende oktav (13. jan., ML 29). Alle disse dage har kun én læsning, som normalt en nytestamentlig læsning, men også kan være en gammeltestamentlig læsning.

Udover de tre store festperioder er der fire uger, som har en særlig karakter og en særlig perikopestruktur, nemlig de fire tamperuger, som til dels allerede er omtalt. Der er en vinteruge i adventstiden (efter 3. søndag

17 I min artikel om den ældste romerske epistelliste, Würzburger Comes, hvor man finder de samme perikoper til juledag, forsøger jeg at argumentere for, at de to tekster oprindelig var tænkt som alternative tekster, sådan at de nytestamentlige epistler var beregnet til anvendelse i de år, hvor juledag er en søndag, mens de gammelstamentlige tekster var beregnet til de år, hvor juledag er en hverdag (Villadsen 2009, s. 21-22).

i advent), en forårsuge i fastetiden (efter 1. søndag i fasten), en sommeruge efter pinse og en uge i efteråret (efter 17. søndag efter trinitatis). Mest markant er de fire lørdage (ML 10, 62, 130 og 184), som alle har fem gammeltestamentlige læsninger samt en afsluttende nytestamentlig epistel. Med til ugerne hører også fire onsdage (ML 8, 59, 127 og 182), som alle har to indledende læsninger. Det normale er, at det er to gammeltestamentlige læsninger, men tamperonsdag efter pinse (ML 127) har to læsninger fra Apostlenes Gerninger.

Det ser ud til at være et klart princip, som hænger sammen med tamperugernes karakter af fasteuger, at der (med en enkelt undtagelse) bruges gammeltestamentlige læsninger.

I Missale Lundense er der endelig perikoper til alle årets onsdage og fredage. I nogle uger er læsningerne bestemt af en særlig profil for pågældende uge, men hvis ikke særlige hensyn gør sig gældende, er der kun én indledende læsning, som enten er en nytestamentlig epistel eller en gammeltestamentlig læsning. I nogle perioder kan man se et princip, og i andre perioder er det svært at se noget mønster.

I adventstiden er der næsten udelukkende gammeltestamentlige læsninger. Det samme gælder ugerne efter septuagesima og sexagesima (ML 46, 47, 49 og 50). Det skal formentlig ses i sammenhæng med ugernes forberedende karakter forud for en stor højtid. I ugerne mellem påske og pinse er der kun nytestamentlige læsninger. Det skal formentlig ses i sammenhæng med periodens generelle festkarakter. I tiden efter trinitatis er der for det meste nytestamentlige epistler. Enkelte dage er der dog gammeltestamentlige læsninger. Det ligner antydningen af et mønster, at de gammeltestamentlige læsninger kun findes på fredage (ML 156, 165, 168, 177, 180, 187, 199, 205 og 208). Men det er ikke et konsekvent princip for fredage i trinitatistiden, for der er flere fredage med nytestamentlige epistler.

Ovenfor anførte beskrivelse af det første hovedafsnit med *proprium de tempore* omfatter langt fra hele kirkeåret i Missale Lundense, idet der også er et afsnit med helgendage og andre kalenderfaste dage. Det vil af praktiske og omfangsmæssige grunde ikke gennemgået her, selv om det betyder, at der ikke bliver givet et retvisende helhedsbillede af kirkeåret og brugen af gammeltestamentlige læsninger ifølge Missale Lundense. For sammenligningens skyld anføres dog de dage fra *proprium de sanctis*, som videreføres i den senere danske alterbog. Det er i denne sammenhæng især relevant, fordi en stor del af den senere alterbogs gammeltestamentlige læsninger stammer herfra. Det drejer sig om følgende dage:

(375a)[18] In die purificationis sancte marie virgines: Mal. 3,1-4 (Kyndelmisse, 2. febr.)
(381b) In annunciatione beate marie: Es. 7,10-15 (Mariæ bebudelses dag, 25. marts)
(396b) In die sancti Johannes baptiste: Es. 49,1-3.5-7 (Sankt Hans dag, 24. juni)
(402a) Festum visitationis sancte marie virgines: Højs. 2,8-14 (Mariæ besøgelses dag, 2. juli)
(433a) Sancti Michaelis archangeli: Åb. 1,1-5 (S. Michels dag, 29. sept.)
(441a) Memoria de sanctorum: Åb. 7,2-12 (Alle Helgen, 1. nov.)

Gammeltestamentlige læsninger i Missale Lundense

Undervejs i gennemgangen af kirkeåret i Missale Lundenses afsnit med *proprium de tempore* har jeg forsøgt at finde principper for brug af gammeltestamentlige læsninger på grundlag af det foreliggende perikopevalg. Efterfølgende vil jeg forsøge at give et samlet overblik over brugen af gammeltestamentlige læsninger.

Det kan indledningsvis konstateres, at der er et stort antal gammeltestamentlige læsninger i Missale Lundense. Ud af i alt 248 ikke-evangeliske perikoper er 103 taget fra Det Gamle Testamente. Det er over 40% og nærmer sig halvdelen.

18 Der er ikke trykte foliotal i dette afsnit af bogen, og derfor anvendes her den sidetælling, der er anvendt i indekset til faksimileudgaven af Missale Lundense.

Den normale perikopestruktur i Missale Lundense er, at der er to læsninger, hvoraf den sidste altid er en evangelietekst. Den første kan være en gammeltestamentlig læsning, eller det kan være en nytestamentlig epistel.

Det ser ud til at være et klart princip, at gammeltestamentlige læsninger ikke bruges på søndage, men kun på hverdage i visse perioder af kirkeåret. Mest markant er brugen af gammeltestamentlige læsninger i fastetiden efter septuagesima, og helt intensivt i perioden efter askeonsdag. Men adventstiden forud for jul er også en periode med klar brug af gammeltestamentlige læsninger. Markant er endvidere brugen af gammeltestamentlige læsninger i de fire årlige tamperuger, herunder især lørdagene, samt i lørdagsvigilierne forud for påskedag og pinsedag. Til gruppen hører også nogle af helligdagene i juleperioden, som normalt ikke er søndage, fx epifani og oktaven efter epifani.

Mens det ser ud til at være et princip (med kun få undtagelser), at der kun er én nytestamentlig epistel forud for evangelielæsningen, er der specielle dage, hvor der er flere gammeltestamentlige læsninger på samme dag. På nogle dage er der to gammeltestamentlige læsninger. Det drejer sig om fire hverdage i ugen mellem palmesøndag og påskedag, om tre onsdage i tamperugerne og om enkelte andre dage. Desuden er der nogle få dage med fire eller fem indledende gammeltestamentlige læsninger. Det drejer sig om de to vigilier forud for påskedag og pinsedag, samt de fire tamperlørdage, som har en klar og selvstændig perikopestruktur.

Den normale perikopestruktur i Missale Lundense er toledet, og den første læsning er enten en nytestamentlig epistel eller en gammeltestamentlig læsning. Men der er også enkelte dage, hvor der både er en eller flere indledende gammeltestamentlige læsninger samt en nytestamentlig epistel. Det gælder de fire tamperlørdage og de to vigilier forud for påskedag og pinsedag. Her indledes der med fire eller fem gammeltestamentlige læsninger, og inden evangelielæsningen kommer der en nytestamentlig epistel.

Endelig er der nogle få dage med en treledet perikopestruktur: gammeltestamentlig læsning, nytestamentlig epistel samt det afsluttende evangelium. Hertil hører blandt andet vigilien forud for juledag (*vigilia nativitatis domini*, ML 14). Perikopestrukturen kan minde om vigilierne forud for påskedag og pinsedag, men her er der kun én gammeltestamentlig læsning. Samme struktur findes også i de tre messer på juledag (ML 15-17). Nogle er tilbøjelige til her at se et levn fra en oldkirkelig treledet perikopestruktur, mens jeg mere er tilbøjelig til at se det som en undtagelse fra det almindelige mønster i Missale Lundense. Jeg opfatter altså perikopestrukturen på juledag som en afvigelse fra det almindelige mønster i Missale Lundense og ser afvigelsen i sammenhæng med, at juledag normalt er en hverdag. Et andet lignende eksempel på brug af gammeltestamentlige læsninger i forberedelsen forud for en stor helligdag er de to forberedende gudstjenester forud for palmesøndag (ML 90 og 91).

Hans Tausens postil 1539

Peder Palladius' alterbog fra 1556 kaldes ofte for »den ældste danske alterbog«; det er fx den titel, som Lis Jacobsen anvendte, da hun i 1918 udgav alterbogen efter originalen. Det er da rigtigt i den forstand, at Palladius' håndbog blev den bog, der i detaljer bestemte disposition og indhold i de efterfølgende danske alterbøger – helt op til nyeste tid. Og det er også rigtigt i den forstand, at det var Palladius, der skabte ordet »alterbog«. Men den tidlige danske reformation før 1556 havde også brug for en bog med de bibelske læsninger i dansk oversættelse. Og at sådanne bøger fandtes, fremgår af Palladius' forord til sin håndbog, hvor han omtaler, at sognepræster beklager sig over, at de ikke ret godt kunne oplæse »Collecterne Epistler oc Euangelia udaff de sma bøger som nu almindelige selgis for stilens skyld/ at den icke er stor nock for gamle mend«.[19] De omtalte små bøger er formentlig særudgaver af den danske oversættelse af kirkeårets epistler og evangelier, som man kan finde i Hans Tausens postil fra 1539. Så det er måske snarere Hans Tausens postil, eller de dermed sammenhængende særtryk af kirkeårets epistler og evangelier, der fortjener navn af at være den ældste danske alterbog, hvis man der-

19 Lis Jacobsen 1918, s. 43.

ved forstår en bog, der indeholder en dansk oversættelse af kirkeårets epistler og evangelier.

Hans Tausens postil er trykt 1539 i Magdeburg og består af tre dele, »Winterdelen aff Postillen«, »Sommerdelen aff Postillen« og »Wor Herres Jesu Christi Hellige Passies oc pinsels hystori«.[20] Til hver dag i kirkeåret er der en dansk oversættelse af epistelteksten og en kort forklaring til epistlen; dernæst en dansk oversættelse af evangelieteksten og en prædiken over evangeliet. Vinterdelen omfatter perioden fra første søndag i advent til palmesøndag og Mariæ bebudelses dag, mens sommerdelen omfatter perioden fra påskedag til 26. søndag efter hellig trefoldighed. Som et tillæg er der et særskilt afsnit med en evangelieharmoni over lidelseshistorien beregnet til de seks dage i dimmelugen: mandag, tirsdag, onsdag, skærtorsdag formiddag, skærtorsdag aften, langfredag og påskeaften (lørdag). Bibeloversættelsen er foretaget af Hans Tausen selv og er trykt med større skrift end prædikenerne.

Arbejdet med postillen er formentlig udført i København under grevefejden (1534-36).[21] Hans Tausen har dediceret vinterdelen til kong Christian III og underskrevet dedikationen i København 1536, selvom om værket først blev trykt i 1539. Medmindre der er foretaget sene korrekturrettelser, eller dedikationen er skrevet, før manuskriptet blev færdiggjort, har Hans Tausen ikke kunnet tage hensyn til bestemmelserne i Kirkeordinansen 1537. Og derfor har jeg valgt at bringe redegørelsen for kirkeår og gammeltestamentlige læsninger i Hans Tausens postil før afsnittet om Kirkeordinansen.

Efterfølgende bringes en oversigt over kirkeåret ifølge Hans Tausens postil og de tilhørende epistelperikoper. Kirkeårsnavnet er gengivet i overensstemmelse med postillen. Desuden er anført den første bibellæsning i form af en bibelhenvisning. I postillen er der en overskrift inden selve perikopen i dansk oversættelse. Denne overskrift er udeladt i oversigten. Til 1. søndag i advent lyder episteloverskriften: »Epistelen scrif-

20 En faksimileudgave er udgivet af Det danske Sprog- og Litteraturselskab med indledning og noter af Bjørn Kornerup: *Hans Tausens Postil*, bind 1-2, Kbh. 1934.

21 Kornerup 1934, Indledning, s. 11-12.

fuer S. Pouel Apostel Roma. xiii«. Overskriften har en tilsvarende ordlyd på de syv dage, hvor den indledende læsning er taget fra Det Gamle Testamente. På hellig tre kongers dag står der eksempelvis: »Epistelen scriffuer Jesaias Prophetete Cap. lx«. I forordet til læserne skriver Hans Tausen, at overskrifterne er beregnet til at kunne læses i gudstjenesten som indledning til den liturgiske læsning.

Hvis der bortses fra ugen inden påskedag, hvor der i et særskilt bind anføres en evangelieharmoni, er der i alt 71 epistler, hvoraf 64 er fra Det Nye Testamente og 7 er fra Det Gamle Testamente. Jeg har tilføjet en nummerering for lettere at kunne henvise til epistlerne med forkortelsen HT.

1 Første Søndag ÿ Aduent: Rom. 13,11-14
2 Anden Søndag ÿ Aduent: Rom. 15,4-9
3 Tredie Søndag ÿ Aduent: 1. Kor. 4,1-5
4 Fierde Søndag ÿ Aduent: Fil. 4,4-7
5 Jule Dag til Christmesse: Hebr. 1,1-5a
6 Anden Jule dag: Ap.G. 6,8-15 og 7,54-60
7 Tredie Jule dag: Tit. 2,11-14
8 Søndagen effter Jule dag: Gal. 4,1b-7
9 Nytt aars dag: Gal. 3,23-29
10 De hellige tree Kongers dag: Es. 60,1-6
11 Første Søndag effter hellige tree Konger: Rom. 12,1-5
12 Anden Søndag effter hellig tree Konger: Rom. 12,6-16a
13 Tredie Søndag effter hellige tree Konger: Rom. 12,16b-21
14 Fierde Søndag effter hellige tree Konger: Rom. 13,8-10
15 Femte Søndag effter Hellige tree Konger: Kol. 3,12-17
16 Kyndermøsse dag: Mal. 3,1-4
17 Den Søndag der Alleluya lagdes: 1. Kor. 9,24-10,5
18 Den Søndag for fastelawen: 2. Kor. 12,2-9
19 Fastelawens Søndag: 1. Kor. 13,1-13
20 Første Søndag ÿ faste: 2. Kor. 6,1-10
21 Anden Søndag ÿ faste: 1. Thess. 4,1-7
22 Tredie Søndag ÿ faste: Ef. 5,1-9

23 Medfaste Søndag: Gal. 4,21-31
24 Kiere Søndag: Hebr. 9,11-15
25 Palme Søndag: Fil. 2,5-11
26 Marie bebudelses Dag: Es. 7,10-15
27 *Wor Herres Jesu Christi Pinsels historî effter de fire Euangelister:* Om Mondagen. Om Tissdagen Om Oensdagen: [Evangelieharmoni, ingen epistel]
28 Skiertorsdag fore middag: [Evangelieharmoni, ingen epistel]
29 Skiertorsdag att Afften: [Evangelieharmoni, ingen epistel]
30 Langfridag: [Evangelieharmoni, ingen epistel]
31 Poschafften: [Evangelieharmoni, ingen epistel]
32 Paaskedag: 1. Kor. 5,7-8
33 Anden Paaskedag: Ap.G. 10,36-43
34 Tredie Paaskedag: Ap.G. 13,26-33a
35 Første Søndag effter Paaske: 1. Joh. 5,4-12
36 Anden Søndag effter Paaske: 1. Pet. 2,21b-25
37 Tredie Søndag effter Paaske: 1. Pet. 2,11-20
38 Fierde Søndag effter Paaske: Jak. 1,17-21
39 Femte Søndag effter Paaske: Jak. 1,22-27
40 Wdi de Bededage / huilke man pleyer at holde oc kalde Gangdage: Jak. 5,16-20
41 Wor Herres Himmelferds Dag: Ap.G. 1,1-11
42 Siette Søndag effter Paaske: 1. Pet. 4,7b-11
43 Pindz Dag: Ap.G. 2,1-11
44 Anden Pindzdag: Ap.G. 10,42-48a
45 Tredie Pindzdag: Ap.G. 8,14-17
46 Hellig Trefoldigheds Søndag: Rom. 11,33-36
47 Første Søndag effter Hellig Trefoldighed: 1. Joh. 4,8b-21
48 Anden Søndag effter Hellig Trefoldighed: 1. Joh. 3,13-18
49 Tredie Søndag effter hellig Trefoldighed: 1. Pet. 5,6-11
50 Fierde Søndag effter hellig Trefoldighed: Rom. 8,18-23
51 Sancte Hans Baptistes dag: Es. 49,1-6
52 Jomfru Marie Besøgelses Dag: Es. 11,1-10
53 Femte Søndag effter Hellig Trefoldighed: 1. Pet. 3,8-15a

54 Siette Søndag effter Hellig Trefoldighed: Rom. 6,3-11
55 Siwende Søndag effter hellig Trefoldighed: Rom. 6,19-23
56 Ottende Søndag effter Hellig Trefoldighed: Rom. 8,12-17
57 Nyende Søndag effter Hellig Trefoldighed: 1. Kor. 10,6-13
58 Tiende Søndag effter Hellige Trefoldighed: 1. Kor. 12,2-7
59 Elløffte Søndag effter Hellig Trefoldighed: 1. Kor. 15,1-10a
60 Tolffte Søndag effter Hellige Trefoldighed: 2. Kor. 3,4-9
61 Trettende Søndag effter Hellig Trefoldighed: Gal. 3,16-22
62 Fiortende Søndag effter Hellig Trefoldighed: Gal. 5,16-24
63 Den XV. Søndag effter Hellig Trefoldighed: Gal. 5,25-6,10
64 Den xvi. Søndag effter Hellig Trefoldighed: Ef. 3,13-21
65 Den XVii Søndag effter Hellig Trefoldighed: Ef. 4,1-6
66 Sancte Michels dag: Åb. 1,1-6
67 XVIII Søndag effter Hellig Trefoldighed: 1. Kor. 1,4-8
68 XIX Søndag effter Hellige Trefoldighed: Ef. 4,23-28
69 XX. Søndag effter hellige Trefoldighed: Ef. 5,15-21
70 XXI Søndag effter hellig Trefoldighed: Ef. 6,10-18a
71 XXii. Søndag efter hellige Trefoldighed: Fil. 1,6-11
72 Alle Helgene dag: Åb. 7,1-12
73 XXIII Søndag effter Hellige Trefoldighed: Fil. 3,17-21
74 XXIIII Søndag effter Hellige Trefoldighed: Kol. 1,9-12
75 XXV Søndag effter Hellig Trefoldighed: Jer. 23,5-6
76 XXVI Søndag effter Hellig Trefoldighed: Es. 10,22-27

I sammenligning med Missale Lundense er der tale om en meget kraftig reduktion af kirkeåret, som begrænses til søndage og et mindre antal »skæve« helligdage.[22] Denne reduktion går i høj grad ud over dage med gammeltestamentlige læsninger. Men der er dog syv dage med gammeltestamentlige læsninger, og der er ikke hos Hans Tausen spor af forsøg på at fjerne gammeltestamentlige læsninger. På de dage i kirkeåret, som han opretholder, og hvor der i missaletraditionen i forvejen er gammeltesta-

22 Jf. gennemgangen af kirkeåret ifølge Hans Tausens postil i Kornerup 1934, bd. I, s. 28-32.

mentlige læsninger, opretholder han de gammeltestamentlige perikoper med forholdsvis få ændringer i forhold til traditionen. Det drejer sig om følgende dage:

De hellige tree Kongers dag: Es. 60,1-6
Kyndermøsse dag: Mal. 3,1-4
Marie bebudelses Dag: Es. 7,10-15
Sancte Hans Baptistes dag: Es. 49,1-6 (ML har her: Es. 49,1-3.5-7)
Jomfru Marie Besøgelses Dag: Es. 11,1-10 (ML har her: Højs. 2,8-14)
XXV Søndag effter Hellig Trefoldighed: Jer. 23,5-6 (ML har her: Jer. 23,5-8)

Udover dagene med gammeltestamentlige læsninger i overensstemmelse med missaletraditionen tilføjer Hans Tausen en ny gammeltestamentlig læsning til 26. søndag efter trinitatis (Es. 10,22-27). Sidstnævnte perikope har han formentlig taget fra missaletraditionen, hvor Missale Lundense har perikopen til fredagen efter sidste søndag efter trinitatis (ML 208). Hvis han principielt ville undgå gammeltestamentlige læsninger, kunne han have nyvalgt en anden perikope og taget den fra Det Nye Testamente.

Der er en enkelt dag, hvor han har fravalgt en gammeltestamentlig perikope og i stedet valgt en nytestamentlig epistel. Det drejer sig om 27. december, som i missaletraditionen kaldes Sct. Johannes' dag, og hvor førstelæsningen er Sirak 15,1-6 (ML 19). Her vælger Hans Tausen i stedet Tit. 2,11-14 og giver dagen et nyt navn: »Tredie Jule dag«. Perikopen anvendes i missaletraditionen til den første af de tre messer juledag (ML 15: Tit. 2,11-15). Jeg formoder, at det er Hans Tausen, der har foretaget dette valg i sammenhæng med, at han i øvrigt har besluttet sig for kun at have én messe på juledag og opprioritere Kristusforkyndelsen i julen på bekostning af en helgendag, men jeg vil ikke udelukke, at han har overtaget perikopevalget fra andre kilder.

Til »Jule Dag til Chrismesse« anvender Hans Tausen som epistel Hebr. 1,1-5a, der i Missale Lundense anvendes til juledagens sidste messe og i en længere beskæring: Hebr. 1,1-12 (ML 17). Fra missaletraditionen kunne han til juledag også have valgt en gammeltestamentlig læsning, idet der her er anført to ikke-evangeliske læsninger til hver af de tre julemesser, og heraf er den ene en gammeltestamentlig læsning (ML 14-16). Men det har han altså ikke valgt, ligesom han heller ikke på nogen dag i kirkeåret har anført mere end én ikke-evangelisk læsning og altså konsekvent holder sig til et toledet perikopesystem.

På Mariæ besøgelses dag har Hans Tausen en ny gammeltestamentlig perikope: Es. 11,1-10 (HT 52). Det afviger fra Missale Lundense, som har Højs. 2,8-14, og er et markant eksempel på et reformatorisk nyvalg af en gammeltestamentlig tekst. Samme tekst foreskrives også i Kirkeordinansen.[23] Det er et uafklaret spørgsmål, hvem der har valgt teksten. Men jeg anser det for mere sandsynligt, at det er Kirkeordinansen, der har overtaget dette perikopevalg fra Hans Tausen, end omvendt.

På de fleste af de dage i kirkeåret, som opretholdes i Hans Tausens postil, holder han sig til perikopevalget i missaletraditionen, og når man holder sig til de store linjer, er det kontinuiteten, der er mest påfaldende.

Der er dog også en del eksempler på justeringer af perikopeafgrænsningerne. I en del af disse tilfælde svarer Hans Tausens nye perikopeafgrænsning til perikopeafgrænsningen i Peder Palladius senere alterbog. Jeg opfatter det som udslag af, at Hans Tausens perikopevalg efterfølgende er blevet overtaget af den danske alterbogstradition. Hans Tausens postil ser generelt ud til at have haft stor betydning for den efterfølgende danske alterbogstradition.[24]

23 *Kirkeordinansen 1537/39*. Tekstudgave med indledning og noter ved Martin Schwarz Lausten, Kbh. 1989, s. 180.

24 Jf. gennemgangen af Hans Tausens perikopevalg i Kornerup 1934, bd. 1, s. 32-35. Kornerup lægger større vægt på forskellene i forhold til missalerne, end jeg gør, men bemærker dog, at Hans Tausen er tættere på den ældre katolske tradition end den senere alterbog. Han anser hovedsageligt afvigelserne for at være Hans Tausens eget valg, men »Nu og da, men langt fra overalt, har han kunnet finde et Forbillede for sin Fremgangsmaade i Luthers Kirkepostille« (s. 34-35).
Emnet bliver også behandlet af Finn Fosdal, som forholder sig kritisk til grundigheden af Bjørn Kornerups undersøgelse (Fosdal 1963, s. 30, note 37) og argumenterer for en større afhængighed af Luthers kirkepostil. I forhold

Den kraftige reduktion i kirkeåret medfører også en kraftig reduktion i antallet af gammeltestamentlige læsninger i sammenligning med missaletraditionen. Men Hans Tausen har helt klart ikke nogen intention om at eliminere gammeltestamentlige læsninger fra kirkeåret, og det er hos ham, at man først ser aftegnet den linje for anvendelse af gammeltestamentlige læsninger, som kom til at præge den danske alterbogstradition i de første århundreder efter reformationen.

Kirkeordinansen 1539

I Kirkeordinansen er der et afsnit, der fastlægger kirkeårets omfang. Afsnittet har titlen »Om Hellige dages hold«.[25] Bestemmelserne her kom til at danne grundlag for omfanget af helligdage i Peder Palladius' halvofficielle alterbog fra 1556 og blev toneangivende for de følgende århundreder i Danmark. De indebar en kraftig reduktion i forhold til eksempelvis kirkeåret i Missale Lundense, selv om andre bestemmelser i Kirkeordinansen og praksis i nogen tid efter reformationen var mere vidtfavnende, hvad angår andre gudstjenesteformer og andre gudstjenestetidspunkter. Men en del tyder på, at kirkeårsdefinitionerne og -afgrænsningerne i Kirkeordinansen blot er kodificering af en praksis, der havde udviklet sig forinden og kommer til udtryk fx i Hans Tausens postil.[26]

Som udgangspunkt reduceres kirkeåret til søndagene, men udover søndagene kommer der følgende liste over ekstra helligdage:

til det, der er emnet her (kirkeår og epistelvalg), kan jeg dog ikke se, at Fosdal anfører relevante eksempler på, at Hans Tausens perikopevalg er tættere på Luthers kirkepostille end på eksempelvis Missale Lundense. Og det forekommer også uhensigtsmæssigt, at han som kilde til missaletraditionen bruger »Comes a Pamelio ed.«, der kronologisk og geografisk ligger ret langt væk fra dansk middelaldertradition (s. 30, note 39).

25 Lausten 1989, s. 179-181.

26 Reduktionen af kirkeårets omfang betragter jeg som udslag af en bevidst intention hos reformatorerne. Jf. også slutningen af artikel 24 i Confessio Augustana (1530), hvor der gives udtryk for, at det var gavnligt at indskrænke antallet af messer, og at man i oldkirken end ikke i de største menigheder holdt daglig messe.

Tree Christi Hoffued højtider vdi iii samfelde dage (jul, påske og pinse)
Nytaars dag (1. jan.)
Hellig tree Kongers dag (6. jan.)
Kyndermøsse dag (2. febr.)
Mariæ forkyndelses dag (25. marts)
Wor Herris Hemelfardz dag
Mariæ Besøgelsis dag (2. juli)
Sanct Hans Baptistes høgtiid (24. juni)
Sanct Michels dag (29. sept.)
Alle Helligen dag (1. nov.)

Aposteldagene og nogle enkelte helgendage skal (eller kan) nævnes fra prædikestolen, men tekstlæsninger, salmer og prædiken skal holde sig til søndagens tekster og emne.

I det forudgående afsnit om »Huorledis til skal gaa med Predicken« er der også nogle bemærkninger om kirkeårets omfang, og de er ikke fuldt ud harmoniserede med indholdet i det følgende afsnit »Om Hellige dages hold«.[27]

Det nævnes fx, at der i købstæderne kan prædikes på onsdage og fredage. Selv om det er en maksimumsregel, og selv om den er begrænset til købstæderne, er det alligevel en antydning af et kirkeår af meget større omfang.

Der nævnes endvidere en regel om, at der i købstæderne skal prædikes et kvarter til aftensang forud for de tre store højtider: »Jule afften, Paasche afften oc Pindz afften«. På de andre højtider skal der kun prædikes på selve dagen, og ikke på aftenen forud. Og her bringes så igen listen over »andre Høgtider«.

I afsnittet om særlige prædikener i årets løb omtales prædikener til skærtorsdag og langfredag, selv om de to dage ikke ellers omtales i Kirkeordinansens oversigter over kirkeårets omfang.

27 Lausten 1989, s. 174-179.

Kirkeordinansen indeholder ikke en udførlig og præcis liste over søndagenes navne eller bibelske læsninger. Det forudsættes, at man holder sig til almindelig sædvane. Om prædiketeksterne foreskrives generelt:

> Om Søndagen vdi Stæderne skal altid predickes det wonlige Søndags Euangelium vdi Ottesang aarlig om morgenen aff Capellanen oc vnder Messen aff Sognepræsten.[28]

Men det sædvanlige søndags evangelium er ikke nærmere defineret i Kirkeordinansen, heller ikke i reglerne om, hvordan der skal prædikes i landsbyerne.[29] Undtagelsesvist kommer der enkelte konkrete bestemmelser. Til fastelavns søndag bestemmes det konkret, at der skal prædikes om Jesu dåb med udgangspunkt i kapitel 3 i Matthæusevangeliet. Dette krav stemmer ikke overens med det sædvanlige perikopevalg til dagen (Luk. 18,31-43) og udløser også et nyt epistelvalg (1. Pet. 3,18-22).[30]

En anden undtagelse, hvor Kirkeordinansen indeholder nærmere bestemmelser om perikopevalg, findes i bestemmelserne om Mariæ besøgelses dag (2. juli):

> Mariæ Besøgelsis dag med sit wonlige Euangelio, Men Epistelen skal lesses aff Esaiæ Prophetie Cap. xi. Der skal wdgaa een quist etc. Oc endis der, Oc hans Leyersted skal worde hederlig etc.[31]

Man har haft et klart begreb om, hvad det sædvanlige evangelium var; det var ikke nødvendigt at anføre nærmere. Den sædvanlige evangelieperikope var fortællingen om Maria hos Elisabeth og Marias lovsang (Luk. 1,39-56), og den blev videreført uændret fra traditionen. Den traditionelle førstelæsning var et afsnit fra Højsangen (Højs. 2,8-14), men den har man åbenbart ikke syntes var passende, så den blev erstattet med afsnit fra

[28] Lausten 1989, s. 175.
[29] Lausten 1989, s. 176.
[30] Lausten 1989, s. 177.
[31] Lausten 1989, s. 180.

profeten Esajas om Davidssønnnens fredsrige (Es. 11,1-10).[32] Og det var nødvendigt for klarhedens skyld helt præcist at angive begyndelsesord og slutord. Det kan også være et positivt tilvalg, fordi man fandt perikopen fra kap. 11 hos Esajas mere relevant.

Kirkeordinansens reduktion af kirkeårets omfang i forhold til traditionen fik til konsekvens, at gammeltestamentlige læsninger næsten – men ikke helt – blev elimineret. Der er dog intet, der tyder på, at det har været en bevidst intention. Det netop anførte eksempel på valg af en ny gammeltestamentlig læsning fra profeten Esajas til Mariæ besøgelses dag kan opfattes som et tegn på, at reformatorerne ikke havde nogen intention om at eliminere gammeltestamentlige læsninger.

Et par andre samtidige eksempler på, at man ikke generelt i den danske reformation på forhånd havde udelukket muligheden for, at den første læsning kan være taget fra Det Gamle Testamente, kan findes i to af Malmø-liturgierne. I Det kristelige Messeembede (Malmø 1528) lyder overskriften på afsnittet om epistellæsning: »Her effter lesszis en epistel enthen aff thet gamble eller ny testamente«.[33] I Frands Vormordsens Håndbog om den rette evangeliske messe (Malmø 1539) lyder den tilsvarende anvisning:

> Effter collecten scal presten staaendis mit for alteridt. oc vende sig om til folkidt oc med seduanlige noder paa danske. lese Epistelen effter tidzens leilighedt aff det gamble eller ny testamente. langsomelige

[32] Den samme perikope findes også i Hans Tausens postil (HT 52). Normalt antages det, at Hans Tausen følger Kirkeordinansen, men det kunne også være omvendt.

[33] *Thz cristelighe messze embedhe paa dansche*, Malmø 1528 (LN 174). Jeg har brugt faksimileudgave i *Danske messebøger fra reformationstiden,* udg. af Universitets-Jubilæets danske Samfund med en liturgihistorisk redegørelse af S.H. Poulsen, Kbh. 1959.

> oc redelige. saa at folked kand vel forstaa oc mercke hannem. siendis. Denne Epistel bescriffuer oss til de Corinter sanctus Paulus.[34]

Begge de to citater fra den ældste danske liturgihistorie efter reformationen viser klart, at man generelt regnede med muligheden for, at første læsning kunne være taget fra Det Gamle Testamente. Og man kendte godt fra traditionen det mønster, at der i et toledet perikopesystem kunne være en »epistel«, der ikke nødvendigvis var fra brevlitteraturen i Det Nye Testamente, men også kunne være fra Det Gamle Testamente. Og uanset om førstelæsningen var fra Det Nye Testamente eller fra Det Gamle Testamente blev den kaldt for »epistel«.

Kirkeordinansen indeholder ikke præcise oplysninger om perikopevalg på kirkeårets forskellige søndage og helligdage. Og der henvises heller ikke til bestemte normgivende liturgiske bøger. Den uformulerede forudsætning har vel været, at det traditionelle perikopevalg kunne findes i de latinske missaler eller i andre allerede trykte bøger, som fx Christiern Pedersens danske oversættelse af Det Nye Testamente eller i Hans Tausens postil med perikopetekster, der på det tidspunkt formentlig forelå i færdigt manuskript og kun ventede på at blive trykt.

Peder Palladius' alterbog 1556

På et bispemøde i København den 12. maj 1555 blev det besluttet, at alle sognepræster skal have et eksemplar af den danske bibel og heraf oplæse epistlen og evangeliet for alteret ved alle helligdage.[35] Alternativt kan de afskrive teksterne med stor skrift og nøjes med at forevise biblen én gang årligt for menigheden. Formålet med beslutningen må have været at fremme brugen af den nye bibeloversættelse fra 1550 og stoppe brugen af de hidtidige små perikopebøger med Hans Tausens oversættelse.

34 *Een gantske nyttelig oc alle sogneprester oc predicanter nødtørtelig Handbok* ..., Malmø 1539, blad Ci. Faksimileudgave Poulsen 1959. Der er messetoner til epistelindledningen.

35 Holger Fr. Rørdam: *Danske Kirkelove,* I, Kbh. 1883, s. 470.

Der var visse praktiske vanskeligheder forbundet med bispemødets beslutning, så Peder Palladius har formentlig fået en supplerende godkendelse fra de andre superintendenter af, at han måtte trykke en bog med kirkeårets bibelske læsninger, sådan at sognepræsterne ikke behøvede hver for sig at afskrive teksterne, men i stedet kunne købe en trykt bog.[36] Bogen blev trykt i Magdeburg i 1556 hos bogtrykker Hans Walter, der også havde trykt Hans Tausens postille i 1539. Bogens titel blev: »Søndagers Oc hellige dagers Episteler oc Euangelia met Collecter / oc andet at bruge vdi Christi Naduere effter Ordinantzens lydelse«.

Bogen blev de facto afløseren for det katolske missale og retningsgivende for de efterfølgende danske alterbøger, helt frem til den seneste alterbog. Men det var Peder Palladius meget om at gøre, at den ikke måtte kaldes missale eller håndbog. I stedet kunne den kaldes »En Collect bog eller Euangelistarium / Eller Alter bogen«.[37] Og det blev det sidste navn, der slog an.

Opgaven, som Peder Palladius havde påtaget sig, gik ikke ud på at skabe noget nyt, men kun at producere en praktisk brugsbog inden for de bestemmelser og rammer, der var afstukket i Kirkeordinansen. Bogen blev trykt i et meget mindre format end de katolske missaler, der var trykt i folioformat, men større end de små perikopebøger med Hans Tausens oversættelse, som var i brug i de første årtier efter reformationen.[38]

Palladius' alterbog indeholder en dobbelt række indledningskollekter. I den første tid efter reformationen fandtes kollekterne især i salmebøgerne, men Palladius trykte dem i samme bog som de bibelske læsninger, ligesom det var tilfældet i det katolske missale. Endvidere indeholder alterbogen også nadverritualet. Det er anbragt midt i bogen i tilknytning

36 Palladius' alterbog 1556, forordet, hvor Palladius skriver, at bogen er udsendt »met mine kære metbrødris, Superintendenters her i Riget vilie oc samtycke« (Lis Jacobsen 1918, s. 43).

37 Lis Jacobsen 1918, s. 43.

38 Jf. LN nr. 1248, hvor der er en nærmere beskrivelse af alterbogen. Kolumnestørrelsen i alterbogen 1556 er 120 x 72 mm, mens den fx i en perikopebog trykt i Wittenberg 1554 (LN nr. 579) kun er 74 x 56 mm.

til teksterne til skærtorsdag. Til slut indeholder alterbogen ritualer for brudevielse og dåb, sådan at præsten i samme bog havde alle de tekster, som han havde brug for i kirken.

Efterfølgende liste giver en oversigt over kirkeårets søndage og helligdage i Palladius' alterbog. Kirkeårsnavnet er angivet i overensstemmelse med alterbogen. Desuden er anført den første bibelske perikope. Alterbogen har en perikopeoverskrift, der er udeladt her. Til fx 1. søndag i advent er episteloverskriften: »Epistelen Roman. XIII«. En tilsvarende overskrift bruges også på de fem dage, hvor den indledende læsning er taget fra Det Gamle Testamente. På fx hellig tre kongers dag er overskriften: »Epistelen Esaias LX«. Der skelnes altså ikke terminologisk mellem epistler fra Det Nye Testamente og lektier fra Det Gamle Testamente. Der er i alt 73 førstelæsninger, heraf er 68 fra Det Nye Testamente og 5 fra Det Gamle Testamente. Jeg har tilføjet en nummerering for lettere at kunne henvise til dem med forkortelsen PA.

1 Den I. Søndag i Aduent: Rom. 13,11-14
2 Den II. Søndag i Aduent: Rom. 15,4-9
3 Den III. Søndag i Aduent: 1. Kor. 4,1-5
4 Den IIII. Søndag i Aduent: Fil. 4,4-7
5 Paa Christi fødzels dag: Hebr. 1,1-4
6 Paa S. Staffens dag: Ap.G. 6,8-15 og 7,54-60
7 Paa S. Hans Euan. dag: Tit. 2,11-15
8 Den I. Søndag effter Jule.: Gal. 4,1-7
9 Paa Nyt Aars dag: Gal. 3,23-29
10 Paa hellig tre Kongers dag: Es. 60,1-6
11 Den I. Søn. effter hel. tre K.: Rom. 12,1-5
12 Den II. Søn. effter hel. tre K.: Rom. 12,6-16
13 Den III. Søn. eff. hel. tre K.: Rom. 12,16-21
14 Den IIII. Søn. eff. hel. tre K.: Rom. 13,8-10
15 Den V. Søn. eff. hel. tre K.: Kol. 3,12-17
16 Paa Marie Renselsis dag: Mal. 3,1-4
17 Den Søn. Septuagesima: 1. Kor. 9,24-10,5
18 Den Søndag Sexagesima: 2. Kor. 12,2-9

19 Paa Fastelaffuens Søndag om Christi Daab: 1. Pet. 3,18-22
20 Den I. Søndag i faste: 2. Kor. 6,1-10
21 Den II. Søndag i Faste: 1. Thess. 4,1-7
22 Den III. Søndag i faste: Ef. 5,1-9
23 Paa Medfast Søndag: Gal. 4,21-31
24 Den Søn. effter Medfast: Hebr. 9,11-15
25 Marie Bebudelsis dag: Es. 7,10-15
26 Paa Palme Søndag: Fil. 2,5-11
27 Paa Skær torssdag: 1. Kor. 11,23-29
28 Paa Paaske dag: 1. Kor. 5,7-8
29 Anden Paaske dag: Ap.G. 10,34-43
30 Tredie Paaske dag: Ap.G. 13,26-33
31 Den I. Søn. effter Paaske: 1. Joh. 5,4-12
32 Den II. Søn. effter Paaske: 1. Pet. 2,21-25
33 Den III. Søn. effter Paaske: 1. Pet. 2,11-20
34 Den IIII. Søn. eff. Paaske: Jak. 1,17-21
35 Den V. Søn. effter Paaske: Jak. 1,22-27
36 Udi Bede dage: Jak. 5,16-20
37 Vor Herris Jhesu Christi Himmelfards dag: Ap.G. 1,1-11
38 Den VI. Søn. efft. Paaske: 1. Pet. 4,7-11
39 Paa Pintzedag: Ap.G. 2,1-11
40 Paa Anden Pintzedag: Ap.G. 10,42-48
41 Paa Tredie Pintzedag: Ap.G. 8,14-17
42 Hellige Trefoldighedz Søn.: Rom. 11,33-36
43 Den I. Sønd. effter Trinit.: 1. Joh. 3,13-18
44 Den II. Søn. effter Trinita.: 1. Joh. 4,16-21
45 Den III. Søn. effter Trini.: 1. Pet. 5,6-11
46 Paa S. Hans Bapt. dag: Es. 49,1-6
47 Den IIII. Søn. efft. Trinit.: Rom. 8,18-23
48 Paa Marie Besøgelsis dag: Es. 11,1-10
49 Den V. Søn. effter Trini.: 1. Pet. 3,8-15
50 Den VI. Søn. effter Trinit.: Rom. 6,3-11
51 Den VII. Søn. eff. Trinita.: Rom. 6,19-23
52 Den VIII. Søn. effter Trini.: Rom. 8,12-17

53 Den IX. Søn. effter Trinitatis: 1. Kor. 10,6-13
54 Den X. Søn. effter Trinita.: 1. Kor. 12,1-7
55 Den XI. Søn. efft. Trinita.: 1. Kor. 15,1-10
56 Den XII. Søn. eff. Trinita.: 2. Kor. 3,4-9
57 Den XIII. Søn. eff. Trini.: Gal. 3,15-22
58 Den XIIII. Søn. eff. Trini.: Gal. 5,16-24
59 Den XV. Søn. eff. Trinita.: Gal. 5,25-6,10
60 Den XVI. Søn. eff. Trini.: Ef. 3,13-21
61 Den XVII. Søn. eff. Trini.: Ef. 4,1-6
62 Paa S. Michels dag: Åb. 12,7-12
63 Den XVIII. Søn. eff. Tri.: 1. Kor. 1,4-8
64 Den XIX. Søn. eff. Trini.: Ef. 4,22-28
65 Den XX. Søn. eff. Trinit.: Ef. 5,15-21
66 Den XXI. Søn. eff. Trini.: Ef. 6,10-18
67 Paa Alle Helgene dag: Åb. 7,1-12
68 Den XXII. Søn. eff. Tri.: Fil. 1,6-11
69 Den XXIII. Søn. eff. Tri.: Fil. 3,17-4,3
70 Den XXIIII. Søn eff. Tri.: Kol. 1,9-14
71 Den XXV. Søn. effte. Tri.: 1. Thess. 4,13-18
72 Den XXVI. Søn. efft. Tri.: 1. Thess. 5,12-23
73 Den XXVII. Søn. eff. Tri.: 2. Pet. 1,12-18

Kirkeåret i Palladius' alterbog

I overensstemmelse med alterbogens titelblad (»... effter Ordinantzens lydelse«) svarer kirkeåret i alterbogen i hovedtræk til det foreskrevne omfang i Kirkeordinansen. I forhold til Missale Lundense er rækken af søndage udvidet med en 26. og en 27. søndag efter trinitatis, mens der ikke er anvisninger vedrørende en eventuel 6. søndag efter hellig tre konger. Rækken af »skæve« helligdage omfatter følgende dage:

Christi fødzels dag: Hebr. 1,1-4
S. Staffens dag: Ap.G. 6,8-15 og 7,54-60
S. Hans Euan. dag: Tit. 2,11-15

Nyt Aars dag: Gal. 3,23-29
Hellig tre Kongers dag: Es. 60,1-6
Marie Renselsis dag: Mal. 3,1-4
Marie Bebudelsis dag: Es. 7,10-15
Skær torssdag: 1. Kor. 11,23-29
Anden Paaske dag: Ap.G. 10,34-43
Tredie Paaske dag: Ap.G. 13,26-33a
Bede dage: Jak. 5,16-20
Vor Herris Jhesu Christi Himmelfards dag: Ap.G. 1,1-11
Anden Pintzedag: Ap.G. 2,1-11
Tredie Pintzedag: Ap.G. 8,14-17
S. Hans Bapt. dag: Es. 49,1-6
Marie Besøgelsis dag: Es. 11,1-10
S. Michels dag: Åb. 12,7-12a
Alle Helgene dag: Åb. 7,1-12.

Bededagene (PA 36) i samme uge som Kristi himmelfarts dag er ikke omtalt i Kirkeordinansen, men er medtaget i overensstemmelse med middelalderlige tradition, lige som det var tilfældet i Hans Tausens postil (HT 40). Nogle af helligdagsnavnene i Palladius' alterbog afviger fra Kirkeordinansen. Det gælder »Marie Renselsis dag« (PA 16), hvor Kirkeordinansen har »Kyndermøsse dag«, samt »Marie Bebudelsis dag« (PA 25), hvor Kirkeordinansen har »Mariæ forkyndelses dag«. Men bortset fra disse mindre afvigelser er kirkeårets omfang i overensstemmelse med Kirkeordinansen og er kraftigt reduceret i forhold til den middelalderlige missaletradition.

Kirkeåret i Palladius' alterbog 1556 svarer også i hovedtræk til kirkeåret i Hans Tausens postil 1539. Der er dog forskel på nogle af helligdagenes navne. Fx kaldes juledag hos Hans Tausen for »Jule Dag til Christmesse«, mens dagen i Palladius' alterbog hedder »Christi fødzels dag«. Og nogle af de kalenderfaste helligdage er indplaceret forskelligt i forhold til kirkeårets søndage. »Marie Bebudelsis dag« (PA 25) anføres hos Palladius før palmesøndag, mens dagen hos Tausen anføres efter (HT 26). Tilsvarende gælder »S. Hans Bapt. dag« (PA 46), som hos Palladius findes før 4. søndag efter trinitatis og hos Tausen efter (HT 51), samt »Alle Helgene dag« (PA 67), som hos Palladius anføres før 22. søndag efter trinitatis og hos Tausen efter (HT 72). Hos Palladius slutter kirkeåret med 27. søndag efter trinitatis, mens Tausen slutter med 26. søndag efter trinitatis.

Palladius' alterbog repræsenterer ikke noget afgørende nyt, hvad angår kirkeårets omfang, i forhold til Kirkeordinansen og den reformatoriske tradition, sådan som den findes repræsenteret i Hans Tausens postil 1539. Og det har heller ikke været hans intention.

Epistelvalget i Palladius' alterbog

Mens kirkeårets omfang i Palladius' alterbog er kraftigt reduceret i forhold til den middelalderlige missaletradition, er der ikke store forandringer, hvad angår det konkrete perikopevalg til de søndage og helligdage, som er blevet opretholdt. Den generelle tendens er, at perikopevalget er uændret i forhold til Missale Lundense 1514 og i forhold til Hans Tausens postil 1539.[39] Ud af de 73 epistler i Palladius' alterbog findes de 48 perikoper i samme (eller næsten samme) beskæring i Missale Lundense. Hertil hører fire af de fem gammeltestamentlige perikoper.

Men der er dog også forskelle og justeringer og nogle få helt nye perikoper, som formentlig er Palladius' eget valg. Der er 25 perikoper, som afviger mere eller mindre fra Missale Lundense. Disse afvigende perikoper kan deles i to grupper: en gruppe, hvor Palladius' alterbog afviger fra

39 I indledningen til sin udgave af Palladius' alterbog har Lis Jacobsen et kort afsnit om alterbogens perikopevalg (Jacobsen 1918, s. 12-15). Hun kritiserer den tidligere fremstilling i C. T. Engelstofts bog om *Liturgiens eller Alterbogens og Kirkeritualets Historie i Danmark*, Kbh. 1840, fordi Engelstoft anvendte et Missale Romanum, som var resultatet af ændringer på Tridentinerkonciliet. Hun bemærker, at Palladius' alterbog har bevaret den gamle tekstcyklus, sådan som den fx findes i Missale Hafniense 1510 og Missale Lundense 1514. Men i øvrigt går hun ikke i detaljer med perikopevalget i Palladius' alterbog 1556. Engelstofts redegørelse (Engelstoft 1840, s. 136-144) er nærmest uanvendelig på grund af det anakronistiske valg af kildetekst til missaletraditionen.

Missale Lundense, men følger Hans Tausens postil, og en gruppe, hvor Palladius' alterbog afviger fra både Missale Lundense og fra Hans Tausens postil. I den første gruppe må det i praksis anses for udelukket, at Palladius selv har foretaget justering af perikopevalg eller nyvalg. Hvis Palladius har andre kilder end Missale Lundense og den tidlige danske reformationstradition repræsenteret af Hans Tausens postil, skal de findes med udgangspunkt i den sidste gruppe. Jeg har dog ikke gjort noget forsøg på at identificere eventuelle andre kilder og formoder, at perikopevalget og justeringerne af beskæringerne i denne gruppe normalt er Palladius' eget valg.

Den første gruppe med perikoper, hvor Palladius' alterbog afviger fra Missale Lundense, men findes tilsvarende i Hans Tausens postil, omfatter ni dage i kirkeåret:

2. søndag i advent: Rom. 15,4-9 (HT 2 og PA 2). Der er tale om en forkortelse i forhold til Missale Lundense, som har Rom. 15,4-13 (ML 4).

Nytårsdag: Gal. 3,23-29 (HT 9 og PA 9). Igen er der tale om en forkortelse i forhold til Missale Lundense, som har Gal. 3,23-4,2 (ML 23).

Septuagesima: 1. Kor. 9,24-10,5 (HT 17 og PA 17). Her er der tale om en forlængelse i forhold til Missale Lundense, som har 1. Kor. 9,24-10,4 (ML 45).

Seksagesima: 2. Kor. 12,2-9 (HT 18 og PA 18). Denne perikope er kortere end Missale Lundense, som har 2. Kor. 11,19-12,9 (ML 48).

Midfaste: Gal. 4,21-31 (HT 23 og PA 23). Her er perikopen et vers længere end Missale Lundense, som har Gal. 4,22-31 (ML 77).

1. søndag efter påske: 1. Joh. 5,4-12 (HT 35 og PA 31). Denne perikope er længere end Missale Lundense, som har 1. Joh. 5,4-10 (ML 106).

3. søndag efter påske: 1. Pet. 2,11-20 (HT 37 og PA 33). Igen en perikope, der er længere end Missale Lundense, der har 1. Pet. 2,11-19 (ML 112).

Sankt Hans: Es. 49,1-6 (HT 51 og PA 46). Missale Lundense har her en sammensat perikope: Es. 49,1-3.5-7.

Mariæ besøgelses dag: Es. 11,1-10 (HT 52 og PA 48). Her har Missale Lundense en helt anden perikope, nemlig Højs. 2,8-14. Perikopevalget er her undtagelsesvist direkte foreskrevet i Kirkeordinansen.[40] I denne sammenhæng, hvor emnet primært er gammeltestamentlige læsninger, er det er markant træk, at der nyvælges en gammeltestamentlig perikope.

Det eneste markante eksempel i denne gruppe er den nye gammeltestamentlige perikope til Mariæ besøgelses dag. De andre tilfælde er kun små justeringer af perikopeafskæringen og vedrører for det meste kun et enkelt vers.

Den anden gruppe i Palladius' alterbog med perikoper, der afviger fra både Missale Lundense og Hans Tausens alterbog, omfatter 16 eksempler. De fleste eksempler vedrører kun ændrede perikopeafskæringer, men der er også eksempler på helt nye perikoper. Hvis Palladius har brugt andre kilder end den danske missaletradition og den forudgående danske reformatoriske tradition, er det især denne gruppe perikoper, det er relevant at få analyseret nærmere.

Juledag: Hebr. 1,1-4 (PA 5). ML 17 har Hebr. 1,1-12, mens Tausen har Hebr. 1,1-5a (HT 5). Der er altså kun tale om en forkortelse af perikopen. Missaletraditionen har også gammeltestamentlige perikoper til dagen, som kunne være valgt af Hans Tausen og Peder Palladius. Men det har ingen af dem gjort.

3. juledag: Tit. 2,11-15 (PA 7). ML 19 har Sir. 15,1-6. Her er der tale om et fravalg af en gammeltestamentlig tekst fra missaletraditionen. I stedet er der valgt en perikope, som i missaletraditionen hører hjemme i den første julemesse (ML 15). Hans Tausen har valgt samme perikope, men i en lidt kortere beskæring: Tit. 2,11-14 (HT 7). Palladius' alterbog holder sig altså stort set til en allerede etableret reformatorisk tradition.

Fastelavn: 1. Pet. 3,18-22 (PA 19). ML 51 har 1. Kor. 13,1-13. Her er der tale om en helt ny epistelperikope. Nyvalget hænger sammen med, at Kirkeordinansen foreskriver, at evangelieperikopen til dagen skal være beretningen om Jesu dåb fra Mathæusevangeliet (Matt. 3,13-17). Det har også udløst et nyvalg af en passende epistelperikope. Jeg har ikke fundet nogen anden kilde til perikopevalget og forudsætter, at det er Palladius'

40 Lausten 1989, s. 180

valg. I Missale Lundense bruges perikopen 1. Pet. 3,18-22 til fredag efter påskedag (ML 104) sammen med evangelieperikopen Matt. 28,16-20. Hans Tausen holder sig i sin postille til den gamle tradition og har til dagen perikoperne 1. Kor. 13,1-13 og Luk. 18,31-43 (HT 19).

Skærtorsdag: 1. Kor. 11,23-29 (PA 27). ML 96 har 1. Kor. 11,20-32. Der er altså tale om en kortere beskæring af en perikope fra missaletraditionen. I Hans Tausens postil er der her kun en evangelieharmoni og ikke nogen epistel.

1. søndag efter trinitatis: 1. Joh. 3,13-18 (PA 43). ML 133 har 1. Joh. 4,8-21. Der er her ikke tale om en nyvalgt perikope, men om et bytte mellem teksterne til 1. og 2. søndag efter trinitatis. I Missale Lundense anvendes perikopen 1. Joh. 3,13-18 til 2. søndag efter trinitatis (ML 136). Hans Tausen følger Missale Lundense (HT 47).

2. søndag efter trinitatis: 1. Joh. 4,16-21 (PA 44). ML 136 har 1. Joh. 3,13-18. Også her følger Hans Tausen Missale Lundense (HT 48), mens der i Palladius' alterbog findes en kortere beskæring af Missale Lundenses tekst til 1. søndag efter trinitatis. Et uafklaret spørgsmål er, om Palladius har anvendt en anden kilde og i givet fald hvilken.

10. søndag efter trinitatis: 1. Kor. 12,1-7 (PA 54). ML 160 har 1. Kor. 12,2-11, mens Tausens postil har 1. Kor. 12,2-7 (HT 58). Der er tale om forskellige beskæringer af samme perikope.

13. søndag efter trinitatis: Gal. 3,15-22 (PA 57). ML 169 har Gal. 3,16-22, og samme beskæring findes også i Tausens postil (HT 61).

Sankt Michel: Åb. 12,7-12 (PA 62). ML har Åb. 1,1-5. Tausens postil har samme perikope som Missale Lundense, men i en lidt længere beskæring: Åb. 1,1-6 (HT 66). Det ser ud til, at Palladius her har foretaget et selvstændigt perikopevalg, men jeg vil ikke udelukke muligheden af en fremmed kilde.

19. søndag efter trinitatis: Ef. 4,22-28 (PA 64). ML 188 har en kortere beskæring af perikopen: Ef. 4,23-28. Tausens postil følger Missale Lundense (HT 68).

23. søndag efter trinitatis: Fil. 3,17-4,3 (PA 69). ML 200 har Fil. 3,17-21. Hans Tausens postil har samme beskæring som Missale Lundense (HT 73).

24. s. e. trinitatis: Kol. 1,9-14 (PA 70). ML 203 har en kortere beskæring af perikopen: Kol. 1,9-11, og Hans Tausen en mellemting: Kol. 1,9-12 (HT 74)

25. søndag efter trinitatis: 1. Thess. 4,13-18 (PA 71). ML 206 har på denne dag, som kaldes »sidste søndag efter trinitatis« en helt anden perikope, som er taget fra Det Gamle Testamente: Jer. 23,5-8. Tausens postil har samme perikope som Missale Lundense, men i en kortere beskæring: Jer. 23,5-6 (HT 75). Der er formentlig tale om et selvstændigt perikopevalg fra Palladius, hvor en gammeltestamentlig perikope erstattes af en nytestamentlig perikope. Ifølge min analyse af principperne for brug af gammeltestamentlige læsninger, har det været en undtagelse i den gamle missaletradition, at der blev brugt en gammeltestamentlig perikope på en søndag. Efter Palladius' perikopevalg er denne »undtagelse« nu blevet fjernet. Det fremgår dog ikke eksplicit, at Palladius har anvendt et princip om, at der ikke må være gammeltestamentlige læsninger på søndage, og der kan være en for mig ukendt kilde til perikopevalget.

26. søndag efter trinitatis: 1. Thess. 5,12-23 (PA 72). Missale Lundense har ikke denne søndag i kirkeåret, men har en »sidste søndag efter trinitatis« (ML 206) på pladsen for 25. søndag efter trinitatis. I Hans Tausens postil finder man her en gammeltestamentlig perikope: Es. 10,22-27 (HT 76), som han formentlig har valgt fra Missale Lundense, som bruger perikopen til fredagen efter sidste søndag efter trinitatis (ML 208). Peder Palladius har i stedet en nytestamentlig perikope, som han formentlig selv har valgt. I Missale Lundense anvendes 1. Thess. 5,14-23 til tamperlørdag i fastetiden (ML 62). Det kan muligvis have tjent til inspiration for Peder Palladius.

27. søndag efter trinitatis: 2. Pet. 1,12-18 (PA 73). Denne søndag findes ikke i Missale Lundense eller i Hans Tausens postil, og perikopen er formentlig valgt af Palladius. I østlig tradition er der en helligdag for Jesu Kristi transfiguration den 6. august med teksterne 2. Pet. 1,10-19 og Matt. 17,1-10.[41] Denne festdag har også bredt sig til vesten, og måske er

41 Jf. fx *Le typicon de grande église*, Tome I, ed. Juan Mateos (Orientalia Christiana Analecta, 165), Roma 1962, s. 360-363.

Palladius' perikopevalg sket under indirekte inspiration herfra. Men jeg har ikke fundet nogen direkte og sandsynlig kilde. Missale Lundense bruger 2. Pet. 1,10-17 som epistel til fredag i 3. uge efter trinitatis (ML 141), men det er ikke umiddelbart sandsynligt, at det har været inspirationen for Palladius. Mere sandsynligt er det, at han har fundet dagens evangelium, Matt. 17,1-9, i Missale Lundenses tekster til tamperlørdag i fastetiden (ML 62). Men uforståeligt er i givet fald, hvorfor epistel og evangelium fra den gamle tamperlørdag er blevet fordelt på to søndage efter hinanden, henholdsvis 26. og 27. søndag efter trinitatis.[42]

Gammeltestamentlige læsninger i Palladius' alterbog.

Gammeltestamentlige læsninger i klart mindretal i Palladius' alterbog. Ud af i alt 73 »epistler« er der fem gammeltestamentlige perikoper. I procenttal er det kun 7 %. Det drejer sig om følgende:

(PA 10) Hellig tre Kongers dag: Es. 60,1-6
(PA 16) Marie Renselsis dag: Mal. 3,1-4
(PA 25) Marie Bebudelsis dag: Es. 7,10-15
(PA 46) S. Hans Bapt. dag: Es. 49,1-6
(PA 48) Marie Besøgelsis dag: Es. 11,1-10

Selv om antallet af gammeltestamentlige perikoper er lavt, kan det efter min vurdering ikke betragtes som et principielt fravalg af gammeltestamentlige perikoper. Når perikopevalget i Palladius' alterbog sammenlignes med perikopevalget i den forudgående missaletradition, er det markante hovedtræk kontinuiteten. Forandringerne i forhold til missaletraditionen kommer primært til udtryk i det reducerede antal dage i kirkeåret, som i Palladius' alterbog især består af kirkeårets søndage.

42 C. T. Engelstoft ser – formentlig med rette – en tendens til, »at Protestanterne nødig greb til nye, hidtil ubrugte Pericoper, men helst tog fra andre Dage«, når det blev nødvendigt at justere kirkeårets perikopevalg, Engelstoft 1840, s. 142.

På de fleste af de dage, hvor der i traditionen var en gammeltestamentlig læsning, bliver den bevaret i uændret eller kun let revideret beskæring. Det gælder de fire første perikoper i ovenstående liste: hellig tre kongers dag (6. jan.), kyndelmisse (2. febr.), Mariæ bebudelses dag (25. marts) og sankt Hans dag (24. juni). Fællesnævner for de nævnte dage er, at det (normalt) ikke er søndage, men kalenderfaste dage.

Den gammeltestamentlige læsning til Marie besøgelses dag er nyvalgt i forhold til traditionen. Det er ikke Palladius, der er ansvarlig for dette nyvalg, men Kirkeordinansen, som her formentlig kun kodificerer en allerede etableret praksis, som afspejles i Hans Tausens postil. Nyvalget af en gammeltestamentlig tekst viser, at der ikke generelt i den tidlige danske reformation var noget ønske om at fjerne gammeltestamentlige læsninger af principielle grunde.

I missaletraditionen blev der på søndage (normalt) ikke brugt gammeltestamentlige læsninger. Dette træk fortsætter i Palladius' alterbog, som i langt de fleste tilfælde bringer den samme perikope som i missaletraditionen.

I den forudgående tradition var der dog en »undtagelse«, nemlig 25. søndag efter trinitatis, hvor der var en gammeltestamentlig læsning: Jer. 23,5-8. Denne gammeltestamentlige perikope på en søndag blev bevaret i Hans Tausens postil i let forkortet beskæring: Jer. 23,5-6. Men her etablerer, bevidst eller ubevidst, Palladius' alterbog et konsekvent princip og har kun nytestamentlige perikoper på søndage. Dagens epistel bliver 1. Thess. 4,13-18. Det fremgår dog ikke, om dette perikopevalg er udtryk for et konsekvent princip, om der er indholdsmæssige grunde, eller om der er tale om en anden kilde.

På to juledage er der i Palladius' alterbog en nytestamentlig epistel, hvor der efter missaletraditionen kunne have været en gammeltestamentlig læsninger.

Det drejer sig om juledag, hvor Palladius' alterbog har en nytestamentlig perikope: Hebr. 1,1-4 (PA 5). Fra missaletraditionen ville der have været god mulighed for at vælge en gammeltestamentlig periope (jf. ML 14-17), men der var også mulighed for at vælge mellem flere nytestamentlige perikoper. Og da Palladius klart holder sig til et princip om, at der kun skal være én ikke-evangelisk læsning, har han i overensstemmelse med Hans Tausen valgt den nystamentlige epistel fra dagens hovedgudstjeneste. Det kan ikke betragtes som et principielt fravalg af gammeltestamentlige læsninger.

Endvidere drejer det sig om tredje juledag, hvor der læses en nytestamentlig epistel: Tit. 2,11-15 (PA 7). Hvis man havde holdt sig til missaletraditionen, skulle der her have været en gammeltestamentlig læsning: Sir. 15,1-6 (ML 19). Her er der tale om et tydeligt fravalg af en gammeltestamentlig perikope. Det fravalg findes også allerede i Hans Tausens postil. Det er formentlig sket af indholdsmæssige grunde i forbindelse med, at dagen ikke betragtes som helgendag, men som en juledag.

Antallet af gammeltestamentlige læsninger er lidt højere i Hans Tausens postil end i Peder Palladius' alterbog, idet Hans Tausens postil slutter kirkeåret med to gammeltestamentlige læsninger, hvor der på de samme søndage er nytestamentlige læsninger i Palladius' alterbog. Forskellen skal næppe tillægges stor vægt, men kan godt tolkes som udslag af en principiel holdning hos Peder Palladius om, at førstelæsningen på søndage skal være en nytestamentlig epistel.

Hvis Peder Palladius havde haft en generel holdning om, at der ikke burde være gammeltestamentlige læsninger, skulle det ikke have været vanskeligt at vælge nye perikoper fra Det Nye Testamente til de helligdage, som havde en gammeltestamentlig læsning ifølge missaletraditionen. Men det gjorde han i de fleste tilfælde ikke. Alterbogen holdt sig normalt til den foreliggende tradition og brugte gammeltestamentlige læsninger, hvor de forefandtes i den forudgående gudstjenestetradition.

Fra missale til alterbog

Et markant træk i denne undersøgelse af brugen af gammeltestamentlige læsninger på reformationstiden er kontinuiteten i perikopevalget. Normalt er det de samme perikoper, der blev brugt før og efter reformationen. Og når der skete forandringer, vedrørte de oftest kun mindre justeringer af perikopeafskæringen.

Men selv om perikopevalget normalt blev opretholdt uændret og er præget af stor kontinuitet, skete der alligevel markante ændringer i brugen af gammeltestamentlige læsninger. I senmiddelalderens missaletradition var der gammeltestamentlige læsninger på et stort antal dage i kirkeåret, herunder især hverdage i fastetiden og i tamperugerne. Disse dage bortfaldt for det meste i forbindelse med reformationen, og tilbage blev kun nogle ganske få dage med gammeltestamentlige læsninger. I Palladius' alterbog, som blev toneangivende for den efterfølgende danske tradition, er der kun fem »skæve« helligdage med gammeltestamentlige læsninger, mens søndagene og de andre helligdage har nytestamentlige læsninger.

Perikopestrukturen blev ensartet i processen fra missale til alterbog. Selv om den grundlæggende perikopestruktur i missaletraditionen var toledet, var der også en del dage i kirkeåret med tre eller flere perikoper. Disse dage faldt væk i reformationens reduktion af kirkeåret, og resultatet blev, at der blev etableret en konsekvent toledet perikopestruktur: epistel og evangelium. Men »epistlen« var ikke i alle tilfælde taget fra Det Nye Testamente; den kunne også være taget fra Det Gamle Testamente.

I missaletraditionen er der en bestemt rækkefølge af de bibelske skrifter bestemt af en stigende rangrækkefølge. Evangeliet som den fornemste tekst kommer til sidst, og der er altid en evangelietekst. Dette træk bevares uændret i processen fra missale til alterbog. Der er også i den evangeliske alterbog altid en evangelielæsning, og den kommer altid til sidst. Hvis der er flere »ikke-evangeliske« perikoper på samme dag, kommer i missaletraditionen gammeltestamentlige læsninger altid før den nytestamentlige epistel. Dette overordnede princip for rækkefølgen af de bibelske perikoper er i princippet vel opretholdt i den danske reformatoriske ordning, men det kommer ikke til udfoldelse, da der altid kun er én »ikke-evangelisk« læsning.

I missaletraditionen var det muligt at se et mønster for brugen af gammeltestamentlige perikoper, idet de især blev brugt på hverdage i fastetiden og andre dage i kirkeåret med en tilsvarende karakter. Og brugen af gammeltestamentlige læsninger havde et stort omfang. Dette mønster blev utydeligt efter reformationen på grund af den store reduktion i antallet af gammeltestamentlige læsninger. I princippet er mønsteret opretholdt i forbindelse med kontinuiteten i perikopevalget, men i praksis kan det kun anes i en historisk undersøgelse og sammenligning. Og jeg har ikke fundet klare tegn på, at princippet eksplicit har været erkendt og brugt i den nye reformatoriske gudstjenesteordning. Så hvor der i missaletraditionen med en vis ret kan tales om et princip for brugen af gammeltestamentlige læsninger, kan man ikke med samme ret tale om et erkendt og anvendt princip for brugen af gammeltestamentlige læsninger i den danske reformation.

De facto faldt gammeltestamentlige læsninger næsten helt væk i de danske perikopeordninger efter reformationen. Men der er ikke spor af, at det er sket som følge af en bevidst intention om at afskaffe gammeltestamentlige læsninger i højmessen. Hvor der i forvejen i missaletraditionen var gammeltestamentlige læsninger, blev de normalt bevaret i alterbogen, hvis ellers den pågældende dag blev opretholdt i kirkeåret efter reformationen.

Summary

Readings from the Old Testament and the Liturgical Year in the Danish Reformation

This article analyses four documents from Denmark before and after the Reformation in 1536 with special focus on patterns in the use of readings from the Old Testament in the Eucharist and their connexion with changes in the Liturgical Year.

Missale Lundense (1514) is used as a representative of the Danish liturgical tradition before the Reformation. It is considered as a relevant source since it was intended for use in the Danish archdiocese just before the Reformation, and it is a practical choice since it in 1946 was printed in facsimile (*Missale Lundense av år 1514*, Malmø 1946). A list is given of the first reading (or readings) in the first part of the Liturgical Year, *proprium de tempore*, with exclusion of the gospel. There are in this part of the missal 203 days with 248 readings (*lectio*), and of these are 103 from the Old Testament and 145 from the New Testament (the gospels excluded). It is demonstrated that readings from the Old Testament not are used on Sundays (with one exception), but only on weekdays, mostly in Lent and on Ember days. The normal structure is two readings: *lectio* and gospel. The *lectio* can be taken from the New or the Old Testament. There are days with three or more readings, but no clear examples of the supposed original lectionary structure with three readings: Old Testament, epistle and gospel.

The second document is a book in three parts with sermons of Hans Tausen (1494-1561), one of the leading Danish reformers. The book, *Postillen*, contains not only sermons but also the liturgical readings for the Mass in Danish translation, and this translation of the readings was probably in common liturgical use in the first years after the reformation. The book was printed in 1539, but was probably written in 1536 or earlier. A list of the Liturgical Year and the epistles show that the Liturgical Year is much reduced in comparison with the former tradition in the missals and mostly consists of the Sundays with an epistle from the New Testament. The readings are mostly identical with the readings in *Missale Lundense*, but since most of the weekdays with readings from the Old Testament are left out, the number of readings from the Old Testament is much reduced. Only seven are found, five from the old tradition and two new. On the preserved days, where a reading from the Old Testament was found in *Missale Lundense*, the same reading is mostly found on the same day in *Postillen*.

The third document is the official Danish Church Order after the Reformation, *Kirkeordinansen* (preliminary Latin version 1537, final Danish version 1539). Here is found decisions concerning the Liturgical Year, which determined the liturgical days for the next centuries in Denmark. Besides the Sundays there was Mass on Christmas, Easter, Pentecost, New Year, Epiphany, Purification of Mary, Annunciation, Ascension Day, Visitation of Mary, John the Baptist, Michael and All Saints' Day. The Liturgical Year in *Kirkeordinansen* corresponds closely to that in *Postillen* by Hans Tausen. The Church Order has in general no rules concerning the readings, but refer to the usual readings. The indirect consequence of the reduction of the Liturgical Year combined with the usual readings was, that readings from the Old Testament almost disappeared, but there is not in *Kirkeordinansen* traces of an intention to eliminate readings from the Old Testament. On the contrary: on the day of the Visitation of Mary a new reading from the Old Testament (Is. 11.1-10) is chosen in stead of the old one (Cant. 2.8-14).

The final document is the new standard liturgical book in the Danish Reformation edited by Peder Palladius (1503-1560), who was bishop of Sealand from 1537. In 1556 he edited a book, which contained all the liturgical texts necessary for services in the church, including readings for all days in the Liturgical Year. The readings were taken from the new Danish Bible translation (1550). The traditional Danish name for the book is *Alterbog*, which means a book to be used at the altar in the Church. In practise it replaced the old missals, and the *Alterbog* established a new standard, which has been followed in the Danish Church since. The Liturgical Year in Palladius' *Alterbog* 1556 follows *Kirkeordinansen* from 1537/1539 (and Hans Tausen's *Postille* from 1539). There are only minor additions. A list of the days in the Liturgical Year and the first readings shows minor differences compared with *Missale Lundense* and Hans Tausen's *Postille*, but mostly the readings are the same. The number of days with readings from the Old Testament is low, only five days: Epiphany (Is. 60.1-6), Purification of Mary (Mal. 3.1-4), Annunciation (Is. 7.10-15), John the Baptist (Is. 49,1-6) and Visitation of Mary (Is. 11,1-10). The first four are (mostly) the same as in *Missale Lundense* 1514. Compared with *Postillen* by Hans Tausen two readings from the Old Testament is replaced by readings from the New Testament on the last Sundays of the Liturgical Year. In the *Alterbog* by Peder Palladius only readings from the New Testament are used on Sundays.

The conclusion of the analysis of the use of readings from the Old Testament in the Danish Reformation is, that a pattern for the use of readings from the Old Testament can be found in the old tradition represented by *Missale Lundense* 1514: they are not used on Sundays, but only on weekdays, mostly in Lent and on Ember days. The Danish Reformation followed the pattern from the older tradition and did mostly not choose new readings, but preserved the old. When the Liturgical Year in the Reformation was reduced, mostly to Sundays, the result of the old pattern was, that readings from the Old Testament almost disappeared, not because of an intention to eliminate them, but as an unintentional consequence of the old pattern for use of readings from the Old Testament.

Efterfølgende blev oprindelig holdt som et mundtligt oplæg ved en studiedag på Københavns Universitet den 25. februar 2015. Senere samme år blev det i revideret form trykt i samleværket *Bibelen i gudstjeneste,* redigeret af Gitte Buch-Hansen og Frederik Poulsen, Det Teologiske Fakultet, Københavns Universitet 2015, side 109-127.

»På gudstjenestens betingelser«

Om valget af gammeltestamentlige læsninger i Den Danske Alterbog (1992)[1]

I 1992 fik Den Danske Folkekirke en ny alterbog, hvor der til hver søndag og helligdag i kirkeåret er en indledende gammeltestamentlig læsning. Det var noget helt nyt i dansk sammenhæng. I de tidligere danske alterbøger forekom der også gammeltestamentlige læsninger, men de var sjældne og en form for undtagelse.

I den første danske alterbog efter reformationen, Peder Palladius' alterbog fra 1556, var der kun gammeltestamentlige læsninger på fem helligdage, nemlig hellig tre kongers dag (Es. 60,1-6), kyndelmisse (Mal. 3,1-4), Mariæ bebudelsesdag (Es. 7,10-15), sankt Hans dag (Es. 49,1-6) og Mariæ besøgelsesdag (Es. 11,1-10). Det er karakteristisk, at de gammeltestamentlige læsninger kun findes på 'skæve' helligdage; de findes ikke på søndage.[2]

1 Overskriften, »På gudstjenestens betingelser«, er en formulering, der er hentet fra biskoppernes oplæg i 1991: *Oplæg til Gudstjenesteordning, juni 1991* (Materialecentralen 1991), s. XIII.

2 Jf. min artikel i *Kirkehistoriske Samlinger* 2010, s. 7-48: 'Gammeltestamentlige læsninger og kirkeår i Danmark på reformationstiden'. Her har jeg undersøgt brugen af førstelæsningen (lectio) på reformationstiden og påvist en ret stor kontinuitet fra den senmiddelalderlige ordning repræsenteret ved *Missale Lundense* (1514) til de første ordninger efter reformationen repræsenteret

Denne linje for brugen af gammeltestamentlige læsninger blev opretholdt i de følgende alterbøger i 1500-tallet, 1600-tallet og 1700-tallet. I Hans Baggers alterbog fra 1688 findes de samme fem gammeltestamentlige læsninger som i Palladius' alterbog. Desuden er der gammeltestamentlige tekster til almindelig bededag (Sl. 67,2-8 og Es. 55,6-7) og til taksigelsens fest (Sl. 124).

Antallet af gammeltestamentlige læsninger blev reduceret i 1770, hvor man fjernede nogle helligdage fra kirkeåret, herunder fire 'skæve' helligdage med gammeltestamentlige læsninger, nemlig hellig tre kongers dag, Mariæ renselsesdag, sankt Hans dag og Mariæ besøgelsesdag. I denne periode, som omfatter det meste af 1800-tallet frem til indførelsen af anden tekstrække, var der kun tre gammeltestamentlige tekster i alterbøgerne.

Ved indførelsen af anden tekstrække i slutningen af 1800-tallet blev der i begrænset omfang indført gammeltestamentlige læsninger. I alterbogen fra 1901, som er den første alterbog med to tekstrækker, var der i anden tekstrække gammeltestamentlige læsninger på ni søndage og helligdage: 1. søndag i advent (Es. 42,1-9), 2. søndag i advent (Es. 11,1-10), 3. søndag i advent (Es. 40,1-8), 4. søndag i advent (Es. 12), Kristi fødsels dag (Es. 9,6-7), søndag efter jul (Sl. 103,1-13), langfredag (Es. 53), påskedag (Sl. 118,19-29) og Kristi himmelfarts dag (Sl. 110,1-4). Der er gammeltestamentlige læsninger på alle adventssøndage, men ellers er det svært at se noget egentligt princip for brugen af gammeltestamentlige læsninger. Sådan var forholdet i den officielle danske alterbog i det meste af 1900-

af Hans Tausens postil fra 1539 og Peder Palladius' alterbog fra 1556. I *Missale Lundense* er der mange gammeltestamentlige læsninger, men de bruges ikke på søndage, hvor den indledende læsning (med to undtagelser) er taget fra ét af de nytestamentlige breve. Og da kirkeåret efter reformationen blev reduceret til især at omfatte søndage, bortfaldt de fleste af de gammeltestamentlige læsninger fra de middelalderlige ordninger. Efter min vurdering skal det lille antal gammeltestamentlige læsninger i den danske perikopeordning efter reformationen ikke »opfattes som et principielt fravalg, men snarere som en utilsigtet konsekvens af en reduktion af kirkeåret« (s. 12).

tallet. Men i midten af århundredet begyndte der igen at ske noget vedrørende de bibelske læsninger i gudstjenesten.

På et bispemøde i 1953 nedsatte de danske biskopper et liturgisk udvalg. I 1958 fremlagde udvalget et *Forslag til Alterbog* (Prøvealterbog) med en tredje tekstrække. Tredje tekstrække havde som første læsning en gammeltestamentlig læsning.[3] Der blev ved kongelig resolution givet tilladelse til forsøgsvis at bruge prøvealterbogen,[4] men prøvealterbogen fra 1958 blev aldrig autoriseret. Den er dog det første officielle udtryk for et ønske om i højere grad at bruge gammeltestamentlige tekster i gudstjenesten. Hvis forslaget var blevet gennemført, ville der have været gammeltestamentlige indgangslæsninger hvert fjerde år.[5]

Prøvealterbogen blev i 1963 fulgt op af en *Prøveritualbog*.[6] Der blev også ved kgl. resolution givet tilladelse til forsøgsmæssig brug af prøveritualbogen, men den mødte en del kritik, og ingen af forslagene fra det liturgiske udvalg blev autoriseret, hverken prøvealterbogen eller prøveritualbogen.

Men det lå åbenbart i tiden, at noget skulle ske. Så i 1970 nedsatte Kirkeministeriet på foranledning af biskopperne en liturgisk kommission, der arbejdede i en længere årrække frem til 1987 og udsendte et antal betænkninger. I 1971 kom *Betænkning om en foreløbig revision af højmessen* (Betænkning nr. 625). Andre betænkninger handlede om *De biskoppelige*

3 *Forslag til Alterbog for Den danske evangelisk-lutherske Folkekirke* (København: Det kgl. Vajsenhus' Forlag 1958). Rygtitlen og det almindelige kaldenavn var: *Prøvealterbogen*. I forordet skriver liturgiudvalget ganske kort om begrundelsen for at indføre flere gammeltestamentlige læsninger: »Til den tredje evangelierække er føjet en gammeltestamentlig lektierække, fordi det forekom udvalget ønskeligt, at Det gamle Testamente fik en rigeligere anvendelse, end det var sket i vore hidtidige tekstrækker« (s. 10).

4 Jf. Kirkeministeriets cirkulære af 6. maj 1958 med henvisning til en kongelig resolution af 29. april 1958.

5 Den planlagte rækkefølge var: 1. række, 2. række, 1. række, 3. række.

6 *Forslag til Ritualbog for Den danske evangelisk-lutherske Folkekirke. Gudstjenester og kirkelige handlinger* (København: Det kgl. Vajsenhus' Forlag 1965).

handlinger (Betænkning nr. 848, 1978), *Dåb og brudevielse* (Betænkning nr. 973, 1983) samt *Konfirmation og begravelse* (Betænkning nr. 1100, 1987).

I denne sammenhæng, hvor emnet er gammeltestamentlige læsninger, er det vigtigste liturgikommissionens to oplæg til ny alterbog. I 1975 kom den grå betænkning, hvis officielle titel var *De bibelske læsninger i gudstjenesten* (Betænkning nr. 750). Der var tale om et foreløbigt forslag, der skulle tjene som udgangspunkt for en drøftelse og en praktisk afprøvning, inden det endelige forslag til ny alterbog kunne fremlægges. Det skete i 1985 med den lilla betænkning, hvis officielle titel var *Forslag til Alterbog* (Betænkning nr. 1087).[7]

Begge de to forslag gik ud på, at højmessen skulle indledes med en gammeltestamentlig indgangslæsning, prædiketeksten var normalt dagens evangelium, og den nytestamentlige epistel blev brugt om udgangslæsning i højmessens afslutning.

Efter de uformelle danske retningslinjer for beslutninger om indrekirkelige forhold bliver biskopperne normalt bedt om at udtale sig til kirkeministeren, inden ministeren tager stilling til, om forslaget skal indstilles til autorisation. Kirkeministeren bad i december 1986 biskopperne om en udtalelse, og på biskoppernes møde i januar 1987 var der enighed om at svare , at man efter en forsøgsperiode ville udtale sig på baggrund af de indvundne erfaringer .

I begyndelsen af 1988 blev der i de enkelte stifter indkaldt beretninger fra menighedsråd og præster om de indvundne erfaringer i forsøgsperioden. På baggrund af de indkomne høringssvar konkluderede biskopperne, at de ikke kunne anbefale liturgikommissionens forslag i den foreliggende helhed. I høringssvarene gav de fleste udtryk for glæde over, at de gammeltestamentlige læsninger kan lyde i større omfang end hidtil, mens der var ret stærk kritik af forslaget om at bruge epistlen som udgangslæsning.

Biskopperne besluttede derfor, at de ville revidere og redigere hele det foreliggende materiale fra liturgikommissionen med henblik på en

7 Betænkningen består af to bind: Selve alterbogsforslaget, der indledes med et forslag til højmesseordning, og et indledningsbind, der især består af artikler forfattet af navngivne enkeltpersoner fra liturgikommissionen.

autorisation af en ny alterbog, ny højmesseordning og nye ritualer. Biskoppernes arbejde blev afsluttet i foråret 1992, og den nye alterbog, *Den Danske Alterbog*, blev autoriseret ved kgl. resolution af 12. juni 1992, herunder også en ny højmesseordning, hvor den første bibelske læsning normalt er en gammeltestamentlig læsning.[8] Alterbogen og Ritualbogen blev publiceret den 17. november 1992, en uge efter den nye bibeloversættelse.

Perikopevalget i *Den Danske Alterbog* er resultatet af et lidt kompliceret samspil mellem liturgikommissionens betænkninger og biskoppernes efterfølgende bearbejdelse. Der tale om både et samspil og et modspil.

Samspillet kommer blandt andet til udtryk i, at langt de fleste gammeltestamentlige læsninger i alterbogen 1992 stammer fra liturgikommissionens lilla betænkning 1985. I den autoriserede alterbog er der 141 gammeltestamentlige perikoper, og af dem er der over 100 perikoper, som findes både i den lilla betænkning og den autoriserede alterbog.[9] Det er altså liturgikommissionen, der har sat et afgørende præg på alterbogens valg af gammeltestamentlige perikoper. I den autoriserede alterbog 1992 er der kun 29 gammeltestamentlige perikoper, som ikke findes i den lilla betænkning 1985.

I et vist omfang var der dog også tale om et modspil i valget af gammeltestamentlige perikoper. Dette modspil kommer eksempelvis til udtryk i den programmatiske udtalelse fra biskopperne om, at de gammeltestamentlige læsninger skal »læses på gudstjenestens betingelser og nutidens vilkår«.[10] Denne formulering er bevidst polemisk i forhold til en tilsvarende programmatisk udtalelse fra liturgikommissionen om, at den

8 I *Kirkehistoriske Samlinger* 2010, s. 167-196, findes en redegørelse for forløbet af biskop Olav C. Lindegaard fra Haderslev, der fungerede som koordinator for biskopperne i denne sag: 'Den Danske Alterbogs tilblivelse'. Endvidere kan henvises til forordet i biskoppernes *Oplæg til Gudstjenesteordning* (juni 1991), s. VII-XVI.

9 I denne sammentælling ser jeg bort fra forskelle i perikopeafskæring og forskelle i placering i kirkeår og tekstrække.

10 *Oplæg til gudstjenesteordning* (juni 1991), s. XIII.

foreslåede gammeltestamentlige indgangslæsning skal »skal lyde i kirken på sine egne betingelser«.[11] Det er fristende at sætte de to formuleringer op mod hinanden, og det er heller ikke forkert at gøre det. Men de to formuleringer er ikke nødvendigvis hinandens modsætninger. De er begge formuleret i en bestemt polemisk kontekst. Og ingen af dem er helt dækkende for det faktiske perikopevalg. Hvis de to principper var helt uforenelige, måtte perikopevalget jo også falde helt forskelligt ud. Men det var ikke tilfældet.

En bred økumenisk bevægelse

Det store og afgørende spørgsmål i denne sammenhæng må være, om der i det hele taget skal være en fast gammeltestamentlig læsning i gudstjenesten. Det var spørgsmålet dengang i 1970'erne og 1980'erne. Og det må det vel også være i dag? Men dette hovedspørgsmål vil jeg ikke gøre meget ud af i denne sammenhæng. Det var mere eller mindre en given sag, at sådan skulle det være. Det var foreslået af liturgikommissionen, at der skulle være en gammeltestamentlig læsning på alle kirkeårets søndage og helligdage. Og dette forslag var der ret bred tilslutning til i folkekirken som helhed. Der var tre hovedargumenter for at indføre en gammeltestamentlig læsning som den første af gudstjenestens bibelske læsninger:

- Et ønske om en bredere bibelbrug i gudstjenesten. Det Gamle Testamente er en del af den kristne bibel, men denne del af Bibelen blev tidligere kun brugt i meget beskedent omfang i gudstjenesten.
- Et teologisk argument var, at første trosartikel om Gud Fader og skabelsen og menneskelivet også er en del af den kristne tro. Den side af den kristne var tidligere underrepræsenteret i gudstjenestens bibellæsninger.
- Et liturgihistorisk argument var, at Det Gamle Testamente i tidligere gudstjenesteordninger (i den tidlige oldkirke især) blev

[11] Den grå betænkning (1975), s. 199. Se endvidere s. 212.

brugt meget mere, end det var tilfældet i den danske gudstjeneste siden reformationen. Her ville man vende tilbage til rødderne – reformere i ordets oprindelige betydning.

Hvis man kun betragter spørgsmålet om gammeltestamentlige læsninger som et isoleret dansk fænomen, tager man afgørende fejl. Indførelsen af gammeltestamentlige læsninger i Den Danske Folkekirke var et led i en bred økumenisk bevægelse. Det startede i den katolske kirke efter Andet Vatikanerkoncil, men har rødder længere tilbage. I 1969 kom den romersk-katolske *Ordo Lectionum Missae* med et helt nyt perikopesystem og en ny gudstjenesteordning, som normalt havde en indledende gammeltestamentlig læsning. De anglikanske og lutherske kirker fulgte hurtigt efter.

Allerede i 1968 tog Det Lutherske Verdensforbund sagen op og lavede nogle vejledende retningslinjer. Heri indgik en indledende læsning fra Det Gamle Testamente, samt en anbefaling af, at man så vidt muligt skulle holde sig til den klassiske (gamle) tekstrække. Der blev arrangeret nogle regionale konferencer, der skulle arbejde med sagen og forsøge at koordinere de enkelte kirkers reformarbejde. Der blev også nedsat en nordisk perikopekomité, der arbejdede i begyndelsen af 1970'erne. Der var tre danske repræsentanter: biskop Johs. W. Jacobsen, Paul Seidelin og professor Christian Thodberg.[12]

Arbejdet i denne nordiske komité må have været præget af nogle modsætninger, især mellem de svenske og danske repræsentanter. Og det er mit indtryk, at den markante formulering fra den grå betænkning 1975 om, at den gammeltestamentlige indgangslæsning skal lyde på sine

12 Der findes nogle korte omtaler af den nordiske perikopekomité i liturgikommissionens betænkninger: Side 8 i den grå betænkning 1975 og side 29-30 i indledningsbindet til den lilla betænkning 1985. Til brug for arbejdet i liturgikommissionen og i den internordiske perikopekonference udarbejdede Peter Balslev Clausen efter anvisninger fra Chr. Thodberg en *Synoptisk oversigt over tekstlæsningerne på søn- og helligdage i Danmark, Norge, Sverige, Finland, Tyskland og i den romersk-katolske kirke omfattende aktuelle prøveordninger* (Præstehøjskolen, sept. 1970, duplikeret).

egne betingelser er formuleret polemisk i denne kontekst. Den er formuleret i opposition til en ordning, som man lidt senere kan se udfoldet i fx *Den Svenska Evangelieboken* fra 1983. Her har hver søndag sin egen tematiske overskrift. Evangelielæsningerne i de tre rækker er valgt med henblik på at passe til dette tema. Og de indledende gammeltestamentlige læsninger er valgt med henblik på at passe med det tema, som man finder i evangeliet.

Den danske liturgikommission valgte en anden løsning: Man gav bevidst afkald på tematiske sammenhænge og forsøgte i stedet at give de bibelske læsninger deres egen selvstændige funktion i gudstjenestens forløb. I gudstjenestens indledning høres en læsning fra Det Gamle Testamente, som handler mere elementært om menneskelivet og Gud Fader og det skabte liv. Og i gudstjenestens slutning høres en læsning fra epistlerne i Det Nye Testamente, som sender mennesket tilbage til hverdagslivet i lyset af det evangelium, der er kommet til udtryk i evangelielæsningen og den opfølgende prædiken.

Liturgikommissionens to betænkninger: den grå 1975 og den lilla 1985

Langt de fleste af de gammeltestamentlige læsninger i den autoriserede alterbog stammer fra liturgikommissionens lilla betænkning fra 1985. Så derfor er det naturligt især at se på principperne for valg af gammeltestamentlige perikoper i liturgikommissionens to betænkninger.

Liturgikommissionen blev nedsat af Kirkeministeriet og arbejdede i perioden fra 1970 til 1987. Undervejs i det ret lange forløb skete der nogle udskiftninger i kommissionen, og personer udefra blev inddraget i arbejdet. De gennemgående personer var kommissionens formand, biskop Johs. W. Jacobsen, professor Niels Hyldahl, Anna Sophie Seidelin og Christian Thodberg. Jeg er tilbøjelig til at betragte Thodberg som nøglepersonen, når det drejer sig om perikopestruktur og perikopevalg i alterbogen. Fra Københavns Universitet deltog Niels Hyldahl og Erik A. Nielsen i arbejdet med alterbogen. Desuden blev professor Eduard Nielsen inddraget i arbejdet med at opstille en ny gammeltestamentlig række i den lilla betænkning og har skrevet et afsnit specielt om de gammeltestamentlige læsninger i indledningen til den lilla betænkning.[13]

I denne sammenhæng mener jeg, at det er bedst at koncentrere sig om den grå betænkning fra 1975. Det er her principperne for valg af gammeltestamentlige perikoper fremtræder klarest. Det er her der argumenteres for, at den gammeltestamentlige indgangslæsning har en speciel funktion i gudstjenestens helhed. Den grå betænkning er en foreløbig delbetænkning og er ikke underskrevet af kommissionen som helhed, men kun af de fire medlemmer af det pågældende udvalg: Niels Hyldahl, Johs. W. Jacobsen, Erik A. Nielsen og Christian Thodberg.

Den lilla betænkning fra 1985 modificerer principperne – i hvert fald ifølge Eduard Nielsen, som først blev inddraget i arbejdet på et senere tidspunkt – og går lidt mere i retning af tematiske læsninger. Men der er lagt en linje i 1975, og den sætter også sit præg på den autoriserede alterbog fra 1992.

En forskel mellem den grå betænkning fra 1975 og den lilla fra 1985 er, at der i 1975 kun var én gammeltestamentlig indgangslæsning til hver søndag, mens der i 1985 var to gammeltestamentlige læsninger, én til hver tekstrække. Jeg betragter det som en mindre forskel. Men det er på den anden side klart, at når en gammeltestamentlig læsning kun skal høres sammen med én bestemt evangelietekst, er det nemmere og mere oplagt at lade evangeliet være medbestemmende for valget af gammeltestamentlig perikope. Det var ikke helt så nemt i den grå betænkning, hvor én gammeltestamentlig læsning skulle høres sammen med to forskellige evangelietekster fra hver sin tekstrække. På visse dage i kirkeåret kunne evangelieteksterne godt være ret forskellige, fx nytårsdag.

Det centrale punkt i den grå betænkning var forslaget om, at de bibelske læsninger skulle have hver deres funktion i gudstjenestens helhed. Og dette punkt hænger – efter min vurdering – ret tæt sammen med modstanden mod tematiske tekstlæsninger. I efterskriftet til den grå betænkning formuleres det således:

13 Eduard Nielsen, 'Om de gammeltestamentlige læsninger ved gudstjenesten', i *Forslag til Alterbog, Indledning* (København 1985), s. 32-39.

> Indgangslæsningen fra Det gamle Testamente understreger menneskets skabthed og de til alle tider gældende livsvilkår og giver samtidigt den nødvendige historiske baggrund for Jesu forkyndelse i evangeliet, herunder også forjættelserne om Kristi komme. Det gamle Testamente skal lyde i kirken på sine egne betingelser. Spændingen mellem loven og evangeliet skal fastholdes i al sin skarphed, således at modsætningen i sin aktuelle udformning kan tages op i prædikenen. Den gammeltestamentlige læsning kommer derfor ofte til at stå som en kontrast til det følgende i gudstjenesten – som lov i forhold til evangelium eller som forjættelse i forhold til opfyldelse. Den gammeltestamentlige læsning behøver derfor ikke tematisk at forudgribe søndagens forkyndelsesmæssige indhold i evangeliet, men skal snarere virke som en almindelig introduktion, der kunne være lige så god på hvilkensomhelst søndag.[14]

Lidt senere i efterskriftet bemærkes, at denne overvejelse bevidst går »imod tendensen til ensidigt at lade teksternes udvælgelse og funktion bestemme af et bestemt overordnet tema eller motto for hver søndag«.[15] Dette princip for valg af gammeltestamentlige læsninger resulterer i et tekstvalg, der i et vist omfang afviger fra det, som de andre lutherske kirker vælger. I praksis er der nu mange søndage, hvor den danske liturgikommission ender med at vælge samme tekst som fx den tilsvarende svenske gruppe, selv om principperne altså er forskellige.

Hvad angår de nytestamentlige epistelperikoper fører princippet om teksternes selvstændige funktion i gudstjenesten til et radikalt anderledes forslag, der giver højmessen en ny helhedsstruktur. Epistlen er i alle tidligere og nuværende perikopeordninger placeret før evangelielæsningen.[16] I liturgikommissionens forslag flyttes epistlen til gudstjenestens

14 Den grå betænkning, s. 199-200.

15 Den grå betænkning, s. 201.

16 Det forsøgte jeg at påvise, hvad angår de oldkirkelige perikopeordninger i østkirken, i artiklen: 'Skrifternes segl. En oversigt over de bibelske læsninger

afslutning umiddelbart før den aronitiske velsignelse og tildeles en helt ny funktion som udgangslæsning.

Epistlens nye funktion som udgangslæsning hænger sammen med et andet overordnet princip for perikopevalget, nemlig at man så vidt muligt ville opretholde den gamle klassiske tekstrække, der har rødder tilbage til oldkirkelig romersk liturgi. Epistelvalget fra den gamle tekstrække bevares i ret stort omfang og befries fra at skulle fungere tematisk sammen med dagens evangelielæsning. I stedet får epistlen en ny funktion, som i betænkningen formuleres således:

> Som udgangslæsning får den gamle epistel en tydelig funktion inden for den enkelte søndagsgudstjenestes ramme. Den får en bestemt opgave i helheden, og derved befries den fra at skulle underordnes et bestemt samlende tema. Den skal ikke »ligne« noget. Den står på sin plads med sin funktionelle ret som i den bibelske sammenhæng, hvorfra den er taget.[17]

Det er den samme tankegang om epistellæsningens selvstændige funktion i gudstjenestens helhed, der også kommer til udtryk i begrundelserne for den gammeltestamentlige indgangslæsning. Den befries fra at skulle underordnes et bestemt samlende tema for den pågældende søndagsgudstjenesten. Den får sin egen selvstændige funktion i gudstjenestens helhed.

Ved perikopevalget til udgangslæsningen kunne man i alt væsentligt holde sig til den gamle klassiske epistelrække. Men det var ikke en mulighed for de gammeltestamentlige læsninger. For i den gamle tekstrække blev der ikke brugt gammeltestamentlige læsninger på søndage og de

i østkirkens gudstjeneste i 4.-8. århundrede', i *Patristica Nordica* 2 (Religio 25, Lund 1987), s. 107-138. Artiklen er genoptrykt i Holger Villadsen, *Perikoper og kirkeår i oldkirken* (København 2010), s. 11-50.

17 Den grå betænkning, s. 201.

store festdage. De blev i stedet brugt på hverdage.[18] Så valget af gammeltestamentlige perikoper skulle i alt væsentligt ske helt forfra.

Principperne fra den grå betænkning blev måske modificeret lidt i den lilla betænkning fra 1985, men der var stadigvæk en epistel, der havde en selvstændig gudstjenstlig funktion som udgangslæsning. Og den gammeltestamentlige læsning havde stadigvæk en selvstændig gudstjenstlig funktion som indgangslæsning. I kraft af indførelsen af en dobbelt række gammeltestamentlige læsninger var der blevet plads til i lidt højere grad at lade tematiske hensyn spille ind ved tekstvalget. Men efter min vurdering var det grundlæggende princip for valget af gammeltestamentlige læsninger opretholdt. Og det var stadigvæk sådan, at der forud for evangelielæsningen kun var én bibelsk læsning, og det var en gammeltestamentlig læsning.

Biskoppernes arbejde i relation til liturgikommissionens arbejde

Da jeg i efteråret 1988 blev involveret i liturgirevisionsarbejdet på overordnet niveau var situationen den, at biskopperne hver for sig i begyndelsen af 1988 havde indkaldt udtalelser fra menighedsråd og præster om liturgikommissionens lilla betænkning fra 1985. Biskopperne havde læst beretningerne fra eget stift, men de havde også brug for en samlet bearbejdelse af udtalelserne fra hele landet. Jeg blev spurgt, om jeg ville påtage mig den opgave. Det sagde jeg ja til og gik i gang med arbejdet fra 1. august 1988.[19]

18 Jf. min artikel *Würzburger Comes. En brik til historien om første tekstrække* (internetpublikation på www.patristik.dk/Patristik10.pdf). Den er optrykt i artikelsamlingen: Holger Villadsen, *Perikoper og kirkeår i oldkirken* (København 2010), s. 129-179. Würzburger Comes er den ældste romerske epistelliste fra 600-tallet. Til kirkeårets søndage er der kun én tekst, og det er altid en nytestamentlig epistel. Der er i listen næsten lige så mange gammeltestamentlige læsninger, men de læses på andre dage i kirkeåret end på søndage, især på hverdage i fastetiden og på tamperdage.

19 Jeg havde haft orlov fra min sognepræstestilling i Vestenskov i to år, mens jeg havde et seniorstipendium ved Aarhus Universitet om nogle græske prædikener fra Konstantinopel omkring år 400. Formelt set vendte jeg til-

Jeg lavede en intern rapport til biskopperne, som blev forelagt på et bispemøde i november 1988. Året efter, i 1989, blev der publiceret en kortfattet oversigt om udtalelserne i *Kritisk forum for praktisk teologi*.[20]

Hvad angår den foreslåede indgangslæsning fra Det gamle Testamente var der bred tilslutning til forslaget om at udvide den danske gudstjenesteordning med en indledende gammeltestamentlig læsning – både blandt brugere og ikke-brugere. Der var flere, der kritiserede de principper, som liturgikommissionen havde lagt til grund for tekstudvalget, herunder især formuleringen fra den grå betænkning om, at »Det gamle Testamente skal lyde i kirken på sine egne betingelser«. Og der var også flere der anførte, at de fandt gammeltestamentlige 'kontrasttekster' uheldige. Så vidt jeg kunne læse mig til, var der ikke megen forståelse for liturgikommissionens princip om at undgå tematiske tekstlæsninger. Men i et vist omfang var princippet i praksis også allerede blevet modificeret i den lilla betænkning i forhold til den oprindelige grå betænkning.

Biskoppernes konklusion var, at der var den nødvendige brede tilslutning til at indføre gammeltestamentlige læsninger.

Derimod var holdningerne meget mere delte til forslaget om at bruge epistlen som udgangslæsning. Blandt brugerne af forslaget var der for-

bage til min sognepræstestilling, men det første år var jeg fritaget for mine forpligtelser som sognepræst. I stedet fungerede jeg som sekretær for biskopperne. Denne funktion som 'liturgisk sekretær' kom til at strække sig over en del år, indtil de liturgiske bøger var blevet publiceret: alterbog (1992), ritualbog (1992), alterbogstillæg (1993) og musiktillæg (1994).

20 Holger Villadsen, 'Tilbagemeldinger på Liturgikommissionens Alterbogsforslag. En foreløbig oversigt ved forsøgsperiodens udløb', i *Kritisk forum for praktisk teologi*, nr. 35 (1989), s. 5-18. Afsnittet om indgangslæsningen fra Det Gamle Testamente findes s. 9-11. Artiklen er genoptrykt i Holger Villadsen, *Folkekirkens gudstjenestereform 1992* (København 2011), s. 27-42. Der er også mulighed for selv at læse papirerne fra de ca. 450 pastorater, som udtalte sig, idet kopier findes på Rigsarkivet som en del af de liturgiarkivalier, som jeg afleverede i 2011. Det var ikke muligt at lave nogen præcis opgørelse af udtalelserne, da de var frit og individuelt formuleret. Jeg indtastede dog alle besvarelserne i en database for bedre at kunne orientere mig i det forholdsvis store materiale og for bedre at kunne lave sammentællinger.

mentlig et flertal for ordningen, og man henviste især til Erik A. Nielsens artikel i indledningsbindet til den lilla betænkning.[21] Langt de fleste ikke-brugere af betænkningen var kritiske eller afvisende over for en udgangslæsning, som ofte havde været en hovedårsag til, at man ikke havde ønsket at afprøve alterbogsforslaget i sin helhed, selv om man var positive over for andre elementer i alterbogsforslaget.

Biskoppernes vurdering var, at forslaget om en udgangslæsning var et problematisk element i liturgikommissionens forslag til ny alterbog, og at det ikke var en farbar vej frem at gøre det til et obligatorisk element i en ny gudstjenesteordning. Men hvad så? Det var i væsentlig omfang det forslag, der bar hele forslaget fra liturgikommissionen. Hvis man sagde nej til det, var man nødt til at gennemgå alle læsninger til alle kirkeårets søn- og helligdage. Og det gjorde man så.

Biskopperne nedsatte tre underudvalg bestående af 2-3-4 biskopper. Jeg var sekretær i alle tre underudvalg. Der var et underudvalg, der tog sig af de bibelske læsninger, og det bestod af Herluf Eriksen (Aarhus), Olav Lindegaard (Haderslev) og Helge Skov (Ribe). Et andet underudvalg tog sig af ritualerne og højmesseordningen, herunder også de forskellige muligheder for perikopestruktur. Ritualudvalget bestod af Henrik Christiansen (Aalborg) og Vincent Lind (Fyen). Hvert halve år holdt biskopperne et to-dages møde med kun liturgi på dagsordenen, hvor underudvalgenes arbejde blev fremlagt og taget stilling til. Og derefter gik arbejdet tilbage til underudvalgene. Der blev holdt bispemøder i november 1988, maj 1989, november 1989, april 1990 og november 1990.[22]

21 Erik A. Nielsen, 'Gudstjenestens liturgi', i *Forslag til Alterbog, Indledning* (København 1985), s. 55-71.

22 Hvis man er interesseret i at undersøge arbejdet nærmere, er der muligheder for at se i mine liturgiske arkivalier, der nu ligger i Rigsarkivet. Der er muligvis også mulighed for at se arkivalier fra de enkelte bispeembeder i de relevante landsarkiver. Men det er kun muligt at få et samlet overblik over arbejdet i mine arkivalier. Men man vil i de fleste tilfælde lede forgæves efter konkrete argumenter for eller imod en bestemt gammeltestamentlig læsning. Papirerne afspejler beslutningerne, men ikke argumenterne eller overvejelserne.

Alle de gammeltestamentlige læsninger blev undervejs i arbejdet overvejet i lyset af de bemærkninger, der var kommet til liturgikommissionens to betænkninger. Og der blev for hver plads lavet en oversigt over, hvordan det forholdt sig til den gældende alterbog, de foreløbige ændringer fra 1973, prøvealterbogen fra 1958 og de nye ordninger i Norge, Sverige, Finland og Tyskland. Men der var en del søndage, hvor man af forskellige grunde ikke bare kunne følge liturgikommissionens forslag. Der var nogle afvigelser i kirkeåret, og der var nogle afvigelser i evangelieteksterne.

Epistellæsningerne fra Det Nye Testamente eksisterede jo i princippet ikke i liturgikommissionens forslag og måtte nyvælges. For det meste blev det dog de epistler, der allerede var i brug i den foreliggende alterbog. Det vil jeg ikke gøre meget ud af i denne sammenhæng, hvor emnet er de gammeltestamentlige læsninger.

Evangelielæsningerne fulgte for det meste liturgikommissionens forslag, men gik nogle gange tilbage til den eksisterende alterbog. Undervejs i biskoppernes arbejde kom der også et par kirkeårsændringer udover dem, som var foreslået af liturgikommissionen. Der kom blandt andet en sidste søndag efter helligtrekonger og en sidste søndag i kirkeåret.

I december 1990 var der et oplæg færdigt, som blev sendt i en indbudt (lukket) høring. De enkelte biskopper sendte to eksemplarer af oplægget til hvert provsti (via provsten) og bad om udtalelser om forslaget med en høringsfrist til 1. marts 1991.[23]

Dette reviderede forslag til alterbog gik ud fra, at der til hver søn- og helligdag skulle være to tekstrækker med hver tre tekster: en gammeltestamentlig læsning, en epistellæsning fra Det Nye Testamente og en evangelielæsning. I den første del af arbejdet var forudsætningen, at denne alterbog skulle kunne bruges til forskellige perikopestrukturer – at der skulle være en betydelig lokal valgfrihed. Så forslaget til højmesseordning havde indbygget to-tre alternativer for hver af højmessens fire hoveddele.

23 Dette første oplæg til høring fra december 1990 blev ikke trykt, kun fotokopieret på de enkelte bispekontoret. På min private hjemmeside findes en pdf-version af højmesseordningen og de forskellige alternativer: www.sejrupvilladsen.dk/LN-08.pdf.

Højmesseordningen i dette oplæg fra december 1990 gik ud fra den gamle perikopestruktur: Førstelæsning – Evangelium – Evangelium. Førstelæsningen kunne være enten en lektie fra Det Gamle Testamente eller en epistel fra Det Nye Testamente. Men der var desuden to alternativer, som i princippet var ligestillede. Den ene havde tre læsninger, hvoraf den første altid var en gammeltestamentlig læsning, og den anden en nytestamentlig epistel. Den anden havde kun to læsninger, hvoraf den første kunne være enten en lektie fra Det Gamle Testamente eller en epistel fra Det Nye Testamente. Perikopevalget i dette høringsoplæg havde altså ikke som præmis, at de bibelske læsninger i højmesseordningen altid blev indledt med en gammeltestamentlig læsning.

Der kom i foråret 1991 ret mange og fyldige svar på høringen. Men der kom også nogle ret skarpe konfrontationer mellem medlemmer fra den tidligere liturgikommission og biskopperne. Oplægget blev kritiseret for at være et tag-selv-bord. Svarene fra høringen blev gennemgået og bearbejdet i april og maj 1991, herunder et bispemøde i Askov, maj 1991. Biskopperne valgte at stramme oplægget til højmesseordning, sådan at der var en klar normalordning med tre læsninger, hvoraf den første var en gammeltestamentlige læsning, den anden en nytestamentlig epistel og den tredje dagens evangelietekst. Det var sådan det fremtrådte i biskoppernes efterfølgende høringsoplæg fra juni 1991, og det var også den løsning, som man havde valgt i de sammenlignelige nabokirker.

Derefter var der en fornyet høringsrunde. Denne gang var det en helt åben høring på grundlag af et bogtrykt oplæg: *Oplæg til Gudstjenesteordning, juni 1991.*[24] Det er i dette oplæg, at man finder biskoppernes formulering af principperne for valget af gammeltestamentlige perikoper:

> I valget af gammeltestamentlige læsninger er der lagt afgørende vægt på at fremdrage tekster, der forkynder Gud som skaber og Herre, Guds trofasthed, men også Guds uudgrundelighed. Tekster, der belyser mennesket i tro og tvivl, med håb mod håb, har ligele-

24 Bogen blev trykt af Materialecentralen og solgt gennem bispekontorerne. Der blev trykt ca. 4.000 eksemplarer.

> des en central placering. Det samme gælder de messianske forjættelser. Teksterne læses på gudstjenestens betingelser og nutidens vilkår.
>
> Der er ikke valgt tekster ud fra ønsket om, at de skal leve op til at være spændende, oplysende eller underholdende. Fortællende tekster er kun medtaget, for så vidt de samtidigt indeholder et væsentligt budskab. Der er derfor kun et begrænset sammenfald mellem bibelhistoriske fortællinger, som er en skole- og oplysningssag, og tekster valgt til gudstjenestebrug.
>
> Tekstvalget som helhed bygger grundlæggende på de foreliggende tekster i den autoriserede alterbog og på liturgikommissionens forslag af 1985. Ændringer i tekstudvalget er udover de ovenfor anførte grunde især betinget af, at alle tre læsninger (gammeltestamentlig læsning, epistel, prædikenevangelium) er læst før prædikenen. Tekstvalget bør bære præg af indre helhed og sammenhæng.[25]

Hvad angår perikopestrukturen var det dog foreslået, men ret diskret, at der fortsat skulle være mulighed for at anvende den tidligere højmesseordning med to evangelielæsninger eller holde en kortere gudstjeneste med kun to bibelske læsninger.[26]

Selv om høringen denne gang var offentlig og alle havde mulighed for at kommentere oplægget, kom der ikke så mange svar som i den første lukkede høring. Men de svar der kom, blev gennemgået og overvejet i de relevante underudvalg og i plenum i efteråret 1991 og foråret 1992. Der blev i denne periode arbejdet intensivt med nye indledningskollekter. Der blev også foretaget nogle ændringer i alterbogens perikopevalg, men det var for det meste kun justeringer af perikopeafskæringer i forhold til høringsoplægget fra juni 1991. Hvad angår de bibelske læsninger var det afgørende i denne fase af arbejdet, at der kom nogle præciseringer af, hvordan højmesseordningen skulle være, når der kun var to læsninger,

25 *Oplæg til gudstjenesteordning* (juni 1991), s. XIII.

26 Se indledningen til alterbogsafsnittet i *Oplæg til gudstjenesteordning* (juni 1991), s. 25.

idet der til højmesseordningens pkt. 6 med den gammeltestamentlige læsning blev tilføjet en note 2. Og i selve alterbogen blev der tilføjet nogle vejledende stjerner, som markerede, om det var den gammeltestamentlige læsning eller epistlen, der skulle foretrækkes som den første bibelske læsning, når der kun var én bibelsk læsning forud for evangeliet.

I april 1992 afleverede biskopperne en indstilling til kirkeministeren med et revideret forslag til ny alterbog og ny højmesseordning. Efter nogle kontroverser om Fadervor og Den aronitiske Velsignelse blev biskoppernes indstilling autoriseret i juni 1992 og trykt som en ny alterbog med den nye bibeloversættelse. Alterbogen blev præsenteret og udgivet en uge efter den nye bibeloversættelse. Den præcise dato var den 17. november 1992.

Samtidigt med alterbogen blev der trykt en *Ritualbog*. Til forskel fra alterbogen er ritualbogen ikke autoriseret som helhed. Ritualbogen er en samling af autoriserede ritualer, herunder også højmesseordningen fra alterbogen, samt forskellige uautoriserede vejledninger. Til de uautoriserede vejledninger hører en højmessevejledning, som er udarbejdet af biskopperne i 1992.[27] Da højmessevejledningen kun er trykt i præstens ritualbog og ikke findes i salmebogens ritualbog, kan det være nyttigt og relevant for forståelsen af højmessens perikopestruktur og brugen af gammeltestamentlige læsninger at citere fra pkt. 7 i denne vejledning:

> De bibelske læsninger i de enkelte dage i kirkeåret læses fra alterbogen. Der læses normalt tre læsninger: Første læsning er fra Det Gamle Testamente (lektie), anden læsning er en epistel eller lektie fra Det Nye Testamente, og sidste læsning er dagens læsning.
>
> ...
>
> Ved morgengudstjenester og andre tilsvarende faste gudstjenester, samt gudstjenester med dåb, kan læsningen fra Det Gamle Testamente eller læsningen fra Det Nye Testamente (epistel/lektie) udelades, sådan at der kun er to læsninger. Hvor det er

[27] *Gudstjenesteordning for Den Danske Folkekirke: Ritualbog* (København: Det Kgl. Vajsenhus' Forlag 1992), s. 9-16.

> vedtaget, kan samme ordning anvendes ved alle faste gudstjenester. Den tekst, der bør foretrækkes som første læsning, er markeret med en stjerne. Anden læsning er dagens evangelium.
>
> Såfremt den tidligere højmesseordning med to evangelielæsninger anvendes, udelades enten læsningen fra Det Gamle Testamente eller læsningen fra Det Nye Testamente (epistel/lektie). Den tekst, der bør foretrækkes som første læsning, er markeret med en stjerne. Som anden læsning læses evangeliet fra den tekstrække, hvorover der ikke prædikes.[28]

I løbet af foråret 1993 blev der trykt et tillæg til salmebogen med en version af den nye alterbog beregnet til brug for kirkegængere. Senere på året kom de første udgaver af salmebogen med en ny tekstdel, og der kom også et uautoriseret *Tillæg til Alterbogen*, som indeholdt udgangslæsninger med udgangspunkt i liturgikommissionens lilla forslag 1985, men tilpasset de kirkeårsændringer, som blev indført sammen med alterbogen i 1992. Hvis man brugte en udgangslæsning, var forudsætningen, at gudstjenestens første læsning var en gammeltestamentlig læsning.[29]

Modtagelsen af alterbogen 1992

Det er ikke en hverdagsbegivenhed i dansk kirkeliv, at der bliver autoriseret en helt ny alterbog. *Den Danske Alterbog* fra 1992 var i princippet den første alterbog, der var blevet autoriseret som en helhed siden Baggers alterbog fra 1688. Der var sket del forandringer siden 1688, men det var formelt set kun ændringer eller justeringer i forhold til den eksisterende alterbog, fx indarbejdelse af en ny bibeloversættelse eller en revisi-

28 *Ritualbog* (1992), s. 12-13. Som en del af den autoriserede højmesseordning er der også formuleret nogle regler for, hvilke ændringer der kræver, at præsten får menighedsrådets samtykke. Pkt. 5 i disse regler nævner: »Udeladelse af én af læsningerne (reduktion til to læsninger, jf. note 2)«. Se *Ritualbog* (1992), s. 37 eller *Den Danske Alterbog* (1992), s. 28.

29 *Gudstjenesteordning for Den Danske Folkekirke: Tillæg til Alterbogen* (København: Det Kgl. Vajsenhus' Forlag 1993), s. 229.

on af indledningskollekterne. Den mest markante ændring i perioden var uden tvivl indførelsen af anden tekstrække i slutningen af 1800-tallet.

Men selv om det formelt set var en større nyordning, blev nyordningen ikke fulgt op af et krav om, at det efter en bestemt dato var obligatorisk at bruge den nye alterbog og de gammeltestamentlige læsninger. Man holdt sig til dansk praksis, hvor beslutningerne træffes decentralt i de enkelte sogne. Alterbogen blev kun taget i brug, hvor både præst og menighedsråd ønskede det. Hvis præsten ikke ønskede det, kunne det ikke blive til noget. Og hvis menighedsrådet ikke var med på det, blev det heller ikke til noget. Sådan er bestemmelserne i menighedsrådsloven.

Og der blev ikke iværksat kampagner eller introduktionskurser rundt om i landet for fremme eller agitere for ibrugtagning af alterbogen. Jeg skrev nogle artikler til Præsteforeningens Blad og Menighedsrådenes Blad, men ellers var der ikke noget på landsplan.[30] Det virkede dog, som om den nye alterbog hurtigt blev taget i brug. Og det blev helt klart understøttet af, at alterbogen endte med at udkomme samtidigt med den nye bibeloversættelse.

Et par år senere, i 1995, blev der foretaget en undersøgelse af, hvad aktuel gudstjenestepraksis var i hele landet. Jeg stod – efter aftale med biskopperne – for de store linjer i undersøgelsen, som var ret enkel og elementær. Den umiddelbare foranledning til undersøgelsen var en henvendelse fra Vajsenhusets Forlag, som gerne ville have afklaret behovet for trykning af liturgiske bøger.

De enkelte stifter udsendte et spørgeskema til alle stiftets præster. De besvarede spørgeskemaer blev sendt til bispekontoret i Nykøbing

30 I *Præsteforeningens Blad* skrev jeg i oktober 1992 en introducerende artikel: 'Den nye alterbog og højmesseordning' (årgang 82, nr. 44), s. 873-883. Og i samme blad skrev jeg i 1994 en opfølgende artikel, da publiceringen af bøgerne til den nye gudstjenesteordning var ved at være afsluttet: 'Opfølgende bemærkninger til den nye gudstjenesteordning' (årgang 84, nr. 18), s. 377-386. Jeg har senere lavet en udgivelse af disse og andre artikler i samleværket: *Folkekirkens gudstjenestereform. Liturgiske artikler og foredrag* (København: Books on Demand 2011). Nogle af artiklerne findes også i pdf-versioner på min private hjemmeside: www.sejrupvilladsen.dk.

Falster, hvor besvarelserne blev tastet ind i en database. Der blev for hvert stift lavet en redegørelse for besvarelserne, og der blev lavet en sammentælling på landsplan. Til Præsteforeningens Blad for 1996 skrev jeg en kommenterende redegørelse for, hvordan situationen var.[31]

Spørgeskemaet var besvaret af 1.822 præster – langt de fleste. Den nye alterbog blev brugt af 90 %, mens den gamle blev brugt af 10%. Det er et ret højt tal, især når man tager hensyn til, at den ny alterbog kun kunne komme i brug ved et aktivt lokalt tilvalg, hvor både præst og menighedsråd skulle være enige.

Hvis man koncentrerer sig om de præster, der brugte den nye alterbog, viste det sig, at den nye normalordning med tre læsninger (GT – epistel – evangelium) blev brugt af 69%. Det var altså et klart flertal, der havde valgt en ordning, hvor der ved alle højmesser indledes med en gammeltestamentlig læsning. Biskoppernes valg af normalordning blev bakket op af brugerne.

Ordningen med kun to læsninger (note 2) blev brugt af 19%. Den gamle ordning med to evangelielæsninger blev brugt af 8%, og liturgikommissionens model med en udgangslæsning blev brugt af 7%.

I spørgeskema-undersøgelsen fra 1995 blev der ikke spurgt direkte om synet på gammeltestamentlige læsninger principielt eller konkret. Men hvis man var skeptisk eller afvisende overfor de gammeltestamentlige læsninger, havde man haft mulighed for at vælge andre højmesseordninger, hvor de indtog en mindre dominerende rolle. Så jeg tolker det helt klart som en positiv tilslutning til indførelsen af gammeltestamentlige læsninger, både fra præsterne og fra menighedsrådene.

31 Holger Villadsen, 'Gudstjenestepraksis 1995. Redegørelse for resultatet af en spørgeskemaundersøgelser i efteråret 1995 vedrørende brug af gudstjenesteordning', i *Præsteforeningens Blad* 86 (nr. 37, 1996), s. 761-772. Denne artikel er også genoptrykt i samleværket *Folkekirkens gudstjenestereform 1992* (2011), s. 241-261.

Personlig evaluering

Min vurdering her mere end 20 år efter autorisationen af *Den Danske Alterbog* i 1992 er fortsat, at det var en rigtig og en holdbar beslutning at indføre gammeltestamentlige læsninger.

Men jeg synes personligt, at der er et dilemma med perikopestrukturen, som det er vanskeligt at løse helt tilfredsstillende. Hvis der i hver højmesse skal være læsninger fra både Det Gamle Testamente, fra de nytestamentlige breve og fra evangelierne, må der være tre læsninger, sådan som der er i den danske normalordning, og sådan som der er i de fleste andre lutherske kirker, i den anglikanske kirke og i den katolske kirke.

Der er meget, der taler for ordningen med tre læsninger: GT – epistel – evangelium. Men tre læsninger er også noget af en udfordring, pædagogisk og liturgisk, så ud fra andre vurderinger vil det måske være bedre kun at have to læsninger.

I *Foreløbige Ændringer i Ritual- og Alterbog* fra 1973 var der kun to læsninger, nemlig epistel og evangelium.[32] Efter indledningskollekten var der en epistel, anden salme, evangelium (prædiketeksten), trosbekendelse, salme før prædikenen og prædiken. Antallet af læsninger blev reduceret til to i forhold til den gældende ordning ved kun at læse ét evangelium, nemlig dagens prædiketekst, og normalt læse det fra alteret.[33]

Liturgikommissionen har formentlig haft en tilsvarende fornemmelse over for dilemmaet, da man foreslog, at der skulle indføres en gammeltestamentlig indgangslæsning. I den grå betænkning fra 1975 kan man nemlig læse i efterskriftet:

32 *Foreløbige Ændringer i Ritual- og Alterbog* (København: Det kgl. Vajsenhus' Forlag 1973), s. 8-10. De foreløbige ændringer blev autoriseret ved kgl. resolution af 20. november 1972 på grundlag af liturgikommissionens første betænkning: *Betænkning om en foreløbig revision af højmessen* (Betænkning nr. 625, København 1971).

33 Ordningen og den foreløbige autorisation blev ophævet i 1992. Men en tilsvarende ordning findes i note 2 i den autoriserede højmesseordning fra 1992.

> 3 læsninger vil nemlig ofte være en for stor intellektuel udfordring for menigheden. Læsningen af det ekstra evangelium fra alteret kommer let til at nedbryde koncentrationen om det evangelium, der læses fra prædikestolen. Derfor foreslår man også her, at læsningernes antal i formessen indskrænkes til to, d.v.s. at man kun læser det evangelium, hvorover der prædikes.[34]

En mulig løsning på dilemmaet kunne være, at man brugte epistlen som udgangslæsning før den aronitiske velsignelse. På den måde er der i 'formessen' kun to læsninger, nemlig den gammeltestamentlige indgangslæsning og dagens evangelium. Det var liturgikommissionens forslag i de to betænkninger fra henholdsvis 1975 og 1985.[35] Det skal indrømmes, at det er en mulig løsning på dilemmaet, men det sker ved at indføre en dansk liturgisk særtradition uden historiske eller økumeniske paralleller. Og der kan også anføres teologiske forbehold over for at slutte gudstjenesten med en 'formaning'.

Dilemmaet blev ikke rigtigt løst i den autoriserede alterbog fra 1992. Og jeg tror egentlig heller ikke, at det kan løses. Normalordningen med den gammeltestamentlige indgangslæsning har tre læsninger, og det betyder, at den gammeltestamentlige læsning har en mindre markant placering i forhold til prædiketeksten. Der kommer en epistellæsning ind efter den gammeltestamentlige læsning og før evangelielæsningen. Det giver nogle pædagogiske og liturgiske problemer. Man kan savne en klar sammenhæng mellem de tre læsninger, og det kan være vanskeligt at inddrage alle tre bibelske læsninger i prædikenen. Desuden har trosbekendelsen fået en lidt pudsig placering og funktion mellem epistellæsning og evangelielæsning.

Note 2 med to bibelske læsninger i højmesseordningen fra 1992 har ikke de samme pædagogiske og liturgiske problemer, men til gengæld er der ikke altid en gammeltestamentlig læsning. Den første læsning er en-

34 Den grå betænkning (1975), s. 198-199.

35 For en ordens skyld skal bemærkes, at det kun mig, der stiller det op på denne måde som et dilemma. Jeg har ikke noget sted set liturgikommissionen gøre det.

ten en gammeltestamentlig læsning eller en nytestamentlig epistel. Det giver alt i alt færre gammeltestamentlige læsninger, til gengæld giver det en mere markant placering og mere oplagte muligheder for at inddrage den første læsning i prædikenen. Mange lægger også vægt på, at prædiketeksten læses fra prædikestolen, og det er som udgangspunkt ikke tilfældet i 'note 2' med to bibelske læsninger, idet evangeliet her læses fra alteret, før trosbekendelsen og salmen før prædikenen.

Det er både en svaghed og en styrke ved højmesseordningen fra 1992, at der er indbygget en del valgmuligheder og alternativer. Det er en svaghed, at perikopevalget ikke helt målrettet er tilpasset en bestemt perikopestruktur, men har ladet nogle valgmuligheder stå åbne. Efter min vurdering er det nu mest en styrke, idet det giver større fleksibilitet og større frihed til lokalt at vælge den løsning, som fungerer bedst i den lokale kirke.

Efterfølgende er en revideret udgave af talemanuskriptet til et foredrag ved en liturgidag i Odense, den 2. november 2016. Liturgidagen blev holdt som en fælles optakt for tre faggrupper, som biskopperne havde nedsat for at arbejde med folkekirkens liturgi. I et vist omfang genbruger jeg noget, som jeg har sagt eller skrevet tidligere, men det meste er skrevet til lejligheden og situationen.

Det liturgiske arbejde i Folkekirken

Foredrag ved liturgidag i Odense 2016

Indledning

Det er ikke en hverdagsbegivenhed i dansk kirkeliv, at der bliver autoriseret en helt ny alterbog. Den Danske Alterbog fra 1992 var i princippet den første alterbog, der blev autoriseret som en helhed siden Baggers alterbog fra 1688. Der var sket en del forandringer i løbet af de godt 300 år, men det var formelt set kun ændringer eller justeringer i forhold til alterbogen fra 1688, f.eks. indførelse af anden tekstrække i slutningen af 1800-tallet eller revisioner af indledningskollekterne. Derfor fik alterbogen i 1992 også en ny titel: *Den Danske Alterbog*.

I store træk var processen ganske enkel, men også ganske langstrakt. Kirkeministeriet nedsatte i 1970 en kommission, som arbejdede i 17 år og fremlagde nogle betænkninger. Kirkeministeren bad derefter biskopperne om en udtalelse om betænkningerne, og de anbefalede énstemmigt, at forslagene – efter nogle justeringer – blev autoriseret. Og således skete det. I 1992 autoriserede Dronningen en ny alterbog med en ny højmesseordning samt nogle nye ritualer. Selv om fødslen (eller måske bedre graviditeten) var langstrakt og ikke uden komplikationer, så kom der noget ud af det. Og det lever fortsat.

Et af de specielle træk ved processen forud for 1992 var, at bispekollegiet som helhed gik ind og arbejdede som en revisionsgruppe i fire år fra

1988 til 1992. For alterbogens vedkommende skete det på baggrund af udtalelser fra præster og menighedsråd efter en to-årig forsøgsperiode fra 1986 til 1988. Der blev lagt ret meget arbejde i revisionsarbejdet, og på visse områder var det ikke kun små justeringer, der blev foretaget. Intentionen var dog aldrig at starte forfra, helt fra grunden, men at bygge videre på liturgikommissionens arbejde og bruge det, som der var konsensus om.

Fokus i mit oplæg vil være den seneste fase med biskoppernes bearbejdelse og redaktion af betænkningerne fra Kirkeministeriets liturgikommission.

Jeg er måske kommet til at lægge for stor vægt på beslutningsprocesserne, og for lidt på indholdet. Jeg håber, der er kommet noget anvendeligt ud af det alligevel. Og det er nok også især på det punkt, at jeg har nogle erfaringer, som ikke mange andre har, og har været nødt til at gøre mig nogle overvejelser, som de fleste andre ikke har haft brug for at gøre sig.

Autorisation

Alterbøgerne, salmebøgerne og ritualerne er i Danmark autoriseret ved kongelig resolution. Sådan har det været i Danmark siden reformationen. I princippet kunne ritualer, alterbøger og salmebøger formentlig godt vedtages ved lov i folketinget. Når man i stedet har valgt at fortsætte den gamle tradition med rødder tilbage til enevældens tid, må det vel opfattes som udtryk for, at disse emner betragtes indrekirkelige forhold, som ikke er egnede til politisk behandling i folketinget.

Den kongelige resolution sker efter indstilling fra kirkeministeren. Den reelle afslutning af sagsbehandlingen sker med kirkeministerens indstilling. Der eksisterer mig bekendt ikke formelle regler for, på hvilket grundlag kirkeministeren kan afgive sin indstilling, men der eksisterer en praksis for, at kirkeministeren i indrekirkelige forhold kun indstiller en ændring til autorisation, hvis der efter en høring er et klart flertal for ændringen blandt biskopperne. Desuden foretager kirkeministeren formentlig en skønsmæssig vurdering af, om der er rimelig bred konsensus i folkekirken som helhed bag forslaget.

Biskopperne eller Bibelselskabet kan ikke bare gå direkte til Dronningen og få hendes underskrift. Dronningen må kun skrive under, hvis det sker efter indstilling fra kirkeministeren eller en anden minister.

Autorisationerne er med til at sikre fasthed og genkendelighed, men det er klart, at de samtidigt er en begrænsning på friheden. Autorisationerne på landsniveau giver dog også mulighed for en principiel decentralisering af de liturgiske beslutninger på sogneniveau. Det sidste er ikke nogen selvfølge, men sådan har praksis været i Danmark i de sidste 100 år eller mere.

Autoriserede ordninger kan dog udformes med forskellig balance mellem fasthed og frihed. På den ene side kan de udformes sådan, at man forsøger at træffe bestemmelser helt ned til de mindste detaljer. Det kalder jeg for 'rubricisme'. På den anden side kan de udformes sådan, at der er en meget stor grad af frihed og åbenhed i bestemmelserne. Der er stor forskel på ordene 'kan' og 'skal' (eller bare præsens).

I den autoriserede højmesseordning fra 1992 forsøgte man at give plads til mere frihed og flere valgmuligheder end tidligere. Og man var bevidst tilbageholdende med at give detaljerede anvisninger i alle mulige detaljer. I nogen grad blev valgmulighederne og friheden dog skjult under en fremhævet normalordning.

Alterbogstillægget fra 1993 gav nogle supplerende valgmuligheder udover de autoriserede muligheder. De supplerende valgmuligheder fik ikke Dronningens underskrift, men måtte nøjes med en lokal biskoppelig dispensation. Det drejede sig især om Anna Sophie Seidelins indledningskollekter fra liturgikommissionens lilla alterbogsforslag fra 1985. Men der var som bekendt mange andre tekster i Alterbogstillægget.

Decentralisering – til lokalt niveau

Ifølge den danske menighedsrådslov kan nye ritualer m.m. i det enkelte sogn kun tages i brug efter indstilling fra sognepræsten og med godkendelse af menighedsrådet. Der er altså tale om principiel decentralisering af beslutningsprocessen til det enkelte sogn, og ændringer kan kun gennemføres, når der er enighed mellem præst og menighedsråd.

Hvis man lokalt er blevet enige om at tage en ny autoriseret ordning i brug, behøver man ikke at indhente godkendelse fra andre instanser: provst, biskop eller kirkeministerium. Man behøver ikke engang at fortælle, hvad man er blevet enige om.

Denne fundamentale decentralisering i dansk gudstjenesteliv kan følges længere tilbage end til menighedsrådene. Også i 1800-tallet var det sådan, at indførelse af ny salmebog eller fx indførelse af anden tekstrække forudsatte, at der var tilslutning i menigheden. Der skulle laves en form for lokal afstemning i menigheden.

Decentraliseringen til det enkelte sogn er dog begrænset til bøger og ritualer, der er autoriseret ved kongelig resolution. Hvis præst og menighedsråd i det enkelte sogn ønsker ændringer, der afviger fra de autoriserede ordninger, har biskoppen ifølge menighedsrådsloven kompetence til at godkende »mindre ændringer«. Det må anses for overladt til biskoppen at skønne, hvad der er »mindre ændringer«. Men biskoppen har ikke kompetence til at godkende hvad som helst.

Denne liturgiske praksis giver en vis frihed. Man har i Danmark i nyere tid givet afkald på at tvinge nyordninger igennem. Fastheden er på den anden side sikret ved, at valgmulighederne er begrænset til autoriserede ordninger. Og så er der en sikkerhedsventil, som giver mulighed for at søge biskoppen om godkendelse af »mindre ændringer«. Men dispensationsbestemmelsen er tænkt som en undtagelsesbestemmelse – ikke som en normalordning.

En konsekvens af denne principielle decentralisering er, at tidligere autoriserede alterbøger og ritualer forbliver gyldige – også efter autorisation af nye ritualer og ny alterbog. Denne tradition er mig bekendt ikke formaliseret på noget plan, men må vel anses for en nødvendig følge af menighedsrådslovens bestemmelse om, at ny liturgi, nye ritualer og nye salmebøger først kan indføres, når der er enighed om det i det enkelte sogn.

En anden konsekvens af den principielle decentralisering er, at helt ens kan gudstjenesterne og ritualerne i folkekirken aldrig blive. I princippet kunne man tænke sig, at der slet ikke var nogen præster og menighedsråd, der var interesseret i at bruge alterbogen fra 1992. Men i praksis har de næsten alle besluttet sig for at bruge den.

Folket og frivilligheden

Autorisationerne er udtryk for en vis tvang. Det lader sig ikke skjule, og skal heller ikke skjules. Men den officielle tvang gennem autorisationerne har en stor og afgørende begrænsning. Folkets deltagelse i gudstjenester og ritualer er frivillig.

Tvangen gælder i forhold til præsterne og også i et vist omfang i forhold til menighedsrådene. Præsterne lover i præsteløftet med al ærefrygt og sømmelighed at forvalte de hellige sakramenter efter Kristi indstiftelse og udføre alt i overensstemmelse med de for folkekirken gældende forskrifter. Hvis de ikke gør det, kan det ende med en afskedigelse eller andre sanktioner.

Men tvangen rammer ikke uden videre folket – eller menigheden med et mere indforstået ord. De kan blive væk, undlade at bruge, melde sig ud. Sådan har det været siden midten af 1800-tallet. Og i praksis også meget længere tilbage. Så selv om man ikke foretager folkeafstemninger om liturgiske sager, er man nødt til også at tage til efterretning, hvad folket frivilligt vil være med til, og i et vist omfang indrette sig efter det. Sådan er betingelserne.

Noget af det, der er faldet bort på grund af manglende brug, er eksempelvis hverdagsgudstjenesterne. På nuværende tidspunkt er de 'pligtige' gudstjenester begrænset til højmessen på søn- og helligdage. Sådan var det ikke tidligere, hvor der var krav om forskellige hverdagsgudstjenester, fx fastegudstjenester. I Matzen-Timms Kirkeret fra 1891 overvejer forfatterne, om 'ikke-brug' kan sætte en eksisterende lov ud af kraft. Principielt benægter de det, men indrømmer dog, at det er et problem, hvis forudsætningerne for en given lovbestemmelse er faldet bort. De skriver:

> Naar Lovgivningen saaledes i Bestemmelser om Gudstjenestens Afholdelse særlig forudsætter Brugen som den Rettesnor, til hvilken den knytter sine Regler, finder dette sin Forklaring i, at den naturlige Forudsætning for Muligheden af Gudstjenestens Holdelse ikke blot er Præstens Nærværelse og Virksomhed, men ogsaa Menighedens Deltagelse. Og naar denne sidste Forudsætning brister af vedvarende saglige Aarsager, vil Loven ikke kunne vedblive at virke. Derfor vil det heller ikke være muligt, i et sligt Tilfælde uden videre at paabyde dens fornyede Efterlevelse; men det gjælder først om at bringe Forudsætningerne derfor til Veje igjen. (s. 20)

Det er noget lidt snirklet udtrykt, men meningen er klar nok og stadig aktuel. Det er menigheden, der er liturgiens egentlige subjekt - hvis vi ser det fra den menneskelige synsvinkel. Det er menigheden, der holder gudstjeneste, og præsten er i den sammenhæng kun menighedens tjener, der udfører en speciel funktion. Hvis der ikke er nogen menighed, kan der ikke holdes nogen gudstjeneste efter lutherske gudstjenesteforståelse. Og at være menighed er en frivillig sag.

Genkendelighed

Ønsket om en vis fasthed er forbundet med ønsket om genkendelighed – primært i forhold til andre sogne i Den danske Folkekirke. Og det er ikke foreneligt med total frihed.

Hvis man ønsker total genkendelighed, så ønsker man uniformitet eller ensartethed over hele landet, uanset om det er på landet eller i byen. Ønsket om ensartethed finder vi i dansk liturgihistorie vel mest markant udtrykt i slutningen af 1600-tallet med Kirkeritualet og Baggers alterbog. Hans forord til alterbogen, der har været genoptrykt i alle alterbøger fra 1688 til 1901 indledes således:

> Det, som en god Politi er for en velskikket Republik, det samme er en god Skik og Orden for Guds Kirke. Ingen af Delene har nogensinde vel kunnet savne disse tvende. Thi hvor ingen Politi er, der gaar det

> som i Dommernes Tid, da der var ingen Konge i Israel, enhver gør, hvad han vil, og som han vil.

Hvis man læser Hans Baggers forord nøjere, vil man dog se, at han har en ganske god fornemmelse af og viden om, at liturgiske traditioner kan være forskellige, og at mange af skikkene kun er rent menneskelige skikke.

En slags kontrasttekst – måske – til Baggers ønske om god skik og orden, er formuleringen i artikel 7 i Den augsburgske Bekendelse fra 1530. Den lyder:

> Til kirkens sande enhed er det tilstrækkeligt at være enig om evangeliets forkyndelse og sakramenternes forvaltning. Det er ikke nødvendigt, at der overalt er ensartede menneskelige traditioner eller riter eller ceremonier, der er indstiftet af mennesker.

Dette udsagn fra Den augsburgske Bekendelse kunne måske bruges som grundlag for en omfattende lokal frihed og variation. Men sådan har praksis efter reformationen slet ikke været.

Teologisk set betragtes i den tidlige reformation en stor del af liturgien som diafora, ydre anliggender, menneskelige traditioner. Men selv om det altså ikke er nødvendigt med ensartede traditioner, kan det godt ud fra andre synsvinkler være hensigtsmæssigt. Eller for at citere Paulus: Alt er tilladt, men ikke alt er gavnligt (1. Kor. 6,12). I hvert fald kan det historisk konstateres, at kirken har ønsket at opretholde god skik og orden i gudstjenesten og i ritualerne. Da Bugenhagen få år senere kom til Danmark for at hjælpe med at udforme reglerne for, hvordan kirken i Danmark skulle fungere efter reformationen, gik han i praksis heller ind for ubegrænset frihed, men medvirkede til at udforme konkrete regler for, hvordan gudstjeneste og sakramenter skulle udføres i Danmark. Og sådan har det været siden.

Liturgikommissionens højmesseforslag i den lilla betænkning fra 1986 forudsætter implicit et ideal om *den* rigtige eller *den* ideelle gudstjeneste. Så der var ikke mange variationsmuligheder. Det var stort set kun nadverbønnen, der kunne være forskellig. Forslaget gik ud fra princippet: alt eller intet.

Men der var flere elementer i pakken, som der ikke var almindelig tilslutning til. Det fremgik ret klart af høringssvarene fra prøveperioden 1986-88. Biskopperne fremlagde derfor et revideret forslag til alterbog og højmesseordning med forholdsvis mange indbyggede valgmuligheder. Den første udformning var i lukket høring i foråret 1991. Her var der to-tre varianter for hver af højmessens fire hoveddele: Indledning, Ordet, Nadver og Afslutning.

Forslaget blev af Chr. Thodberg kritiseret for at være et tag-selv-bord. Hans kritik blev i et vist omfang taget til efterretning. Den endeligt autoriserede ordning fra 1992 har en klart fremhævet normalordning med perikopestrukturen: GT – Epistel – Evangelium. De tidligere foreslåede valgmuligheder blev dog ikke elimineret. De blev for det meste transformeret til noter og lignende, fx note 1 med Kyrie og Gloria og note 2 med kun to bibelske læsninger. I nadverliturgien kom der tre nadverbønner eller nadverindledninger. Og derudover kom der i 1993 et Alterbogstillæg med diverse uautoriserede indgangsbønner, kollekter og nadverbønner m.m.

Genkendeligheden i dansk liturgi er opretholdt i 1992-ordningen, men ensartethed eller uniformitet er der ikke tale om. Der er ganske mange valgmuligheder. Men valgmuligheder er ikke det samme som total frihed.

Da der i 1995 blev lavet en undersøgelse af gudstjenestepraksis med 22 forholdsvis elementære og konkrete spørgsmål, kunne man af besvarelserne se, hvordan den 'normale' gudstjeneste i Danmark så ud på det tidspunkt – defineret som den gudstjeneste, der på alle enkeltpunkter fulgte det mest almindelige. Jeg prøvede så – mest for sjovs skyld – at se, hvor mange præster i Danmark, der fulgte den 'normale' gudstjeneste. Resultatet var 1 præst! Jeg var godt klar over, at variationerne var store fra sogn til sogn og fra præst til præst. Men blev alligevel overrasket over, at det var så lille et tal. Og den pågældende normal-præst var selv lidt forskrækket over det, da jeg kontaktede ham. Han var vist nervøs for, om han havde gjort noget forkert eller var unormal.

Fadervor – et eksempel

Jeg vil godt sige lidt om Fadervor i forhold til autorisationsprocesserne – mest som et eksempel på de problemer, der kan opstå i forbindelse med autorisationer. Som bekendt indeholder højmesseordningen fra 1992 og alle ritualerne dobbeltformer af Fadervor og af den aronitiske velsignelse.

Den almindelige opfattelse er vist nok, at det skyldtes uenighed mellem biskopperne i den sidste fase af arbejdet. Det er til dels rigtigt, men er slet ikke den fulde sandhed.

Biskoppernes arbejde med alterbog og ritualer foregik samtidigt med Bibelselskabets arbejde med en ny bibeloversættelse. Det endte jo med, at de udkom næsten samtidigt i november 1992, og det var på mange måder praktisk og en styrkelse af begge dele. Men arbejdet var ikke koordineret. Jeg kunne ane, at der ville opstå problemer omkring Fadervor m.m. og skrev i 1990 et notat om problemerne til nogle af biskopperne. Notatet kom af forskellige grunde ikke rigtigt til behandling, mens tid var. Og så dukkede problemerne op igen i første halvdel af 1992, efter autorisationen af den nye bibeloversættelse. Og det endte med dobbeltformer af Fadervor, indstiftelsesord og den aronitiske velsignelse.

Det er rigtigt, at biskopperne i sidste fase af arbejdet indbyrdes blev uenige om sagen, men muligheden for at finde en løsning blev ikke gjort nemmere af, at den daværende kirkeminister internt sagde, at han ikke ville anbefale en autorisation, hvis ikke Fadervor fra den nye bibeloversættelse var en del af højmesseordningen og ritualerne. Og kirkeministeren har en slags veto i autorisationsprocessen. Hvis kirkeministeren ikke vil indstille til dronningen, at et forslag bliver autoriseret, så bliver det ikke autoriseret – sådan er reglerne på nuværende tidspunkt.

Så selv om kirkeministeriet ikke i øvrigt blandede sig i arbejdet med alterbog og ritualer, så gjorde kirkeministeren det på dette punkt. Biskop Olav Lindegaard har skrevet om det i Kirkehistoriske Samlinger. Hvad det havde endt med, hvis biskopperne indbyrdes havde været enige, er ikke til at vide. Men nu endte det med dobbeltformer. Det er ikke nogen god løsning, men det er ikke sådan til at lave om på. Fadervor-teksten fra bibeloversættelsen har ikke hidtil været i stand til på det frie marked at slå den gamle form af banen – heller ikke blandt unge præster.

Læren i bispekollegiet har vel været, at enighed gør stærk. Og det var de udmærket godt klar over på forhånd.

Hvis man ser på dansk liturgihistorie over alle århundrederne har den liturgiske form af Fadervor ikke været den samme som i bibeloversættelserne. Det er faktisk kun i en relativ kort periode, at der har været sammenfald. Liturgikommissionen arbejdede eksempelvis også med en anden form af Fadervor end formen i bibeloversættelsen fra 1948.

Biskopperne

Historisk set har biskopperne spillet en central rolle i udformningen af dansk liturgi, men det har aldrig nogensinde været formaliseret eller skrevet ned i nogen forfatning – så vidt jeg ved. Men der er et arbejde, der skal gøres, og nogen skal gøre det. Og ofte har biskopperne været de nærmeste til at gøre det, eller til at tage initiativ til, at arbejdet blev gjort.

Bugenhagen var en slags biskop (superintendent), da han kom til Danmark i 1530'erne for at hjælpe med udformningen af Kirkeordinansen. Peder Palladius var biskop over Sjælland, da han redigerede den første danske alterbog i 1556. Det var ikke noget, han selv sad og fandt på, men han sammenskrev og sammenfattede og redigerede. Hans Bagger var biskop over Sjælland, da han sammen med nogle andre, skrev Kirkeritualet i 1685 og redigerede alterbogen i 1688. Det var i alle tilfælde kongen, der gjorde ordningerne gyldige ved at sætte sin underskrift under. Men det var ikke ham eller andre i landets styrelse, der gjorde arbejdet.

I nyere tid var det biskopperne, der i 1910 indsendte et forslag til nye ritualer, som blev autoriseret i 1912 og fortsat i let revideret form lever videre i alterbogen og ritualbogen fra 1992. Det var også biskopperne, der i 1949 udsendte en »Vejledning i den danske folkekirkes gudstjenesteordning med de autoriserede ritualer«.

Det var også biskopperne, der i 1953 nedsatte et udvalg med det formål at foretage en kritisk revision af ritualer og gudstjenesteordning. De sørgede først for 2. udgaven af Biskoppernes Vejledning, som udkom i

1955. Og derefter udsendte de Prøvealterbogen i 1958 og Prøveritualbogen i 1963. Forslagene blev afprøvede, men mødte kritik, og ingen af forslagene blev autoriserede.

Næste gang kom initiativet også fra biskopperne – vist nok engang i 1969. Denne gang nedsatte biskopperne ikke selv et udvalg, men anmodede kirkeministeriet om at nedsætte en kommission. Den blev nedsat i 1970 og havde biskop Johs. W. Jacobsen som formand og Chr. Thodberg som sekretær. Den udsendte flere betænkninger: en foreløbig betænkning i 1971, den grå betænkning i 1975 med forslag til bibelske læsninger, forslag til biskoppelige handlinger i 1978, forslag til dåb og brudevielse i 1983, forslag til alterbog i 1985 og forslag til konfirmation og begravelse i 1987.

Biskopperne blev efterfølgende af Kirkeministeriet bedt om udtalelse om betænkningerne inden autorisation. Betænkningerne er alle endt med at blive autoriseret, men biskopperne valgte at foretage visse ændringer og justeringer i forslagene, inden de blev indsendt til Kirkeministeriet. De relativt største justeringer skete i forslaget til alterbog og højmesseordning.

Det var også biskopperne, der stod for arbejdet med at udgive alterbogen og ritualbogen på Vajsenhusets forlag. Alterbogen er bare et tryk af den autoriserede ordning, mens ritualbogen har en lidt anden karakter svarende til den forudgående Biskoppernes Vejledning. Ritualbogen som sådan er ikke autoriseret. Derfor har ritualbogen et forord underskrevet af de daværende biskopper, mens alterbogen ikke har noget forord.

Alterbogen – og andre liturgiske bøger

Det var Peder Palladius, der fandt på, at alterbogen kunne hedde »alterbogen«. Det var nærmest en reformatorisk udgave af det latinske missale fra middelalderen. Alterbogen har også heddet alterbogen i Norge og i lange perioder var den fælles for Danmark og Norge. Baggers alterbog fra 1688 hedder eksempelvis: »Forordnet Alterbog udi Danmark og Norge«.

I det meste af 1900-tallet indeholdt alterbøgerne kun kollekter, epistler og evangelier til søn- og helligdagene, og så tror man måske, at sådan har alterbøger altid været indrettet. Men det er ikke tilfældet. Alterbøgerne fra 1500-tallet og frem til 1901 indeholder også ritualerne for dåb, nadver, trolovelse, brudevielse og jordpåkastelse, samt andre tekster: kirkebønner, litaniet, særlige kollekter, velsignelsen og lidelseshistorien. Alterbøgerne før 1908 var altså også 'ritualbøger' – for at bruge et nyere ord.

Men alterbøgerne indeholdt ikke noget højmesseritual eller højmesseordning. Og det har de aldrig gjort før i 1992. Det er faktisk først med Biskoppernes Vejledning i 1949, at vi får et egentligt trykt højmesseritual. Før den tid lå der nogle anvisninger i Kirkeordinansen og i Kirkeritualet, men det var ikke liturgiske brugsbøger, som var beregnet til at tage med hen i kirken.

I 1992 blev højmesseordningen med nadverliturgien autoriseret som en del af alterbogen. Sådan har det ikke været tidligere. Så vidt jeg kan se, har vi i Danmark ikke før 1992 har haft en egentlig autoriseret højmesseordning. Højmesseordningen i Biskoppernes Vejledning 1949 var et forsøg på at sammenskrive de eksisterende regler, men sammenskrivningen som sådan var – mig bekendt – ikke autoriseret. Det gjorde naturligvis en forskel, at den blev trykt i tekstdelen til salmebogen fra 1953. Nogle hævder, at den blev autoriseret i sammenhæng med salmebogens tekstdel, men det har jeg til gode at se dokumentation for. Så indtil videre er jeg skeptisk over for det udsagn, men kunne godt tænke mig at få det afklaret, hvis det ellers er muligt.

Der er noget i retning af en autoriseret højmesseordning i Hans Thomissøns Salmebog fra 1569. Men højmesseordningen i denne første autoriserede salmebog er ikke en liturgisk brugstekst. Hvad angår de konkrete tekster i nadverritualet henvises til alterbogen.

Alterbogen var lidt upraktisk at have i hånden ved dåb og nadver og brudevielse. Den var lidt for stor, så man begyndte på et tidspunkt i 1700-tallet at trykke små ritualbøger. Titlen på ritualbøgerne var: »Udtog af den forordnede Alter-Bog«. Det var forunderligt nok også titlen på de første ritualbøger med 1895-ritualerne, selv om de mig bekendt endnu ikke havde været trykt i nogen alterbog. Men sådan hed en ritualbog åbenbart på det tidspunkt. 1895-ritualerne blev trykt i alterbogen fra 1901, men blev ikke trykt i de følgende alterbøger.

Ritualerne fra 1912 blev trykt med det samme i en særskilt ritualbog med titlen: »Ritualer til Daab, Nadver og Brudevielse«. Og 1912-ritualerne har aldrig nogensinde været trykt i en alterbog. Men de blev – som bekendt – senere trykt i Biskoppernes Vejledning og i salmebogen.

Den nuværende ritualbog svarer fra 1992 svarer i hovedtræk til Biskoppernes Vejledning fra 1949 og 1955. Men den indeholder kun 1992-ritualerne, så de ældre og stadigvæk gældende ritualer skal findes Biskoppernes Vejledning fra 1955, i ældre ritualbøger eller i ældre salmebøger. Og de er ikke blevet ajourført efter bibeloversættelsen i 1992. Der var ikke nogen tvang til at bruge den nye alterbog og de reviderede ritualer, men der ligger et blidt puf i, at den gamle alterbog og de tidligere ritualer ikke længere bliver trykt.

Vajsenhuset undersøgte i 1994-95, om der var marked for en tynd ritualbog kun med de præstelige ritualer fra 1992. Men det var der var ikke rigtigt, og det ville heller ikke uden videre være korrekt at trykke nadverritualet fra 1992 løsrevet fra den øvrige højmesseordning. Så sådan en bog er indtil videre ikke blevet trykt.

Valgmuligheder

Der er en ret afgørende – men ofte overset – forskel på liturgikommissionens forslag til højmesse i den lilla betænkning fra 1985 og så den ordning, som endte med at blive autoriseret i 1992. Forskellen er, at liturgikommissionens forslag i princippet var en alt-eller-intet-ordning, mens der er ganske mange valgmuligheder indbygget i den autoriserede ordning fra 1992.

Til pakken i den lilla betænkning hørte nye ind- og udgangsbønner, nye indledningskollekter, en indgangslæsning fra Det Gamle Testamente, kun én evangelielæsning og en udgangslæsning fra brevene i Det Nye Testamente. Der var også valgmuligheder i den lilla betænkning, men de var mere begrænsede og omfattede især nadverritualet, hvor der var tre muligheder.

Da biskopperne i november 1990 fremlagde et første forslag til ny gudstjenesteordning i en høring i alle landets provstier, var der ikke længere nogen pakke, men en 4-delt hovedstruktur: Indledning, Ordet, Nadver og Afslutning. For hver af de tre første hoveddele var der en normalordning og to alternativer.[1]

Thodberg m.fl. kritiserede i høringen oplægget for at være et tag-selvbord, og der blev foretaget en betydelig opstramning og fremhævelse af en normalordning i det næste oplæg fra juni 1991. Men valgmulighederne forsvandt ikke – heller ikke i den endeligt autoriserede ordning. De blev forandret til noter, indledende bemærkninger i alterbogens tekstdel og supplerende tekster i alterbogstillægget. Ordet »kan« og ordet »eller« blev brugt mange steder i den autoriserede ordning. Et overblik over valgmulighederne kan man få i den autoriserede liste over punkter, hvor præsten skal have menighedsrådets samtykke, hvis der skal foretages ændringer i den hidtidige liturgi ved de faste gudstjenester. Men der er også mange valgmuligheder, der med velberådet omhu ikke står på listen. Her er det i princippet overladt til præsten at vælge.

Alterbogstillægget – og biskoppernes dispensationsmulighed

Alterbogstillægget i 1993 var et nyt begreb og en ny form for publikation, som blev lanceret i forbindelse med autorisationen i 1992 af alterbog og ritualer. Alterbogstillægget er ikke autoriseret, men betragtes som en del af helheden. Det kan man bl.a. se af, at der øverst på titelbladet står: »Gudstjenesteordning for Den Danske Folkekirke«. Det står der også øverst på titelsiderne i alterbogen, ritualbogen og de to musiktillæg.

1 Ikke trykt, kun fotokopieret på de enkelte stiftskontorer. På min private hjemmeside (www.sejrupvilladsen.dk) kan man se forslaget til højmesseordning under liturgiske notater: http://www.sejrupvilladsen.dk/LN-08.pdf. Jeg lavede også undervejs et notat med 15 forskellige højmesseeksempler. Det var ikke et udtømmende antal eksempler. Notatet findes på hjemmesiden på adressen: http://www.sejrupvilladsen.dk/LN-09.pdf.

Alterbogstillægget knytter til ved menighedsrådsloven, hvor der er mulighed for dispensation for mindre ændringer. I menighedsrådslovens nuværende § 38 står der:

> Præsten skal have menighedsrådets samtykke til, ...
> 3) at der ved de faste gudstjenester eller kirkelige handlinger foretages mindre ændringer i liturgi og ritualer eller benyttes andre salmebøger eller salmebogstillæg end de autoriserede.

Det er dog ikke tilstrækkeligt med lokal enighed. Biskoppens samtykke er også nødvendig. Ved at få trykt et alterbogstillæg underskrevet af de daværende biskopper, gav de udtryk for, at man kunne forvente dispensation fra biskoppen. Alterbogstillægget var ikke en autorisation, men det var noget i den retning.

Fordelen ved denne mellemstatus er, at biskoppens dispensation er personlig og knyttet til pågældende præst. Dispensationen er ikke forpligtende for andre og efterfølgende præster. Ved præsteskifte skal ændringerne tages op til fornyet behandling.

I 1992 skrev biskopperne i forordet til alterbogstillægget, at det vil kunne udsendes i reviderede udgaver. Denne mulighed har de efterfølgende biskopper ikke benyttet sig af. Men der ser ud til at være opstået en form for tomrum, som er blevet fyldt ud med andre bøger udgivet på mere eller mindre privat initiativ.

Hvis man er af den opfattelse, at der nu skal ske noget på det liturgiske område, er det nok den mest oplagte mulighed, at biskopperne påtager sig ansvaret for, at der udarbejdes et eller flere nye alterbogstillæg med denne mellemstatus mellem en autoriseret ordning og en privat udgivelse.

Men alterbogstillægget som genre eller begreb er ikke uden problemer. Dispensationer bør vel være undtagelsen og ikke reglen. Så hvis der bliver givet mange dispensationer, er det nok udtryk for, at reglen trænger til at blive lavet om.

Højmessens Indledning

Højmesseordningen i alterbogen fra 1992 er opdelt i fire hoveddele: Indledning (I), Ordet (II), Nadver (III) og Afslutning (IV). Det fremgår dels af overskrifterne i den autoriserede højmesseordning og dels af den uautoriserede vejledning, der findes forrest i Ritualbogen fra 1992. Formelt set var det en nyhed. Sagligt set var det ikke nogen nyhed.

Højmessevejledningen forrest i Ritualbogen er som sagt ikke autoriseret – det er ganske bogstaveligt kun en vejledning. Jeg tror egentlig, at det var under overvejelse at lade vejledningen være en slags indledning til den autoriserede ordning, og så ville den også have været en form for 'lovgivning'. Men sådan blev det ikke. Det var – så vidt jeg husker – især kirkeministeriet, der havde formelle indvendinger.

Selve ordet 'Indledning' er nyt som en officiel del af dansk gudstjenesteordning, men sagligt set lægger det sig ret tæt op ad den eksisterende danske praksis og terminologi, især ordene 'indgangsbøn' og 'indgangssalme' og de tilsvarende ord i afslutningen: 'udgangssalme' og 'udgangsbøn'. Og det er også almindeligt brugt i højmesseordninger i andre sammenlignelige kirker.

Hvis man ser på dansk højmesseordning i et langt perspektiv, er det nok især indledningen, der har undergået forandringer, og det punkt, hvor dansk højmesseordning afviger mest fra andre kirkers højmesseindledninger eller har fået sit mest selvstændige udtryk.

I Prøveritualbogen fra 1963 foreslog man, at der efter indgangsbøn og indgangssalme skulle være en syndsbekendelse, kyrie og gloria. Det var nok det punkt, hvor forslaget mødte mest modstand og som blev en væsentlig årsag til, at forslaget ikke blev autoriseret. Hverken syndsbekendelse, kyrie eller gloria indgik i liturgikommissionen lilla alterbogsforslag i 1985.

I den autoriserede højmesseordning fra 1992 er Kyrie og Gloria en mulighed eller et alternativ. Det findes som note 1, som bliver brugt i et vist omfang. Jeg ved ikke, hvor meget den bliver brugt i dag, men i 1995 viste spørgeskemaundersøgelsen, at denne mulighed blev brugt regelmæssigt af 11% og lejlighedsvist af 9% (jeg runder til hele tal).

Indledningskollekten

Der har været indledningskollekt i dansk højmesseordning lige så lang tid som der har været kirke i Danmark. Det er et almindeligt træk i vestlig liturgi, men i østlig eller i ortodoks liturgi er der ikke en tilsvarende kirkeårsvariabel indledningsbøn.

I Palladius' alterbog fra 1556 var der to alternative indledningskollekter, ligesom i alterbogen fra 1992: en missalekollekt eller en Veit Dietrich-kollekt. Præsten måtte også godt selv formulere en indledningskollekt, men kun til brug i egen kirke.

Præsterne har været meget optaget af indledningskollekten. Jeg er ikke sikker på, at den fylder tilsvarende meget i bevidstheden hos almindelige danske kirkegængere. Det var ikke et punkt, der fyldte så synderlig meget i Prøvealterbogen fra 1958. Men det fyldte relativt meget i 1970'erne og i 1980'erne. I liturgikommissionens lilla alterbogsforslag fra 1985 indgik der kollekter, som var formuleret af Anna Sophie Seidelin. De var en del af den samlede pakke. Det var ikke alle, der var lige begejstrede for dem, så det endte jo med, at de ikke blev autoriseret. I stedet kom de til at indgå i Alterbogstillægget fra 1993, og de var en væsentlig årsag til, at den autoriserede alterbog blev udvidet med et alterbogstillæg.

I den autoriserede alterbog fra 1992 indgår der en dobbelt kollektrække. Den føste er normalt af Veit Dietrich, og den anden stammer fra den oldkirkelige og middelalderlige latinske tradition. Begge blev nyoversat i den seneste fase lige forud for autorisationen i 1992. Hovedarbejdet i nyoversættelsen blev udført af Anna Sophie Seidelin. Hun samarbejdede med mig samt med Chr. Thodberg og tidl. biskop Johs. W. Jacobsen. Afsluttende blev de gennemgået og revideret af et biskoppeligt underudvalg og af plenum.

Perikopestruktur

Det næste nøgleord er et ord, som måske kun bruges af mig. Ordet er: 'perikopestruktur'. Spørgsmålet om perikopestrukturen er – efter min vurdering – et af de vigtigste punkter i højmessens skelet. Og i hvert fald blev spørgsmålet om perikopestrukturen et stort punkt i den danske liturgidebat i 1970'erne og 1980'erne.

I den grå betænkning fra 1975 foreslog liturgikommissionen, at der skulle være en ny og anderledes perikopestruktur med tre læsninger:

1) Gammeltestamentlig indgangslæsning
2) Evangelielæsning - primært fra alteret
3) En udgangslæsning i gudstjenestens afslutning lige før velsignelsen. Udgangslæsningen var normalt den gamle epistel.

Dette forslag var ganske radikalt og anderledes i forhold til gudstjenestetraditionen og i forhold til gudstjenesteordningerne i andre kirker. Der var almindelig tilslutning til at indføre en gammeltestamentlig indgangslæsning. Og det gjorde man også i mange andre kirker. Der var også bred tilslutning til at nøjes med én evangelielæsning. Det var også den almindelige løsning i andre kirker. Men forslaget om at flytte udgangslæsningen og gøre den til udgangslæsning delte vandene i Danmark, og det var heller ikke noget, som man brugte eller overvejede i andre kirker.

Forslaget om en udgangslæsning kom som bekendt ikke til at indgå som en del af den autoriserede alterbog. Den måtte nøjes med en plads i alterbogstillægget. Men på det frie marked var der ikke så mange, der efterspurgte den model. I 1995 var der kun 6%, der benyttede sig af det. Og jeg tror, at andelen er dalet yderligere siden dengang. Men det ved jeg ikke noget præcist om.

Den autoriserede normalordning fra 1992 har en perikopestruktur med tre læsninger i rækkefølgen: GT – Epistel – Evangelium. Det var den løsning, som også mange andre kirker gav sig til at bruge i sidste halvdel af 1900-tallet. Den har også rødder tilbage til oldkirken, men på det punkt er jeg personligt noget forbeholden og har også skrevet om det.

Mange vil nok mene, at en perikopestruktur med tre læsninger først blev indført i Danmark i forbindelsen med indførelsen af anden tekstrække i slutningen af 1800-tallet. Her indførte man med perikopestrukturen: Epistel – evangelium – evangelium, hvor den sidste evangelielæsning er prædiketeksten, mens den anden evangelielæsning er fra den tekstrække, som der ikke prædikes over. Men det er nu ikke helt rigtigt. Vi har faktisk haft en perikopestruktur med tre bibelske læsninger og to evangelier det meste af tiden siden reformationen. De to evangelielæsninger er her blot den samme tekst: Først messet fra alteret, dernæst repeteret i form af oplæsning fra prædikestolen.

I den autoriserede ordning indgår en note 2, hvor man kan nøjes med kun to læsninger. Og det er måske den ordning, der har rødder længst tilbage. De bevarede tekster fra den gamle tekstrækkes ældste tid har kun to læsninger: en førstelæsning, som enten er en epistel eller en gammeltestamentlig tekst, og derefter som andenlæsning en evangelietekst.

Det første resultat af arbejdet i liturgikommissionen fra 1970 var den lille grønne bog fra 1973 med »Foreløbige Ændringer i Ritual- og Alterbog«. Her nøjedes man med kun én evangelielæsning, og den gammeltestamentlige indgangslæsning var ikke indført endnu, så resultatet var en perikopestruktur med to læsninger, ret tæt på note 2 i alterbogen fra 1992. Som udgangspunkt foregik evangelæsningen fra alteret.

Evangelielæsningens plads

Det næste punkt, jeg vil sige lidt om, er evangelielæsningens plads. Det er ikke et punkt, der har været så stor opmærksomhed og debat omkring. Men efter min vurdering er det et ret vigtigt punkt i forståelsen af højmessens struktur – og et punkt hvor der bliver truffet et vigtigt liturgisk valg, uden at man helt bevidst om det.

Den autoriserede normalordning har evangelielæsningen fra prædikestolen. Denne placering lægger vægt på evangelielæsningen som prædiketekst, og det var den vinkling, som de fleste af biskopperne lagde mest vægt på. Og denne placering har været repræsenteret i den hidtidige danske gudstjenestetradition. Men den har været kombineret med, at der også har været en evangelielæsning fra alteret. Og hvis der nu kun er én evangelielæsning, er denne placering fra prædikestolen måske ikke helt så selvfølgelig, som mange gør den til?

Liturgikommissionen havde som udgangspunkt evangelielæsningen fra alteret. Her er vinklingen vist nok, at evangelielæsningen fra alteret er højdepunktet i det, der foregår for alteret i gudstjenestens første del. Og i dansk liturgisk tradition har der været en evangelielæsning for alteret lige siden reformationstiden.[2] Denne løsning er i den autoriserede højmesseordning repræsenteret i note 2.

Højmesseordningen fra 1992 fremhæver i normalordningen evangelielæsningens placering fra prædikestolen, men den holder en bagdør åben for en anden løsning i note 2.

På det musikalske plan kommer dilemmaet til udtryk i menighedssvaret på evangelielæsningen: »Gud være lovet for sit glædelige budskab«. Nogle af de folk der arbejder med højmessens musik mente med en vis rette, at det var en form for liturgisk uorden at have et menighedssvar, når præsten står på prædikestolen. Men omvendt vil det også være mærkeligt at have en fremhævet liturgisk udførelse af den gammeltestamentlige læsning og så lade evangelielæsningen stå relativt umarkeret som prædiketekst. Så jeg svarede dem, at det altså måtte være en konsekvens af kun at have én evangelielæsning og have den placeret på prædikestolen.

Trosbekendelsens plads

Et beslægtet dilemma kommer frem i spørgsmålet om trosbekendelsens plads – hvis den da kan siges at have en bestemt plads? For hvad er kriterierne for trosbekendelsens plads?

I de første århundreder efter reformationen blev trosbekendelsen i dansk liturgi primært sunget som salme umiddelbart efter evangelielæsningen fra alteret. I starten af 1800-tallet blev den flyttet til gudstjenestens indledning, og senere gik den helt ud af brug. I løbet af 1900-tallet kom trosbekendelsen tilbage i form af Apostolikum som prosatekst. I Biskoppernes Vejledning fra 1949 dukker trosbekendelsen officielt eller halvofficielt op igen. Her kommer den efter evangelielæsningen fra alte-

[2] Det var kun i de halve messer i 1800-tallet, at der ikke var en evangelielæsning fra alteret.

ret, som en form for sammenfatning. Placeringen svarer til placeringen i ældre dansk liturgi: fra alteret og efter evangelielæsningen.

Men hvis evangelielæsningen flytter fra alteret til prædikestolen, hvor hører trosbekendelsen så hjemme, hvis man holder sig til traditionelle overvejelser? Den almindelige fornemmelse har vist nok været, at den hører hjemme for alteret. Og det er denne fornemmelse, der har dannet grundlag for placeringen i normalordningen fra 1992. Men i forhold til de bibelske læsninger er den kommet ind på et nyt og anderledes sted efter epistellæsningen. Den placering i forhold til læsningerne er ikke set før, og svarer heller ikke til den almindelige løsning i andre kirker. Her har man ikke trosbekendelsen inde midt i læsningerne. Det der er på spil her, er blandt andet fornemmelsen for, hvad der er gudstjenestens skelet, og hvad der er opfølgende og udfyldende gudstjenesteled.

En af grundene til, at der i Danmark har været en almindelig fornemmelse af, at trosbekendelsen hører hjemme for alteret inden salmen før prædikenen, er måske også den store optagethed, der var af forslaget i Prøveritualbogen fra 1963 af, at dåben normalt skulle foregå på trosbekendelsens plads, og at der skulle være mulighed for dåb med fælles bekendelse og forkortet tilspørgsel.

Liturgikommissionen foreslog i den lilla betænkning fra 1985, at trosbekendelsen fik sin plads fra alteret efter evangelielæsningen. Men hvis man valgte at have evangelielæsningen fra prædikestolen, blev det foreslået, at trosbekendelsen fortsat skulle foregå fra alteret. I dette tilfælde som eneste led mellem 2. salme og salmen før prædikenen. De er altså tilsyneladende også gået ud fra en fornemmelse af, at trosbekendelsens plads er fra alteret, forud for salmen før prædikenen.

Den autoriserede normalordning har som udgangspunkt trosbekendelsen fra alteret. Men placeringen i forhold til læsningerne er forskellig. Med tre læsninger følger den efter epistlen. Med to læsninger følger den efter evangelielæsningen.

Nadver integreret i højmesseordningen

En nyhed i 1992-ordningen i forhold til tidligere dansk tradition er, at nadverliturgien indgår som en integreret del af højmesseordningen.

Den er dog ikke mere integreret, end at højmesseordningen også indeholder anvisninger for, hvordan den faste gudstjeneste holdes, når der ikke er nadver. Det svarer ikke til den almindelige sprogbrug. Her bruges ordet højmesse primært kun om gudstjenesten søndag formiddag omkring kl. 10 og med nadver.

Der har ikke tidligere i Danmark været krav om, at der skulle være nadver ved søndagsgudstjenesten. Og det er der heller ikke efter 1992 – i hvert fald ikke efter min opfattelse af reglerne. Men terminologien er et problem. Der er ikke mange, der er indforstået med at kalde en gudstjeneste uden nadver for en højmesse.

Det var under overvejelse i biskoppernes arbejde at udforme en anden slags fast gudstjeneste end en højmesse. Den skulle kunne bruges ved tidligere morgengudstjenester, ved aftengudstjenester og lignende. Men det var der ikke flertal for, og det indgik heller ikke i liturgikommissionens forslag. Skitserne endte i stedet i Alterbogstillægget som en vejledende ordning for hverdagsgudstjenester.

Afslutning – ganske kort

Da de danske biskopper i 1949 udsendte en Vejledning i Den danske Folkekirkes Gudstjenesteordning, skrev de i forordet, at det var deres håb, at vejledningen måtte »virke til gavn for en sund forening af fasthed og frihed i den kirkelige tjeneste«.

Der kan vist ikke være nogen tvivl om, at balancepunktet mellem friheden og fastheden kom til at ligge anderledes i gudstjenesteordningen fra 1992 end i 1949 for slet ikke at tale om 1685. Her er der mere plads til friheden, i hvert fald hvis man forstår friheden på den måde, at der er mange valgmuligheder – både autoriserede og ikke-autoriserede.

Men mit afsluttende spørgsmål skal lyde, om det er nødvendigt at stille frihed og orden op som modsætninger? Er det nødvendigvis sådan, at mere frihed fører til mindre orden, og at mere orden fører til mindre frihed? Er det ikke muligt på samme tid at ønske sig mere frihed og mere orden?

LITTERATUR OG HENVISNINGER

(Kronologisk rækkefølge)

Biskoppernes Vejledning 1949 = Vejledning i Den danske folkekirkes gudstjenesteordning, med de autoriserede ritualer. Udarbejdet af biskopperne. København: P. Haase & Søns Forlag 1949. [2. udgave 1955].

Prøveritualbogen 1963 = Forslag til Ritualbog for Den danske evangelisk-lutherske Folkekirke. Gudstjenester og kirkelige handlinger. København: Vajsenhuset 1963.

Foreløbige Ændringer i Ritual- og Alterbog. Autoriseret ved kgl. resolution af 20. november 1972. København: Vajsenhuset 1973.

Den grå betænkning 1975 = De bibelske læsninger i gudstjenesten. Betænkning afgivet af Kirkeministeriets liturgiske kommission. Betænkning nr. 750. København 1975.

Den lilla betænkning 1985 = Forslag til Alterbog. Betænkning afgivet af Kirkeministeriets liturgiske kommission. Betænkning nr. 1057, 2 bind. København 1985.

Biskoppernes første høringsforslag fra november 1990. Forslaget blev ikke trykt, kun fotokopieret på stiftskontorerne og sendt til alle landets provstier samt til særligt interesserede. På min private hjemmeside (www.sejrupvilladsen.dk) kan man se forslaget til højmesseordning under afsnittet med liturgiske notater: LN-08.pdf.

Oplæg til Gudstjenesteordning. Udarbejdet af biskopperne juni 1991. Frederiksberg: Materialecentralen 1991. [I forordet, side VII-XVI, redegøres for forløbet og biskoppernes revisionsarbejde].

Ritualbog. København: Vajsenhuset 1992. [Indeholder side 7-16 biskoppernes forord fra september 1992 samt højmessevejledningen, som ikke er en del af den autoriserede højmesseordning].

Tillæg til Alterbogen. København: Vajsenhuset 1993. [Udgivet af biskopperne, men ikke autoriseret].

Olav C. Lindegaard: Den Danske Alterbogs tilblivelse, i: Kirkehistoriske Samlinger 2010, side 167-196.

Holger Villadsen: Folkekirkens gudstjenestereform 1992. Liturgiske artikler og foredrag. København: Books on Demand 2011.

Foredragsmanuskript ved det årlige møde i Lolland-Falsters Stiftskonvent, Maribo, den 3. maj 2017. Temaet for årets møde var reformationsjubilæet. Foredraget har ikke tidligere været trykt. Den mundtlige karakter er opretholdt, og der er kun i begrænset omfang tilføjet noter.

Reformationen og gudstjenesterne i Danmark

Kontinuitet og reform

Trosbekendelsen som salme

Jeg vil begynde med trosbekendelsen – credo, hvis vi skal tale latin. Det kan fungere et eksempel på et punkt, hvor Luthers indflydelse på gudstjenesterne i Danmark efter reformationen var klar og markant, men hvor den senere forsvandt eller blev forvandlet til noget andet.

I gudstjenesterne i Danmark forud for reformationen indgik der en trosbekendelse. Efter evangelielæsningen intonerer præsten Nikænum på latin: »Credo in unum deum«. Præstens bog, missalet, har noder til disse ord, men ikke til resten af Nikænum. Årsagen er, at det er kantoren eller koret eller diakonen der fortsætter. Præsten læser imens bare teksten stille for sig selv.

Efter reformationen fortsatte man med at have trosbekendelsen lige efter evangeliet fra alteret. Trosbekendelsens placering i forhold til evangelielæsningen blev ikke ændret. Her holdt man sig til traditionen, som man gjorde på mange andre punkter. Det var fortsat præsten, der intonerede trosbekendelsen. Og man fortsatte tilsyneladende i et eller andet omfang med at synge latin. I hvert fald står der i den danske kirkeordinans fra 1539:

> Dernæst vender han [dvs. præsten] sig atter mod alteret og begynder: Credo in unum Deum etc. Derefter synges der på dansk: Vi tro allesammen på én Gud etc.[1]

Martin Schwarz Lausten, der har udgivet kirkeordinansen i nyere tid, forudsætter i en note, at koret formodentlig først har sunget Nikænum på latin, og derefter har menigheden sunget trosbekendelsessalmen på dansk.[2] Det kunne måske godt være foregået sådan, men jeg har nu lidt svært ved at tro det. Efter min vurdering har præsten kun intoneret, enten på latin eller på dansk, hvorefter degnen og folket fortsatte på dansk.

Uanset om det er foregået på den ene eller den anden måde, er det karakteristisk for den første reformationstid, at man i et vist omfang fortsatte med at bruge latin. Hvis man har en forestilling om, at der var et skarpt skel: før reformationen brugte man latin og kun latin, og efter reformationen brugte man dansk og kun dansk, går man galt af den historiske virkelighed, som er mere kompliceret.

Eksempelvis fortsatte man i et vist omfang med at synge Nikænum på latin og med gregorianske melodier. I Niels Jespersøns Graduale fra 1573 finder man Nikænum på latin til de store højtider. Og det ser ud til, at man har fortsat med at synge et latinsk Nikænum ved særlige lejligheder til langt op i 1600-tallet.

Men på den anden side er det klart nok, at det var en hovedsag i den danske reformation, at gudstjenesten hovedsageligt skal foregå på dansk. Så selvfølgelig skulle der også laves en dansk version af trosbekendelsen. Men hvordan?

Den mest umiddelbare løsning forekommer at være, at man laver en oversættelse til dansk af Nikænum beregnet til at bruges i gudstjenesten, og lader menigheden synge. Men det var ikke den løsning man valgte i Danmark på reformationstiden. Det er i Danmark først meget senere

1 Jeg citerer ikke ordret, men moderniserer sproget. Det er påfaldende, at der ikke står noget om, hvem der synger trosbekendelsen. Der anvendes passiv: der synges.

2 Kirkeordinansen 1537/39 ... Tekstudgave ved Martin Schwarz Lausten, Akademisk Forlag 1989, side 170, note 75.

blevet en mulighed med Biskoppernes Vejledning fra 1949 og med den autoriserede højmesseordning fra 1992.

I Tyskland havde fx Thomas Müntzer i 1524 foreslået den løsning. Han oversatte Nikænum til tysk og lod folket synge den på en gregoriansk melodi. Men det var ikke en løsning, som Luther kunne gå ind for.

I Formula Missæ fra 1523 skriver Luther, at han ikke har noget imod, at man fortsætter med at synge det sædvanlige Nikænum. Han havde altså på det tidspunkt ikke noget imod latinske tekster eller gregorianske melodier og havde ikke behov for en tysk version af trosbekendelsen. Men to-tre år senere i Deutsche Messe fra 1526 skriver Luther, at hele kirken efter evangeliet synger trosbekendelsen på tysk. Og denne trosbekendelse er ikke bare en oversættelse af Nikænum – det er en fri gendigtning på vers. I min optik er det nærmest at betragte som en nyformuleret trosbekendelse, og jeg undrer mig noget over, hvorfor Luther valgte denne løsning.

Forklaringen er i første omgang formentlig en æstetisk. Luther mente ikke, at der kom et acceptabelt resultat ud af at bruge de traditionelle gregorianske melodier sammen med en tysk tekst. Hans uvilje er tilsyneladende ikke teologisk, men musikalsk og æstetisk. Han gendigter derfor Nikænum og Apostolikum til en ny salme med tre vers og får skrevet en ny og moderne melodi til trosbekendelsen.

Og sådan blev det også i Danmark. Kirkeordinansen foreskriver, at trosbekendelsen synges på dansk. Men der findes ikke nogen prosaform af trosbekendelsen i de liturgiske bøger fra reformationstiden – hverken af Nikænum eller Apostolikum. Trosbekendelsen findes kun i form af en salme. Og det er helt klart, at der er tale om en oversættelse af Luthers gendigtning af trosbekendelsen. Hvis man skal synge Nikænum i prosaform, bruger man latinsk tekst og gregoriansk melodi.

Det er primært ad den vej, at den danske gudstjeneste er blevet en salmemesse. Luther mente ikke, at det gik an at synge messens faste led (ordinarie-stykkerne) på de gamle gregorianske melodier til en prosaoversættelse til tysk eller dansk. Den gamle gregorianske melodi ville ikke passe til den tyske tekst. Derfor blev de omdigtet, og der kom nye melodier til. Og tilsvarende gjorde man i Danmark.

I forordet til Hans Thomissøns salmebog fra 1569 finder vi en slags principiel begrundelse for denne fremgangsmåde:

> Guds ord er i sig selv den allerlifligste Musica, som giver trøst og liv midt i dødens nød og rettelig kan fryde hjertet. Men når der kommer en sød og liflig sang og melodi der til (som også er Guds gave), da får denne sang en ny kraft og går dybere ind i hjertet, så at teksten, som er så godt som sangens sjæl, rører hjertet mere og ikke glemmes så let.[3]

Det var måske også tankegangen bag forandringen af trosbekendelsen fra prosaform til versificeret salme. Og ordningen med trosbekendelsen i form af en salme sunget af menigheden kom til at fungere i tre århundreder: 1500-tallet, 1600-tallet og 1700-tallet. Men i løbet af 1800-tallet faldt trosbekendelsen helt ud af gudstjenesten.

Balles salmebog (Evangelisk-kristelig Psalmebog 1798) udløste et reskript fra 1802. Ifølge dette reskript skulle man efter indgangssalmen skiftevis hver anden søndag synge trosbekendelsessalmen eller gloriasalmen. Resultatet blev ret hurtigt, at begge salmer i praksis faldt helt væk. Og der har været en 100 år eller mere, hvor trosbekendelsen i praksis ikke indgik i en almindelig dansk gudstjeneste.

Da trosbekendelsen kom tilbage i gudstjenesten i løbet af 1900-tallet, var det ikke Nikænum, men primært Apostolikum indledt med forsagelsen. Og det var ikke i form af en salme, men i form af en prosatekst.

Reformationen og gudstjenesterne i Danmark

Titlen på det foredrag, som jeg nu er begyndt på er: »Reformationen og gudstjenesterne i Danmark«. Foranledningen er det reformationsjubilæum, som vi fejrer i år, 500 år efter Luthers teser i 1517. Men mit emne er ikke Luthers gudstjenesteforslag eller Luthers gudstjenestesyn – det er den danske gudstjenesteordning efter reformationen. Og den danske

3 Blad C viii. Moderniseret stavemåde m.m.

gudstjenesteordning er ikke bare identisk med et af Luthers forslag til højmesseordning. Den danske højmesseordning har sine egne specielle træk.

Jeg har ikke en speciel tese, som jeg vil forsøge at argumentere for i denne sammenhæng. Men det skal ikke være nogen hemmelighed, at jeg har opfattelse af, at kontinuiteten med den danske senmiddelalderlige praksis på mange punkter er større, end man normalt går ud fra.

I Confessio Augustana finder vi et dogmatisk udsagn, der er relevant i denne sammenhæng. Jeg citerer fra artikel 7 i Leif Granes danske oversættelse:

> Og til kirkens sande enhed er det nok at være enig om evangeliets lære og om sakramenternes forvaltning. Det er ikke nødvendigt, at der overalt er ensartede menneskelige overleveringer eller riter eller ceremonier indstiftede af mennesker; som Paulus siger »En tro, en dåb, en Gud og alles Fader o.s.v.«

Det er et dogmatisk udsagn – det er ikke et historisk. Men det siger noget om, at det ikke uden videre var et ideal på reformationstiden, at gudstjenester skulle være ensartede alle steder. Det var ikke de tyske reformatorers ideal, og det var heller ikke de danske reformatorers ideal. Rent faktisk blev gudstjenesterne heller ikke ens.

Selv om det altså ikke ifølge reformatorerne er nødvendigt, at der overalt er ensartede menneskelige ceremonier, kan det godt af andre grunde – pædagogiske, praktiske, kulturelle, økonomiske m.m. – være hensigtsmæssigt med nogenlunde ensartede menneskelige ceremonier. Og sådan blev det også i Danmark efter reformationen. Der var en vis lokal frihed og variationsmuligheder, men de store linjer lå fast.

Kirkeordinansen fra 1539 foreskriver i store træk, hvordan gudstjenesten skal foregå: »Hvorledes messen skal holdes i almindelighed for folket«. Der er en klar fælles struktur, selv om der også er nogle variationsmuligheder.

Kirkeordinansen er ikke en liturgisk brugsbog. Den er primært beregnet til skrivebordet hjemme i præstegården. De fleste af teksterne mangler; dem skulle man finde i andre bøger. I de første 20 år klarede man sig lidt tilfældigt med forskellige bøger, heriblandt også nogle af de gamle latinske bøger. Men efter midten af 1500-tallet fik man mere styr på tingene: Der kom en alterbog, en salmebog med danske salmer og en korbog (et graduale) med de relevante latinske tekster og melodier.

Peder Palladius, der var biskop over Sjælland, fik i 1556 efter aftale med de andre biskopper trykt en alterbog med kirkeårets kollekter, bibelske læsninger, samt ritualer for dåb, nadver og brudevielse. Kort sagt: alt hvad en præst skulle bruge.

13 år senere, i 1569, fik Hans Thomisssøn udgivet en salmebog, der blev den første officielle salmebog i Danmark, og i princippet havde salmebogen den stilling helt frem til Kingos salmebog. Hans Thomissøns salmebog indeholder især danske salmer og er måske primært beregnet til landsbykirker – det er menighedens bog, eller i hvert fald degnens bog.

I bykirkerne fortsatte man i et vist omfang med at synge de latinske gudstjenesteled og bruge de gamle katolske bøger – i mangel af bedre. Men man havde brug for ny reformatorisk korbog. Den blev udgivet i 1573 af biskoppen over Fyn, Niels Jespersøn. Det var en stor flot bog i folioformat, og den indeholdt både latinske tekster og danske tekster.

Hvis det skulle være særligt luthersk med total liturgisk frihed på lokalt niveau, så var det ikke sådan det blev efter den liturgiske konsolidering i Danmark i midten af 1500-tallet. I store træk var der ensartede regler for hele landet, og man brugte de samme liturgiske bøger, alterbog og salmebog.

Det er ikke noget nyt ved reformationen, at der var lokale forskelle mellem liturgierne i forskellige kirker. Det var der også i middelalderen, men her var den grundlæggende liturgiske enhed stiftet, ikke nationen. Da man i slutningen af 1400-tallet og begyndelsen af 1500-tallet begyndte at trykke liturgiske bøger, var de kun beregnet til at blive brugt i bestemt stift, fx Slesvig, eller Lund, eller Odense. Det er først Tridentinerkonciliet, der gør et forsøg på at harmonisere og ensrette den latinske liturgi i hele den katolske kirke. Sådan var det ikke i første halvdel af 1500-tallet.

Nyt er det heller ikke, at der på det liturgiske område er ret stor ensartethed i Danmark. Det var der også før reformationen. Selv om der var forskelle på de liturgiske ordninger i de forskellige stiftet, var forskellene ikke ret store.

Men nationalkirken som fænomen er ny. Det er nyt, at den liturgiske ordning bliver udarbejdet på nationalt plan. Det er et resultat af reformationen. At der opstod nationalkirker med hver deres liturgiske ordning er – så vidt jeg kan se – ikke et fænomen, som man direkte har stræbt efter. Men det bliver en konsekvens af forskellige faktorer:

- Der er ikke længere nogen overnational kirkelig instans (pavemagten og kurien og fælleskirkelige koncilier), der kan koordinere og ensrette.
- Gudstjenesten bliver holdt på forskellige sprog. I Danmark på dansk, og i andre lande på andre sprog.
- Det bliver i Danmark kongen, der formelt set har det afgørende ord, når gudstjenesteordningen fastlægges.
- Man finder det blandt reformatorerne ikke nødvendigt, »at der overalt er ensartede menneskelige overleveringer eller riter eller ceremonier indstiftet af mennesker«.

Dansk liturgi bliver som en konsekvens af reformationen noget unikt. Man gør ikke i nogen anden national kirke noget fuldstændigt tilsvarende. Denne unikke status begynder på reformationstiden, men er ikke blevet mindre i årenes løb.

»Degnen og folket svarer«

Næste afsnit har jeg givet overskriften: »Degnen og folket svarer«. Overskriften er et citat fra højmessevejledningen i salmebogen 1569. I forbindelse med den indledende hilsen forud for kollekten står der:

> Præsten vender sig til folket og siger: Herren være med eder.
> Degnen og folket svarer: Og med din ånd.

På det sproglige plan finder jeg det interessant, at man dengang kunne skrive 'folket' i stedet for 'menigheden', som vi bruger nu. Det ord bruger man også i eksempelvis græsk ortodoks liturgi.

De liturgiske anvisninger er sådan set lige ud ad landevejen. Der er en præst, der siger noget, og der er nogen, der svarer – folket eller menigheden. Det nye i den reformatoriske ordning er, at folket er aktivt involveret – i hvert fald i princippet.

Reformationen betød ikke, at præsten blev skrevet ud af gudstjenesteordningerne. Der er fortsat en præst, der medvirker og siger og gør nogle bestemte ting under gudstjenesten. Og folket svarer, bl.a. ved at synge. Og folket får hjælp af degnen, der fungerer som forsanger.

Det er et ret almindeligt træk blandt teologer, at man – når man skal sige noget om reformationstiden – tager man udgangspunkt i Luthers udsagn om det almindelige præstedømme. Det vil jeg ikke gøre. Efter min vurdering bliver det nemt en misvisende tilgang til den reformatoriske gudstjeneste – og også til den danske gudstjenesteordning efter reformationen. Der er ved en gudstjeneste kun brug for én præst – og så en menighed (folket).

I øvrigt er der ikke noget der tyder på, at man i Danmark på reformationstiden brugte eller kendte til dette begreb om det almindelige præstedømme fra Luthers tidlige skrifter. Og når Luther selv skal beskrive, hvad der sker i en gudstjeneste, fx i Deutsche Messe, gør han heller ikke brug af begrebet om det almindelige præstedømme. Han taler ganske ligetil om, hvad præsten gør og siger, og hvad lægfolket gør, eller hvad 'kirken' gør.

Min egen teologiske tilgang til gudstjenesten er mere præget af et Luther-citat, som jeg først blev blevet præsenteret for af tidligere domprovst Felter, nemlig Luthers ord ved indvielsen af slotskirken i Torgau. Ved den lejlighed sagde Luther:

> I dette hus {dvs. kirken} skal intet andet foregå end dette, at Gud taler til os i sit hellige ord, og vi taler til ham i bøn og lovsang.

Luthers ord kan betragtes som et forsøg på at give en kort definition af, hvad en gudstjeneste er. Og karakteristisk for denne definition er, at der i gudstjenesten er to parter, Gud og menigheden, og at gudstjenesten består i en vekselvirkning eller dialog mellem de to parter. Der er to hovedlinjer: en nedadstigende linje fra Gud til os – en katabatisk linje, hvis jeg skal bruge et fremmedord, som min computers stavekontrol ikke kender til. Og en opadstigende linje: fra os til Gud – en anabatisk linje.

Når man konkret skal beskrive, hvad der sker i en gudstjeneste, kan man ikke uden videre bruge hverken den teologiske beskrivelse fra Luthers prædiken ved indvielsen af slotskirken i Torgau eller Luthers begreb om det almindelige præstedømme. De befinder sig på et andet plan end den konkrete højmesseordning.

Jeg vil godt afslutte dette afsnit med nogle bemærkninger om en lidt overset person i denne sammenhæng, nemlig degnen. Og jeg tror, at mange går lidt galt af ordet og funktionen. Når man siger 'degn', får de fleste vist nok en association i retning af skolevæsenet i gamle dage. Men en degn på reformationstiden var noget andet. Han var ansat i kirken og var præstens medhjælper og havde vigtige funktioner i gudstjenesten.

Degnen i den danske reformation var en slags fortsættelse af den oldkirkelige og middelalderlige diakon. I den middelalderlige liturgi indgik der udover præsten også en diakon, som havde mange opgaver undervejs i gudstjenesten.

I senmiddelalderen var diakonen i praksis mange steder blevet til 'degnen', som var en form for medhjælper for præsten og for sognet. Han var normalt ikke ordineret og var ofte gift. Han tog sig af mange forskellige praktiske opgaver. Det var fx ham der ringede med klokkerne. Derfor blev han på svensk kaldt for klockare. Han skulle vaske kirkens tøj, rengøre kirken, måske også kirkegården, han skulle bage nadveroblater, sørge for lys, medvirke ved gudstjenesten og meget andet. I slutningen af middelalderen fik han også nogle steder mindre kateketiske opgaver, altså opgaver med at undervise børn og unge. Og det er så det, der langt senere udviklede sig til en egentlig lærerstilling.

Ved reformationen blev de fleste af præsterne ved med at fungere som præster. Det samme gjaldt formentlig også degnene. Degnens indtægter var af samme type som præstens og kom fra samme kasse, men de var bare meget mindre, højst en femtedel. Deraf det kendte ordsprog: Når det regner på præsten, drypper det på degnen.

Degnens opgaver efter reformationen har i hovedtræk været af samme type, som de var i senmiddelalderen. Der var jo fortsat nogle praktiske opgaver, der skulle løses. Vi kan klart se af 1500-tallets anvisninger, at degnen har haft en vigtig funktion i gudstjenesten, men han har på flere punkter skullet omskoles til de nye forhold.

I gudstjenestesammenhæng skal vi som udgangspunkt gøre os klart, at orgler var der normalt ikke i kirkerne – til forskel fra i dag. I landsbykirkerne har der helt klart ikke været orgler i 1500-tallet. I nogle bykirker har der været orgler i 1400-tallet før reformationen, men de blev i den første reformationstid vist nok nærmest betragtet som en katolsk uorden – og i hvert fald blev de ikke brugt til at ledsage salmesangen.

Så når der skulle synges salmer, var det oftest degnen, der skulle synge for. Indgangssalmen eller introitus blev i landsbykirkerne formentlig ledet af degnen – der var ikke rigtigt andre til at gøre det. Det kunne godt se ud til, at det efterfølgende Kyrie ofte blev sunget af degnen alene (solo). Præsten intonerede nogle af de faste salmer i gudstjenesten, fx Gloria og Credo. Men når folket skal svare, skal der være en der leder svaret eller sangen – og det er degnen.

Messens faste led (ordinarium) bliver til faste salmer

Det er jo almindeligt kendt, at et karakteristisk træk ved gudstjenesteformen i 1500-tallet var, at salmerne overgik til at blive sunget på dansk og sunget af menigheden. Men det startede ikke med at være sådan, som det er i dag. Så hvis man nøjes med at sige, at den reformatoriske gudstjeneste var en salmemesse, kan man nemt komme til at gøre sig nogle forkerte forestillinger. For på nogle punkter var det markant anderledes på reformationstiden:

- Der var ingen orgelledsagelse til salmesangen.

- Fire af salmerne var faste salmer, som erstattede de tidligere latinske ordinarieled: Kyrie, Gloria, Credo, Sanctus og Agnus Dei. Og de kunne tilmed i et vist omfang synges på latin som tidligere (i bykirker og ved højtiderne).
- Der var også nogle variable salmer, men der var normalt ikke frit salmevalg. De var ofte valgt på forhånd. De variable salmer var: Indgangssalmen (introitus), halleluja, salmen mellem læsningerne, salmen efter prædikenen og udgangssalmen. I Niels Jesperssøns Graduale var der til alle søndage et latinsk introitus og et latinsk halleluja, og udgangspunktet var afsnit fra Salmernes Bog i Det Gamle Testamente.

Hvis vi tager dem i rækkefølge, så er gudstjenestens salmer:

Ordinarium / ens hver søndag	*Proprium / varierer med kirkeåret*
	Indgangssalmen / Introitus
Kyrie eleison: synges på landet formentlig af degnen alene	
Gloria in excelsis Deo: Intoneres af præsten	
	Halleluja: Synges af to drenge. Det har nok kun kunnet lade sig gøre i byerne. I Thomissøns salmebog er der ikke mange valgmuligheder.
	Salme / Gradualsalme / Sekvens.
Credo: Intoneres af præsten efter evangeliet	
	Salme efter prædiken / Litani
Agnus Dei: synges under uddelingen. Der er nogle få alternativer.	
	Udgangssalmen

Ud fra én synsvinkel er der tale om en ret stor kontinuitet i forhold til den senmiddelalderlige latinske gudstjenestetradition. Næsten alle led bliver bevaret og i samme rækkefølge. Og den salmegudstjeneste, som vi kender i dag, har udviklet sig meget senere, i løbet af 1700-tallet og 1800-tallet.

Orglet blev først taget i brug til at ledsage salmesangen i løbet af 1700-tallet. Den første danske koralbog er Breitendichs koralbog fra 1764. Og nummertavler til det frie salmevalg blev der først brug for i første halvdel af 1800-tallet.

Det mest markante brud med den middelalderlige tradition, må nok siges at finde sted med de faste sungne højmesseled, især Gloria og Credo. De bliver ikke bare oversat til dansk, men de bliver også omdigtet og sat på vers, og de bliver forsynet med nye melodier. Og så er det menigheden under ledelse af degnen, der synger salmerne, selv om de i forlængelse af den senmiddelalderlige tradition bliver intoneret af præsten – ofte på latin, selv om menigheden synger på dansk.

Første læsning og kirkeåret
– eller det utilsigtede bortfald af gammeltestamentlige læsninger

Epistellæsningerne i den nuværende første tekstrække går næsten alle tilbage til oldkirken. Vi kan finde dem i romerske perikopelister fra 500-tallet og 600-tallet. Der skete ikke mange forandringer med dem på reformationstiden, især ikke hvis man sammenligner ordningen i den første danske alterbog med de relevante danske kilder fra senmiddelalderen.

Der er jo også tale om bibelske tekster, og det kunne man vel vanskeligt i den lutherske reformation have noget imod. Man kunne kritisere tekstudvalget, og det gjorde Luther også i et vist omfang. Men i Danmark resulterede det ikke i ret mange forandringer. Der er påfaldende overensstemmelse mellem perikopevalget i de senmiddelalderlige missaler og den danske alterbog.

Den afgørende forandringer var, at teksterne nu blev læst – eller rettere messet – på dansk, hvor de før blev messet på latin. Men selv om der tilsyneladende ikke skete nogen forandring, så var der alligevel nogle utilsigtede forandringer. Bl.a. skete der det, at de gammeltestamentlige læsninger forsvandt fra højmessen.

Den almindelige opfattelse er vist nok fortsat, at de gammeltestamentlige læsninger var faldet væk allerede engang i oldkirken, hvor der oprindelig skulle have været et system med tre læsninger: GT - epistel - evangelium. Men det passer bare ikke uden videre. De middelalderlige missaler har som førstelæsning cirka lige så mange gammeltestamentlige læsninger, som de har nytestamentlige epistler. Så her er de gammeltestamentlige læsninger altså ikke faldet væk, selv om der normalt kun er to perikoper til hver dag. Men næsten alle de gammeltestamentlige læsninger faldt væk på reformationstiden som følge af, at kirkeåret blev kraftigt reduceret i forbindelse med reformationen.

Den første danske alterbog, Palladius'alterbog, har gammeltestamentlige læsninger på fem helligdage, nemlig hellig tre kongers dag, kyndelmisse, Mariæ bebudelsesdag, sankt Hans dag og Mariæ besøgelsesdag. Fælles for de pågældende helligdage er, at de normalt ikke er søndage. Det er kalenderfaste helligdage, der normalt falder på en hverdag. Og det ser også ud til at være mønsteret i de senmiddelalderlige missaler og de oldkirkelige perikopelister, at de gammeltestamentlige læsninger kun blev brugt på hverdage. De dage der faldt væk i kirkeåret efter reformationen, var til dels helgendage. Men det var ikke kun helgendage der faldt væk, det var også hverdage i fastetiden op til påske, og hverdage i tiden mellem påske og pinse. Og de pågældende dage havde i mange tilfælde gammeltestamentlige læsninger.

I 1800-tallet var der en udmærket bog om Det danske Kirkeår af Wilh. Rothe, som blev trykt i flere oplag og var en almindelig håndbog for præster. Han mente, at det var udtryk for et bevidst princip, at man ved reformationen afskaffede gammeltestamentlige læsninger og nøjedes med nytestamentlige læsninger. Efter min vurdering er det en forkert beskrivelse af forløbet fra det senmiddelalderlige missale til den reformatoriske alterbog. Bortfaldet var efter alt at dømme en utilsigtet konsekvens af, at man efter reformationen koncentrerede kirkeåret til hovedsageligt kun at bestå af søndage.

Det senmiddelalderlige perikopesystem havde normalt kun to perikoper til hver søn- og helligdag. Den sidste var altid en evangelietekst. Den første kunne være enten en gammeltestamentlig lektie eller en nytestamentlig epistel. Efter reformationen er den første læsning i langt de fleste tilfælde en nytestamentlig epistel. Der er på dette område både kontinuitet og brud. Det reformatoriske indslag består primært i, at teksterne læses på dansk, og at kirkeåret forkortes eller koncentreres.

Evangelielæsningen og prædikenen – eller den dobbelte evangelielæsning

I princippet fortsatte gudstjenesterne efter reformationen med at have et perikopesystem med to perikoper til hver søn- og helligdag. Det er i hvert fald sådan, at alterbøgerne er bygget op. Til hver søndag er der en epistel og et evangelium.

Men når man ser nærmere efter, ser det ud til i søndagsgudstjenesterne, at der har været en dobbelt evangelielæsning. Evangeliet er blevet læst to gange: først er det blevet messet fra alteret, og dernæst er det blevet læst fra prædikestolen som indledning til prædikenen. Men det er altså det samme evangelium, der bliver læst to gange.

Det er vist nok den almindelige opfattelse, at to evangelielæsninger først blev indført i forbindelse med indførelsen af anden tekstrække i slutningen af 1800-tallet. Men det er bare ikke rigtigt.

Kirkeritualet fra 1685 foreskriver meget tydeligt, at evangeliet også skal læses fra prædikestolen, selv om det forinden er blevet sunget fra alteret.

I 1800-tallet mente mange præster, at det var for meget, og de nøjedes med en såkaldt 'halv messe'. Den halve messe bestod i, at præsten fra alteret kun messede kollektbønnen og epistelen. Evangeliet blev så læst fra prædikestolen – og kun derfra – og det blev ikke messet. Men i forbindelse med indførelsen af anden tekstrække, var man fra officielt hold ret insisterende på, at messen skulle være hel, ikke halv, og at der skulle messes eller læses et evangelium fra alteret. Evangeliet fra alteret blev efter denne ordning det 'modsatte' evangelium – det evangelium som der ikke skulle prædikes over. Og det var den ordning, der i Danmark var gældende i det meste af 1900-tallet.

Det spørgsmål der ligger i baggrunden er: hvad er evangelielæsningens rette plads eller bedste plads? Er det fra alteret eller fra prædikestolen?

Kirkeritualet fra 1685 sagde: både og. Og så vidt jeg kan se, er det ikke noget, som de fandt på i 1600-tallet, men en skik som de fortsatte fra 1500-tallet, fra Kirkeordinansen.

Formuleringerne om, hvad præsten skal foretage sig på prædikestolen i forbindelse med prædikenen, er næsten enslydende i Kirkeordinansen og i Kirkeritualet. I Kirkeordinansen står der i afsnittet om prædikenen:

> Først skal da han, som skal prædike, formane folket til at påkalde Guds hjælp. Dernæst skal han fortælle teksten, som skal forklares, og siden udlægge den. Og han skal ikke forlænge sin prædiken ud over 1 time.

Efter min vurdering er det et ret påfaldende træk, at evangelielæsningen på den måde bliver gentaget. Først bliver den messet fra alteret og siden læst eller fortalt fra prædikestolen. Og jeg spørger, hvad årsagen til denne ordning mon kan være? Det kan være af pædagogiske grunde, eller det kan være for at sikre, at det var muligt at høre den. Det har været nemmere at høre, hvad der blev læst fra prædikestolen, end hvad der blev messet fra alteret.

Jeg har en teori om, at der her på dette punkt med den dobbelte evangelielæsning måske er tale om en arv fra den senmiddelalderlige kirke, hvor det kunne give bedre mening med en sådan dobbelt evangelielæsning. Evangeliet var jo her blevet messet på latin, og det var der ikke mange i menigheden, der kunne forstå. Så hvis man ville give menigheden en mulighed for at forstå teksten, var det nødvendigt, at den også blev læst på dansk.

Det er kun en teori, men der er da nogle indicier på, at det måske kunne være foregået sådan. I et eller andet omfang blev der også prædiket forud for reformationen. Og i forbindelse med prædikenen har det været nødvendigt at læse evangelieteksten på dansk.

Anne Riising har for år tilbage (i 1969) skrevet en disputats om danske prædikener før reformationen. Jeg er ikke sikker på, i hvilken omfang hendes undersøgelse kan bruges her. Hun siger ikke meget om, hvornår og hvor der blev prædiket, og interesserer sig mere for indholdet end for de liturgiske omstændigheder. Men hendes undersøgelse viser klart, at der også i et vist omfang blev prædiket før reformationen.

Et andet indicium er Christiern Pedersens Jærtegnspostille fra 1515 – altså før Luther i 1517 slog sine teser op, og fra den periode hvor Chr. Pedersen endnu ikke var blevet luthersk. Bogen er ikke kun en samling prædikener, men indeholder også en fri dansk oversættelse af alle epistel-tekster og evangelietekster til kirkeårets søndage og helligdage. Den del af værket svarer i et vist omfang til Palladius' alterbog. Den er formentlig ikke beregnet til liturgisk brug, men er en klar dokumentation af, at der før reformationen fandtes en oversættelse til dansk af kirkeårets bibelske læsninger. Den formelle titel på bogen er: »Alle Epistler oc Euangelia som lesiss alle Søndage om aared ... «. Kirkeårets omfang i postillen svarer ret nøje til kirkeåret, som det kom til at se ud ifølge Kirkeordinansen.

Et helt nyt nadverritual

Det sidste afsnit skal handle om det nye nadverritual på reformationstiden. Og her er der helt klart tale om noget nyt og et markant brud med den eksisterende liturgiske tradition.

Når det drejer sig om gudstjenestens indledning og første hoveddel med læsninger og prædiken, er der ikke fra Luthers side, eller fra de danske reformatorer, tale om en principiel teologisk kritik af den etablerede gudstjenesteordning, som den så ud i begyndelsen af 1500-tallet.

Derfor har det på flere punkter indtil nu, hvor emnet har været gudstjenestens første to hoveddele, været relativt åbent, om den danske gudstjenesteordning efter reformationen bare var en tillempet udgave af den senmiddelalderlige ordning, eller om der var tale om en nyordning inspireret af Luthers højmesseforslag.

Men når det drejer sig om nadveren, er det klart anderledes. Det skyldes som udgangspunkt Luthers skarpe kritik af teologien i den latinske nadverliturgi. Det vil jeg lade ligge i denne sammenhæng. Men det giver sig udslag i, at man – hvad angår nadverliturgien – mere eller mindre begynder på en frisk med udgangspunkt i de bibelske tekster – ikke med udgangspunkt i traditionen.

Det danske nadverritual efter reformationen har ikke meget tilfælles med den middelalderlige, latinske ordning. Her er forlægget ret klart Luthers Deutsche Messe fra 1526. Men på den anden side er den danske ordning ikke identisk med Luthers forslag. Den har sin egen selvstændige profil.

Ifølge den danske ordning fra 1500-tallet synger man en salme, når præsten er færdig med prædikenen. Herunder bevæger nadvergæsterne sig op til alteret og placerer sig efter køn: mændene til højre og kvinderne til venstre. Præsten bevæget sig også op til alteret og gør brød og vin rede i fornødent omfang.

Derefter indleder præsten med en nadverformaning: »Kære Kristi venner«. Formaningen er ikke at betragte som en del af selve nadverritualet, men en indledende kateketisk tekst: en formaning. Det kommer til udtryk i, at præsten siger teksten – han messer den ikke. Og han står vendt »mod folket«. Teksten blev redigeret og godkendt på et bispemøde i København i 1540 og blev senere trykt i den danske alterbog.[4] Den er inspireret af Luthers tekst i Deutsche Messe, men er markant afvigende. Luthers formaning er som udgangspunkt en Fadervor-parafrase. Det har man ikke brugt i Danmark. Her messes Fadervor som den indledende del af selve nadverritualet, og den kommer efter nadverformaningen og før indstiftelsesordene.

Første led i selve nadverritualet er som sagt Fadervor. At man nu er gået i gang med selve nadverritualet kommer til udtryk i, at præsten vender sig mod alteret og messer teksten. Fadervor skal altid messes på dansk.

Næste led i nadverritualet er Indstiftelsesordene. De skal også messes på dansk, og præsten står fortsat vendt mod alteret.

Luther havde en idé om, at man burde dele indstiftelsesordene i to dele. Først ordene om brødet, hvorefter brødet blev uddelt, og så ordene om vinen, hvorefter vinen blev uddelt. Men det har man mig bekendt aldrig overvejet eller planlagt i Danmark.

4 Se Holger Fr. Rørdam (ed.): Danske Kirkelove ... 1536-1683, Kbh. 1883, bind I, s. 154-155.

Under uddelingen synges »O Guds Lam uskyldig« eller noget tilsvarende. Og nadveren slutter med en takkekollekt og den aronitiske velsignelse.

I forhold til den senmiddelalderlige ordning er det et radikalt anderledes og meget forenklet ritual. Og det blev sådan, man holdt nadver i Danmark i mange århundreder: i 1500-tallet, 1600-tallet, 1700-tallet og 1800-tallet.

Det ændrede sig først med 1912-ritualet. Her gik man bevidst efter et nyt og anderledes nadverritual. Og man søgte efter de oldkirkelige rødder, bag om Luther. I et vist omfang var det et opgør med Luther, ikke et teologisk opgør, men et liturgisk. Man savnede en nadverbøn efter oldkirkeligt forbillede. Det var blevet for meget formaning og for lidt fest, mente de danske biskopper i 1910, da de fremlagde et forslag til nyt nadverritual og nyt dåbsritual. De blev efterfølgende autoriseret i 1912 og er vel det mest brugte i dag.

Det der i dansk nadverliturgi er blevet stående af arven fra Luther og den tidlige danske reformation, er især indstiftelsesordenes centrale stilling og funktion.

Afslutning

Jeg vil slutte med en omtale af og henvisning til et projekt i anledning af reformationsjubilæet. Projektet har titlen: 5 tider, 5 gudstjenester, 5 kirker. Sjællands Kirkemusikskole ved rektor Ole Brinth er initiativtager. De involverede kirker er: Roskilde Domkirke, Vordingborg, Holbæk, Vor Frelsers Kirke i København og Haslev kirke. Ideen bag projektet har været, at der i anledning af reformationsjubilæet i 2017 skulle holdes 5 'historiske' gudstjenester, et for hvert af de fem århundreder siden 1517.

Mit bidrag til projektet har især været at udarbejde en dokumenteret rekonstruktion af en dansk højmesse for hvert af de fem århundreder. Årstallene for de fem gudstjenester er: 1569, 1699, 1764, 1832 og 1901. På min private hjemmeside findes et dokument med de fem rekonstruktionsskitser. Adressen er: www.sejrupvilladsen.dk/LN-14.pdf

Hvis man er interesseret at gå mere i dybden med de enkelte detaljer, kan man her finde et forsøg på en mere detaljeret og dokumenteret skildring af, hvordan man fejrede højmesse i Danmark i sidste halvdel af 1500-tallet og på nogle udvalgte årstal senere hen i historien frem mod i dag.

OVERSIGT OVER DANSK HØJMESSE 1569, SAMMENLIGNET MED 1699 OG 1992

Gudstjeneste 1569	*Gudstjeneste 1699*	*Gudstjeneste 1992 normal*
		I. INDLEDNING
	Klokkeringning	Klokkeringning
Indgang / Introitus	Indgang / Præludium	1. Indgang (præludium)
	Indgangsbøn	2. Indgangsbøn
	Fadervor	
Kyrie	Kyrie-salme	3. Indgangssalme
Gloria	Gloria-salme	
Hilsen	Hilsen	4. Hilsen
Indledningskollekt	Indledningskollekt	5. Indledningskollekt
		II. ORDET
Epistel	Epistel	6. Læsning fra GT
Halleluja		
Salme / Gradualsalme	Epistelsalme	7. Salme mellem læsninger
Sekvens: Kun ved højtiderne.	Sekvens: Nu bede vi den Helligånd	
Evangelium: Messes fra alteret.	Evangelium: Messes fra alteret.	8. Læsning fra NT (epistel)
Trosbekendelses-salme	Trosbekendelses-salme	9. Trosbekendelse (prosa)
	Salme før prædiken	10. Salme før prædiken
Bøn og prædiketekst (på prædikestol)	Bøn, Fadervor og evangelielæsning (på prædikestol)	11. Evangelielæsning (på prædikestol)

Gudstjeneste 1569	*Gudstjeneste 1699*	*Gudstjeneste 1992 normal*
Prædiken	Prædiken	12. Prædiken: Bøn, prædiken, lovprisning
Kirkebøn	Kirkebøn	13. Kirkebøn
Fadervor	Fadervor	
	Tillysninger	Meddelelser
	Velsignelse fra prædikestolen	Apostolsk velsignelse
Salme efter prædiken	Salme efter prædiken	14. Salme efter prædiken
		III. NADVER
Nadverformaning	Nadverformaning	15. Nadverbøn (a, b, c)
Fadervor	Fadervor	16. Fadervor
Indstiftelsesordene	Indstiftelsesordene	17. Indstiftelsesordene
Uddeling. Herunder synges en salme.	Uddeling. Herunder synges en salme.	18. Nadvermåltidet. Herunder evt. en salme
	Takkesalme	
		IV. AFSLUTNING
Slutningskollekt	Slutningskollekt	19. Slutningskollekt
Velsignelse	Velsignelse fra alteret	20. Velsignelse
Udgangssalme	Udgangssalme	21. Udgangssalme
	Udgangsbøn	22. Udgangsbøn
	Fadervor	
	Postludium?	23. Udgang (postludium)

Efterfølgende blev oprindelig holdt som oplæg ved et seminar i Forum for Patristik i januar 2017. I revideret form blev det i februar 2018 trykt i internettidsskriftet Patristik (www.patristik.dk/Patristik.htm). Den oprindelige karakter af mundtligt foredrag opretholdt, men foredraget blev suppleret med et bilag med et udvalg af danske nadverliturgier, samt fortegnelser over kilder og litteratur.

»I kor med alle engle«

Om oldkirkelige spor i dansk nadverliturgi

RESUME
Som en del af den danske højmesseordning fra 1992 blev der autoriseret en udvidet nadverindledning med tydelige oldkirkelige spor (nadverbøn C med helligsangen). Hensigten med efterfølgende undersøgelse var at finde frem til den eller de oldkirkelige liturgier, der har tjent som inspiration eller forlæg til det udvidede nadverritual.

Det umiddelbare forlæg er det udvidede nadverritual i liturgikommissionens betænkning fra 1971, som igen i høj grad bygger på Dansk Kirkesangs forslag fra 1943. På grundlag af en gennemgang af især Dansk Kirkesangs forslag er min foreløbige konklusion, at nadverbøn C ikke følger en bestemt oldkirkelig nadverliturgi, men er en selvstændigt udformet dansk nadverbøn med inspiration fra forskellige oldkirkelige nadverliturgier, både fra vestkirken og østkirken.

INDHOLD

Indledning

Dette er ikke et foredrag om oldkirkelige nadverritualer og nadverteologi. Det er heller ikke et foredrag om danske nadverritualer og nadverteologi. Det er et foredrag om oldkirkelige spor i dansk nadverliturgi. Det er endt med at blive mere dansk liturgihistorie, end jeg oprindelig havde planlagt. Men jeg har forsøgt at fastholde, at det jeg spurgte efter var oldkirkelige spor i dansk nadverliturgi.

Titlen på foredraget, »I kor med alle engle«, er et citat fra nadverbøn C i den danske højmesseordning fra 1992:

Vi takker og lover dig, Gud Fader almægtige,
ved Jesus Kristus, vor Herre.
Du skabte himlen og hele dens hær,
jorden og alt, som er derpå.
Liv og ånde giver du os,
mætter os daglig af din fylde.
Derfor vil vi med hele din menighed
på jorden og i himlen,
i kor med alle engle,
synge din herligheds lovsang.

(Alterbog 1992, 17)

At nadverbønnen er inspireret af ældre nadverliturgier, fra oldkirken eller fra middelalderen, er forholdsvis oplagt. Men hvilken eller hvilke nadverliturgier fra den gamle kirke? Oldkirke eller middelalder? Vest eller øst? Det er det forholdsvis elementære spørgsmål, som jeg vil forsøge at besvare.

Umiddelbart skulle man tro, at man nemt kunne finde svar på spørgsmålet i det eller de oplæg, der har dannet grundlag for autorisationen i 1992, men det er – så vidt jeg kan se – ikke tilfældet.

Jeg indleder med en forundersøgelse af de oldkirkelige spor i dansk nadverliturgi og begynder med 1992-ordningen. Derfra går jeg bagud i tiden til liturgikommissionens betænkninger fra 1985 og 1971, Prøveritualbogen fra 1963 og Dansk Kirkesangs forslag fra 1943.

En forundersøgelse af oldkirkelige spor i dansk nadverliturgi

Den autoriserede højmesseordning fra 1992 er identisk med en indstilling til kirkeministeren fra biskopperne. Og biskoppernes opfattelse var, at de i hovedsagen blot indstillede det til autorisation, som liturgikommissionen havde foreslået i betænkningerne fra 1971 og 1985. Det fremgår fx af biskoppernes indstilling den 24. april 1992 til kirkeministeren:

> Nadverliturgien anføres som en del af højmesseordningen. Hermed fremhæves, at nadveren er en del af en normal højmesse. Li-

> turgikommissionens forslag til tre alternative nadverliturgier er sammenarbejdet, således at der er tre forskellige nadverindledninger, der alle fortsættes med Fadervor, indstiftelsesordene og nadvermåltidet.[1]

Fordi biskoppernes indstilling lægger sig ret tæt op ad liturgikommissionens forslag, finder man ikke hos biskopperne nogen nærmere redegørelse for kilderne til nadverliturgien.

Og man bliver ikke meget klogere af at se nærmere på liturgikommissionens betænkninger. For selv om nadverliturgien er et vigtigt punkt i højmesseordningen, har Kirkeministeriets liturgiske kommission, der blev nedsat i 1970, ikke fremlagt nogen historisk eller principiel redegørelse for de tre nadverliturgier, som de foreslog i to betænkninger fra 1971 og 1985. Det hænger måske sammen med, at liturgikommissionens første forslag i 1971 kun var et forslag til en foreløbig revision af højmessen. Men liturgikommissionens endelige forslag i 1985 var identisk med det foreløbige forslag fra 1971, og der kom ikke nærmere kommentarer til de foreslåede nadverritualer.

En forklaring på liturgikommissionens tavshed kan måske være, at kommissionen også bygger på allerede eksisterende ordninger eller ældre forslag. Forslaget til såkaldt »udvidet nadverritual« bygger i et vist omfang på forslaget i Prøveritualbogen fra 1963. Her i Prøveritualbogen finder man i indledningen nogle bemærkninger, men de er meget generelle og ubestemte. Den latinske terminologi og visse detaljer peger dog mest på romersk tradition. Jeg bringer et længere citat:

> 1912[-ritualet] ... indledte nadveren med de gamle væsentligt oldkirkelige led: Sursum corda (»Opløft eders hjerter«), Sanctus (Helligsangen fra Johs. Åb. 4,8), Hosianna, Benedictus (»Velsignet være

1 Jeg var liturgisk sekretær for biskopperne i arbejdet med den danske gudstjenesteordning forud for autorisationen i 1992 af Den Danske Alterbog, herunder også højmesseordningen med nadverliturgi, og citerer fra egne kopier af papirerne fra dengang.

den, som kommer i Herrens navn«), Agnus Dei (»O, du Guds Lam«) og en beredelsesbøn. Handlingens lovprisningskarakter kom derved stærkere frem. De samme led har været bevaret eller er blevet genoptaget i de fleste andre større kirker.

Et flertal inden for udvalget har ment, at man burde gå videre ad vejen fra ritualet af 1912 og bringe de enkelte led i en fyldigere og rigtigere sammenhæng:

1. Sursum corda i oprindeligere form.
2. Indførelse af den gamle indledningsbøn (præfationsbønnen), skiftende efter kirkeåret.
3. Sanctus i den traditionelle form (fra Es. 6).
4. Ny form for beredelsesbønnen (postsanctus) efter ældre forbillede.
5. Agnus dei (i forskellig udformning) flyttet hen til sin gamle plads efter indstiftelsen.
6. Endelig har man foreslået mellem de forskellige hold af nadvergæster kun at bruge fredshilsenen og lade det sædvanlige ønske lyde efter det sidste hold. Fadervor bevares på den hidtidige plads foran indstiftelsesordene.

(Prøveritualbogen 1963, 10)

Bemærkningerne peger i retning af romersk liturgi. Præfationsbønner der varierer efter kirkeåret, finder man kun i romersk liturgi – det findes ikke i østlige liturgier. I samme retning peger forestillingen om, at Agnus Dei har en bestemt plads. I Chrystostomos-liturgien findes der eksempelvis ikke noget Agnus Dei, og derfor kan den ikke siges at have nogen bestemt plads i denne liturgi.[2]

Prøveritualbogen har nogle noter, som er lidt mere præcise. Her tales der om »oldkirkelige forbilleder«, »ældre former«, samt »Dansk kirke-

2 Chrysostomos-liturgien fx har en sang under uddelingen. Den kaldes kinonikon, eller koinonikon, og har ikke meget at gøre med Agnus Dei.

sangs forslag 1942« (Prøveritualbogen 1963, 149). Men helt præcist bliver det fortsat ikke, bortset fra henvisningen til Dansk Kirkesang.

Forslaget fra Dansk Kirkesang findes trykt i selskabets årsskrift fra 1943. Et gudstjenesteudvalg fremlægger her et forslag til revideret højmesseliturgi, herunder også nadverliturgi med en helligsang, der synges af menigheden »i kor med alle engle«. I de indledende bemærkninger skriver de om nadverliturgien:

> Her er vi os bevidst, at vi fortsætter og uddyber, hvad Biskopperne begyndte med deres Forslag af 1910. Vi kan i eet og alt slutte os til de Synspunkter, de fremførte i Forordet til deres Forslag. Med dette som Baggrund var det nu først og fremmest vigtigt at forny Takkebønnen, Eukaristibønnen, der altid har dannet et af Nadverliturgiens Højdepunkter. Menigheden kan ikke nøjes med at *høre om*, at vor Herre Jesus takkede; den maa selv frembære sin Tak og Lovsang. Og intet Sted lød den rigere end her ved Nadveren. Ikke mindst fra de østerlandske Liturgier ved vi noget om den rentud overstrømmende Taksigelse, der kom til Orde paa dette Sted i Gudstjenesten. Gerne havde vi fulgt dem et Stykke længere paa Vejen.
>
> Med disse Liturgier som Forbillede har vi delt Taksigelsen i to Dele. Først kommer *Sursum corda*, som vi gengiver i den forkortede Form, i hvilken det findes i vort nuværende Ritual. Derefter Takken for Skaberværket og Livet, for alt hvad der ligger i den første Trosartikel. Derigennem føres vi frem til *Sanctus*, Helligsangen, hvor Menigheden forener sig med Kirken udover hele Jorden, den som er gaaet forud og den, som skal komme – og med hele Englenes Hær. I Modsætning til vort nuværende Ritual har vi valgt at lægge Helligsangen i Menighedens Mund, hvor den rettelig hører hjemme. Og i Stedet for Johannes' Aabenb. 4 som i det nuværende Ritual har vi holdt os til den fra Romermessen kendte liturgiske Form, der i det væsentlige følger Esajas 6.
>
> Efter *Sanctus* og *Benedictus* gaar Takkebønnen videre til at omfatte Taksigelsen for Frelsen i Jesus Kristus, der munder ud i Ihu-

> kommelsen af hans Lidelse og Død, Opstandelse og Ophøjelse og i Forventningen om hans Genkomst. Dette eskatologiske Fremblik bør ikke mangle i Nadverritualet.
>
> Vi er nu kommet til det Punkt, hvor Tankerne og Takken direkte samles om Nadveren. Eukaristibønnen bør derfor føre umiddelbart over i Indstiftelsesordene, som begrunder og bærer Nadverhandlingen.
>
> (Dansk Kirkesang 1943, 10-11)

Hvor bemærkningerne i Prøveritualbogen 1963 mest pegede på oldkirkelige spor fra vestkirken (romersk liturgi), så taler gudstjenesteudvalget fra Dansk Kirkesang mere om inspiration fra »østerlandske Liturgier«. Men stadigvæk ret upræcist og ukonkret.

Resultatet af denne indledende forundersøgelse er, at der ikke findes præcise informationer om de oldkirkelige spor i de forslag og betænkninger, der er gået forud for den autoriserede højmesseordning fra 1992. *At* der er tale om oldkirkelige spor er dog helt oplagt. Hvis man vil vide nærmere besked, er det nødvendigt at gå grundigere og mere selvstændigt til værks.

Men under alle omstændigheder undrer jeg mig over, at man ikke kan finde noget om kilderne til nadverliturgien i liturgikommissionens betænkninger. Måske skyldes det, at liturgikommissionens sekretær og hovedkraft, Chr. Thodberg, havde en kritisk holdning til inddragelse af ældre nadverliturgier i aktuel dansk liturgi?

Undervejs i forberedelserne til dette foredrag fandt jeg et markant citat af Chr. Thodberg. Det findes i et foredrag, som han holdt på Dansk Kirkesangs sommermøde i 1962 – altså lige før Prøveritualbogen fra 1963 og nogle år før han i 1970 blev medlem af liturgikommissionen – og det lyder således:

> Vi må i vor gudstjeneste finde nye og selvstændige udtryk, der med ægte spontaneitet forkynder evangeliet for samtiden. Vi må være vore egne ord bekendt og ikke springe over, hvor gærdet er lavest,

> der hvor man flikker en liturgi sammen af lidt bibelord, lidt Hippolyt, lidt Irenæus, lidt Chrysostomus og lidt Luther.
>
> (Thodberg 1962, 23)

Thodberg forholdt sig kritisk bl.a. til det ældre forslag til nadverliturgi fra Dansk Kirkesang fra 1943 og til et par nye forslag fra 1960 fra henholdsvis Kirkemusikkredsen og Theologisk Oratorium (se nærmere i kildefortegnelsen). Af hans kritik fremgår indirekte, at der efter hans opfattelse er oldkirkelige spor i de foreslåede nadverliturgier. Denne sammenflikkede karakter gælder vel også det forslag til lang nadverliturgi, som liturgikommissionen selv fremlagde i 1971 og 1985? Og det kan måske forklare en manglende interesse i at forklare nærmere, hvilke bestanddele forslaget var flikket sammen af? Men det er kun et gæt, og der kan være mange andre forklaringer på den påfaldende tavshed på dette punkt fra liturgikommissionen.

Men nu gør jeg et selvstændigt forsøg på at finde frem til de oldkirkelige kilder, og jeg begynder med den danske reformation.

Reformationstidens nadverritual og oldkirken

Nadverliturgien i Danmark efter reformationen blev forenklet og forandret radikalt i forhold til den eksisterende liturgi dengang. Den egentlige nadverliturgi kom kun til at bestå af Fadervor, indstiftelsesordene og uddelingen. Forud for nadveren var der en nadverformaning: »Paa det kæriste venner Christi«. Og nadveren blev afsluttet med en takkekollekt. Der var ikke mange spor tilbage af oldkirkelig nadverliturgi i dette ritual (i bilag 1 gengives nadverritualet som det findes i alterbogen fra 1556).

Det danske nadverritual, som det blev foreskrevet i Kirkeordinansen fra 1539 og alterbogen fra 1556, bygger i store træk på Luthers tyske messe fra 1526. Men der er ikke blot tale om en oversættelse fra tysk til dansk. Det danske nadverritual har sin egen selvstændige profil.

Med små ændringer var det et nadverritual af denne type, der blev brugt i Danmark i de følgende århundreder, helt frem til 1912.

Nogle karakteristiske punkter for reformationstidens og de efterfølgende århundreders danske nadverritual i forhold til det middelalderlige nadverritual er:

- Det er meget kort.
- Ordene er primært rettet til nadvergæsterne.
- Der er ikke nogen egentlig nadverbøn rettet til Gud.
- Der er ikke nogen kirkeårsvariation. Ritualet er det samme på alle søn- og helligdage.
- Indstiftelsesordene har en selvstændig stilling og funktion umiddelbart forud for uddelingen.
- Fadervor er placeret forud for indstiftelsesordene og er den eneste bøn i selve ritualet.

Selv om der på det meget elementære plan er fællestræk mellem det danske efterreformatoriske ritual og de oldkirkelige liturgier, kan det vist godt forsvares at konkludere, at de oldkirkelige spor blev helt elimineret i det danske efterreformatoriske nadverritual.

Men i slutningen af 1800-tallet og begyndelsen af 1900-tallet var der nogen, der mente, at der var gået noget tabt i reformationens meget forenklede nadverritual. Og det resulterede i et nyt nadverritual i 1912. Det var ikke kun i Danmark, at der skete noget i denne periode. Der skete også noget i mange andre kirker, og der er tale om en generel tendens til at inddrage ældre nadverliturgier og gudstjenesteformer, men jeg nøjes i denne sammenhæng med Danmark.

Biskoppernes forslag 1910 og 1912-ritualet

I 1895 var der blevet autoriseret et nyt nadverritual. Men der var ikke tale om et egentligt nyt nadverritual – der var kun tale om en modernisering af ordlyden i det eksisterende ritual fra Kirkeritualet 1685. Kort tid efter var der dog nogen, der mente, at der skulle ske noget mere grundlæggende nyt. Og i 1912 blev der autoriseret et nyt nadverritual, som helt bevidst ikke ville nøjes med reformationstidens nadverliturgi, men ville genoptage elementer fra oldkirkens nadverliturgier.

1912-ritualet bygger på et forslag fra de daværende biskopper, og hovedmanden bag forslaget var Peder Madsen. Peder Madsen var professor i dogmatik ved Københavns Universitet i en længere årrække, fra 1875 til 1909, ca. 34 år. Som dogmatiker var Peder Madsen en god lutheraner, og han har ikke haft til hensigt at foreslå et nadverritual, der skulle være i modstrid med Luther og reformationen. Men det foreslåede ritual var på den anden side helt bevidst noget andet end reformationstidens nadverritual.

I 1909 blev Peder Madsen biskop over Sjælland, og i den egenskab var han med til at fremlægge et ritualforslag fra biskopperne i 1910 (forslaget til nadverritual er trykt som bilag 4). Dette forslag blev med små ændringer autoriseret ved kongelig resolution i 1912. Peder Madsen nåede dog ikke at se det færdige resultat, for han døde i 1911 efter kun to år som biskop.

Det fremgår klart af fortalen til biskoppernes forslag i 1910, at de har besluttet sig for at foreslå et ritual, der ikke blot er en revision af det eksisterende. De skriver:

> Men vi har opgivet Tanken om et blot Gennemsyn, dels fordi det er meget utilfredsstillende at fortsætte med Revisioner, som efter Sagens Natur aldrig, hvor meget end Formen forandres, kan komme ud over, hvad der allerede var givet i det gamle, dels fordi det er vor Overbevisning, at der baade i Daabs- og i Nadverritualet mangler væsentlige Sider, som bør komme til Udtryk ved disse Handlingers Udførelse. Sakramenterne er det rigeste, der er betroet Guds Menighed; derfor er det en naturlig Trang, at deres Forvaltning maa have et festligt Præg, maa være baaren af Tilbedelse, Tak og Bøn. Det har været vor Bestræbelse at bringe dette til Udtryk.
>
> (Biskoppernes Forslag 1910, 5).

Formålet med forslaget er altså et dobbelt. Man ønsker at ændre nadverritualets karakter, sådan at det får et mere festligt præg. Og man ønsker at ændre dets indhold, sådan at det bliver båret af tilbedelse, tak og bøn.

Lidt længere fremme i fortalen forklarer biskopperne nærmere, hvad de foreslår ændret ved nadverritualet og hvorfor:

> Kravet om Sakramenthandlingernes festlige Karakter samler sig i særlig Grad om den hellige Nadvere. Naar Nadveren er Højdepunktet af Herrens Nærværelse i sin Menighed, maa Tilbedelsen her komme til sit rigeste Udtryk. Derfor har den gamle Kirke her efterladt os en rig Arv, hvis vigtigste Led er Opfordringen *Sursum corda*, Lovsangen *Sanctus*, *Benedictus* og *Agnus Dei*. Intet af dette er bevaret hos os. Men i Stedet er kommen den Tiltale, hvormed Handlingen indledes, og hvis Indhold ikke lyder som en Indbydelse til Fest, men gaar op i Belæring og Formaning.
>
> (Biskoppernes Forslag 1910, 7)

Den bærende idé i forslaget er ikke at restaurere et gammelt nadverritual, men at få nogle centrale aspekter frem, som var gået tabt i reformationstidens reduktion. Biskopperne forestillede sig formentlig, at de foreslog et helt nyt ritual med inspiration fra ældre ritualer fra tiden før reformationen. Og hvis det er det, man forestiller sig, er man jo forholdsvis frit stillet. Der er ikke tale om et historisk projekt, men om et aktuelt projekt. Og det er nok også derfor, at jeg har svært ved at få et svar på mit spørgsmål om, hvilket eller hvilke oldkirkelige ritualer man helt konkret lod sig inspirere af.

Biskopperne taler ret generelt om en rig arv, som »den gamle kirke har efterladt os«. Det kan jo både være oldkirke og middelalder, det kan være øst, eller det kan være vest. Det fremgår ikke eksplicit. Selv om det måske ikke er kongenialt i forhold til biskoppernes forslag, vil jeg alligevel forsøge at få et svar på spørgsmålet om, hvilke ritualer helt konkret de lod sig inspireret af? Et oplagt sted at søge efter yderligere informationer er i Peder Madsens forfatterskab.

Peder Madsen var dogmatiker, og så vidt jeg kan se, har han ikke skrevet mere uddybende om nadverliturgi. I »Kirkeleksikon for Norden« har han skrevet en artikel om sakramenterne, men det er hovedsageligt en dogmatisk artikel – det er ikke en liturgihistorisk artikel.[3] I 1912 (efter hans død) udkom der et lille skrift af Peder Madsen om »Skriftemaalet og dets Plads ved Gudstjenesten«. Man kan her se, at han lægger stor vægt på, at nadveren bliver en del af gudstjenesten, og han opponerer meget skarpt imod, at skriftemålet anbringes inde i gudstjenesten mellem prædiken og nadver. Skriftemålets plads ifølge Peder Madsen er forud for gudstjenesten. Skriftet kunne tænkes at indeholde informationer om kilderne til nadverritualet, men gør det ikke.

Den latinske terminologi i biskoppernes forord 1910 peger mest på den latinske eller romerske tradition i en version, som nok snarere er middelalderlig end oldkirkelig. De latinske ord er: *Sursum corda, Sanctus, Benedictus* og *Agnus Dei*. Der behøver ikke at ligge mere i det, end at man bruger traditionel faglig terminologi, der er præget af den latinske tradition, men der er nogle saglige grunde til at formode, at der ligger mere i det.

Benedictus findes også i østlig liturgi, fx i Chrysostomos-liturgien, men det vil ikke – så vidt jeg er orienteret – være sagligt begrundet at betragte det som et selvstændigt led i forhold til *Sanctus* (helligsangen). Så når man omtaler *Benedictus* som et gammelt led i nadverliturgien, bevæger man primært sig inden for den vestlige musiktradition, som er forbundet med romersk liturgi.

Endnu tydeligere er det med *Agnus Dei* (O du Guds Lam). Sangen Agnus Dei har oprindelige rødder i østkirken, men den indgår – mig bekendt – ikke i nogen af de østlige liturgier. I den romerske liturgi blev den først indført omkring år 700, og den hører altså ikke til de oprindelige led i oldkirkelig nadverliturgi, hverken i øst eller vest. Så her er der tydeligt tale om et spor, der kun hører hjemme i romersk (latinsk) liturgi, og snarere i en middelalderlig end i en oldkirkelig tradition.

3 Det pågældende bind 4 udkom først i 1929, men artiklen er skrevet før hans død i 1911 og blev trykt i Peder Madsens bog om skriftemålet fra 1912.

Agnus Dei bliver i biskoppernes forslag fra 1910 indplaceret på et sted i nadverliturgien, som der ikke er forlæg for i romersk liturgi, nemlig lige efter Sanctus og Benedictus. I klassisk liturgi ville der her være en fortsætte af nadverbønnen, den del som man plejer at kalde *Postsanctus*. I romersk liturgi hører Agnus Dei hjemme efter indstiftelsesordene og de opfølgende bønner og lige inden uddelingen.

Hvis man er uvenlig, opfatter man det som en ukritisk sammenflikning af forskellige forhåndenværende bestanddele. Hvis man er venlig – og det vil jeg godt forsøge at være – så er det et udslag af, at biskopperne i 1910 forsøgte at lave et nyt nadverritual under inspiration af ældre ritualer. Og her har man så brugt Grundtvigs gendigtning af Agnus Dei og indsat det i nadverliturgien, som en slags nadverbøn, sunget af menigheden. Grundtvigs gendigtning var ikke oprindelig beregnet til at indgå i nadverliturgien, men var digtet som en almindelig salme.

Biskopperne har formentlig haft en intention om, at menigheden skulle involveres i nadverliturgien. Og her er det, at »O du Guds Lam« får en funktion. Ifølge biskoppernes oprindelige forslag er det som udgangspunkt præsten, der messer det hele – også helligsangen og ordene »Hosianna i det høje«. I biskoppernes forslag indgik der som udgangspunkt ikke nogen dialog mellem præst og menighed.[4] Menighedens svar (eller dialogen) kommer kun til udtryk i salmen »O du Guds Lam«; men her kommer den så også tydeligt til udtryk.

En kritisk vurdering af biskoppernes forslag i 1910 blev formuleret på et tidligt tidspunkt. Peder Severinsen skrev i 1912 en lille bog om »Ord og Skik ved Daab og Nadver«. Anledningen til bogen var biskoppernes forslag i 1910. Han betegner det som biskop Peder Madsens forslag og skriver, at det fortjener stor tak på grund af dets friske initiativ. Men det må alligevel betragtes som meget famlende og uden god tilknytning til fortiden (Severinsen 1912, 84).

4 I biskoppernes forslag er der en mulighed for en dialog, men den er henvist til en fodnote og er først senere kommet til at indgå i almindelig liturgisk praksis. Formentlig er det sket i sammenhæng med Thomas Laubs musik til nadverliturgien i Dansk Kirkesang 1918, nr. 206.

Især kritiserer Severinsen placeringen af »O du Guds Lam« lige efter Sanctus og Benedictus. Severinsen holder sig altså også til den latinske terminologi og skriver:

> Derefter [efter Sanctus og Benedictus] har han – ubegribeligt – anbragt »O du Guds Lam«. Dette er et stort Fejlgreb. Paa denne Plads maa der være Lovprisning og Taksigelse. »O du Guds Lam« hænger i det hele uadskillelig sammen med en Ceremoni, vi har udeladt, Brødets Brydelse bag efter.
>
> (Severinsen 1912, 84-85)

En hovedsag for Severinsen er, at der i dansk nadverliturgi mangler en nadverbøn, som giver udtryk for lovprisning og taksigelse. En sådan nadverbøn er et grundlæggende træk ved de oldkirkelige nadverliturier, og en sådan bøn savner han i biskoppernes forslag fra 1910. Derfor fremsætter han selv et forslag, som måske har haft betydning længere op i århundredet. Men det medførte ikke nogen forandringer i det nadverritual, der blev autoriseret i 1912. (Severinsens forslag er trykt som bilag nr. 5).

I Severinsens bog er der en forholdsvis grundig gennemgang af oldkirkelige nadverliturgier. Han indleder med en gennemgang af de nytestamentlige beretninger om nadverens indstiftelse. Fra den oldkirkelige periode behandler han især Justinus Martyr, Apostellæren (Didake), Addaj og Mari's liturgi, Hippolyt, Sarapions nadverbøn og romermessen.

Han har en forestilling om en oprindelig kerne i de ældste nadverritualer, og denne kerne består af en eukaristibøn med lovprisning og tak, samt en bøn om nadverens modtagelse og virkning (Severinsen 1912, 68-69 og 58). I bønnen indflettes normalt indstiftelsesberetningen fra Det Nye Testamente, men den kan mangle. Til denne faste kerne er der senere kommet forskellige tilføjelser og udvidelser. De er kun udenværker, selv om de i sig selv kan være værdifulde nok. Til tilføjelserne hører forskellige indledninger (præfationer), helligsangen, ofringsformler og Fadervor.

Severinsens forslag forsøger at nå tilbage til en oldkirkelig kerne og skrælle senere unødvendige tilføjelser af. Til de unødvendige tilføjelser hører efter hans vurdering både Fadervor og O du Guds Lam.

Jeg er ikke overbevist om, at Peder Madsen og de andre biskopper i 1910 på samme måde som Severinsen har haft en intention om at gå tilbage til en oldkirkelig kerne. Det virker umiddelbart på mig, som om de i højere grad har ment, at det var i orden at foreslå noget nyt med forholdsvis fri anvendelse af arven fra den gamle kirke.

Ved at give oplægget titlen »I kor med alle engle« har jeg antydet, at englesangen vil være en slags ledetråd i min eftersøgning af de oldkirkelige spor. Og i 1912-ritualet var der ikke englesang. Der er godt nok en helligsang (sanctus), men den fremtræder i ritualet ikke som en sang, som englene synger med på. Det hænger sammen med tre ting:

1) 1912-ritualet har ikke en egentlig nadverbøn i klassisk forstand på samme måde som de oldkirkelige nadverritualer. Derfor bliver der ikke lejlighed til i nadverbønnens indledning (præfationen) at omtale englenes sang. For der er slet ikke en sådan indledning.
2) Helligsangen (sanctus eller trishagion) er ikke er taget fra Det Gamle Testamente, fra Esajas 6,3, men fra Det Nye Testamente, fra Johs. Åb. 4,8. Hos Esajas bliver helligsangen sunget af serafer, mens den i Johannes Åbenbaring bliver sunget af 4 væsener, som nok har vinger, men måske ikke forekommer helt så engleagtige som seraferne.
3) Helligsangen bliver ikke sunget af menigheden eller et kor, men bliver messet solo eller bare læst af præsten.

Om de oldkirkelige spor i 1912-ritualet vil jeg sige konkluderende sige, *at* de er der, og at de ser ud til primært at stamme fra romersk tradition. Men der er tale om en fri og begrænset anvendelse af oldkirkelige elementer, som indgår i et nadverritual, der i hovedsagen holder sig til den struktur, som har været anvendt siden reformationstiden. Den indledende formaning fra reformationstiden bliver erstattet af en mere festlig indledning med anvendelse af oldkirkelige elementer. Derefter følger - uændret i forhold til ældre dansk tradition – Fadervor, indstiftelsesordene og nadvermåltidet.

Dansk Kirkesangs forslag 1943

I det udvidede nadverritual fra højmesseordningen i 1992 er der tale om en tydelig udvidelse af de oldkirkelige træk i nadverritualet i forhold til ritualet fra 1912. Indtil videre vil jeg mene, at nadverbøn C med englesangen fra 1992 i dansk kontekst i hovedsagen bygger på Dansk Kirkesangs Forslag fra 1943. Det er bl.a. her, at vi finder vendingen »i kor med alle engle«, som jeg har valgt som en slags ledetråd i dette foredrag. Der er også nogle forskelle, herunder især placeringen af Fadervor, men i eftersøgningen af oldkirkelige træk i dansk nadverliturgi, vil jeg her til sidst især koncentrere mig om de oldkirkelige spor i nadverritualet i Dansk Kirkesangs forslag fra 1943 (se nærmere i bilag 6).

I 1943-forslaget er der helt klart talt om en udbygning af de oldkirkelige træk i nadverritualet i forhold til 1912-ritualet. Der er tale om forandringer på fire punkter:

1) Der kommer en egentlig nadverbøn, som består af to dele, opdelt af helligsangen: En indledende del før helligsangen, og en afsluttende del forud for indstiftelsesordene. Det er i indledningen, at vi finder ordene »i kor med alle engle«. Ordene fungerer som optakt til helligsangen.
2) Helligsangen bliver taget fra Det Gamle Testamente, fra Es. 6,3. Det udgør i sig selv ikke den store forskel, men svarer til det, som man gør i de klassiske liturgier – både i vestkirken og østkirken.
3) Helligsangen bliver nu sunget af menigheden. Og hvis menigheden ikke synger med, bliver den i hvert fald sunget af andre end præsten – af kirkekor eller kirkesanger.
4) »O du Guds Lam« bliver flyttet hen efter indstiftelsesordene.

Dansk Kirkesangs forslag er udarbejdet af et lille liturgisk udvalg, der blev nedsat i 1938 og bestod af fire personer, som på det tidspunkt alle var præster i folkekirken: Gunnar Pedersen (sognepræst i Bjerreby i Fyens stift), Johannes Schepelern (provst i Sokkelund, København), Kristen Ejnar Skydsgaard (sognepræst i Nørre-Vedby på Lolland-Falster) og Harald Vilstrup (sognepræst i Herslev i Roskilde stift). Der var altså tale om et privat og uofficielt udvalg.

Som jeg allerede har været inde på i indledningen til mit oplæg, indeholder forordet i Dansk Kirkesangs årsskrift ikke præcise oplysninger om, hvilke oldkirkelige liturgier udvalget har ladet sig inspirere af. Så jeg har prøvet at se på, om udvalgsmedlemmerne ellers har skrevet noget om dansk liturgi og oldkirkelig liturgi. Og her falder blikket jo uundgåeligt på Skydsgaard, som til »Haandbog i Kristendomskundskab« har skrevet om »Kirkens Gudstjeneste« (Bind VI, side 7-78, København 1943). Bogen udkom i 1943, samme år som forslaget fra Dansk Kirkesang, og må være skrevet i nogenlunde samme periode som det lille liturgiske udvalg udarbejdede sit forslag. Så hvis udvalget indbyrdes har været nogenlunde enige, kan man formentlig godt bruge Skydsgaards fremstilling til at forsøge at komme nærmere på overvejelserne i udvalget.

Der er et andet mindre kendt medlem af udvalget, som måske i praksis har haft lige så stor indflydelse. Det drejer sig om Gunnar Pedersen, der i 1938 var nyuddannet teolog. Han har ikke skrevet så meget – så vidt jeg ved – men han har arbejdet en del på de indre linjer. Da biskopperne i 1953 nedsatte et mere officielt liturgisk udvalg, var Gunnar Pedersen med. Så Gunnar Pedersen har været med til at udarbejde Prøveritualbogen i 1963. Og han kom også på et eller andet tidspunkt ind i den liturgikommission, som Kirkeministeriet nedsatte i 1970. Han trådte ud i 1982 på grund af sygdom, men har altså også været med her og været aktiv på liturgi-området i næsten 40 år. I en artikel i Præsteforeningens Blad fra 1963 forklarer han nærmere, hvilke overvejelser biskoppernes udvalg har gjort sig om det nadverritual, der forelå i Prøveritualbogen fra 1963 (Gunnar Pedersen 1963, 553-560). Det fremgår klart, at der er tale om oldkirkelige inspirationer, men det fremgår heller ikke her præcist, hvilke oldkirkelige liturgier det drejer sig om.

Skydsgaards fremstilling af gudstjenestens historie i Haandbog i Kristendomskundskab er først og fremmest en kortfattet lærebog, og han skriver ikke direkte noget om kilderne til Dansk Kirkesangs forslag. Forslaget er omtalt i en litteraturliste, men det er også alt. Når man måske alligevel godt kan bruge håndbogen som en slags kilde til de oldkirkelige inspirationer i forslaget fra Dansk Kirkesang skyldes det, at Skydsgaard kommer med en del værdiladede udsagn og forholdsvis ofte lader skinne igennem, hvad han sympatiserer med. Desuden dokumenterer håndbogen, at man ikke kan beskylde udvalget for at være uvidende om oldkirkelig liturgi.

Der er et kort kapitel på godt fire sider med strejflys over oldkirkens gudstjeneste (s. 20-24). Her er der et afsnit om Justins beskrivelse af en kristen gudstjeneste i Rom i midten af 100-tallet. Den oldkirkelige kilde, som han gør mest ud af, er Hippolyts Apostolske Tradition, der giver en beskrivelse af romersk nadverliturgi i begyndelsen af 200-tallet. Han bringer en oversættelse af nadverliturgien hos Hippolyt og karakteriserer det som et meget betydningsfuldt liturgisk dokument (Skydsgaard 1943, 21-22). Han anfører – formentlig med tilslutning – at Hans Lietzmann mener, at denne gudstjeneste er det fælles grundlag for både den græske og den romerske messe. Så man kunne måske formode, at Hippolyt er den primære kilde til Dansk Kirkesangs forslag fra 1943. Men det er ikke tilfældet. Hvis jeg skulle forsøge at nævne et par punkter, hvor det måske har været brugt til inspiration, så kunne det være følgende:

1. Hippolyt bevidner, at der i nadverliturgien indgår en nadverbøn, som primært er en takkebøn, anden trosartikel som takkebøn.
2. Nadverliturgien var oprindelig forholdsvis kort. Det er først senere, at de klassiske liturgier i øst og vest voksede og blev meget lange.

Men der er også nogle afgørende punkter, som viser, at Hippolyt ikke har været den eneste oldkirkelige kilde til forslaget fra Dansk Kirkesangs udvalg. Udvalget lægger meget stor vægt på, at helligsangen skal synges af menigheden. Men Hippolyt har slet ikke nogen helligsang. Helligsangen dukker først op i nadverliturgier i 300-tallet, mere end 100 år senere end Hippolyt.

Når helligsangen kommer til at indgå i nadverliturgien, medfører den en opdeling af nadverbønnen i to dele: før helligsangen og efter helligsangen. Sådan en opdeling findes ikke hos Hippolyt. Her er der tale om én sammenhængende nadverbøn, hvori der indgår en forkortet version af det, som vi kalder indstiftelsesordene. Indstiftelsesordene har ikke en selvstændig liturgisk funktion i nadverliturgien hos Hippolyt, men indgår som en del af takkebønnen for, hvad Gud gjorde i Jesus Kristus.

Når Hippolyt ikke har nogen helligsang, har han heller ikke brug for en optakt til helligsangen. Og ledemotivet i denne sammenhæng, ordene »i kor med alle engle«, fungerer netop som en optakt til helligsangen. Derfor finder vi af gode grunde ikke ordene »i kor med alle engle« hos Hippolyt.

Når Dansk Kirkesangs forslag har en helligsang med, skal vi på dette punkt længere op i tiden og tættere på de klassiske nadverliturgier i øst og vest. Helligsangen findes både i østlige og vestlige liturgier, så jeg kan ikke se, at den i sig selv kan bruges til at identificere de oldkirkelig forlæg og inspirationer. Jeg vil nu prøve at gennemgå forslaget led for led for at se, om det er muligt at identificere mere præcist de oldkirkelige spor (se nærmere i bilag 6).

Efter salmen efter prædikenen indleder præsten med at sige: »Opløft eders Hjerter til Herren! Lad os prise hans Navn!« (Sursum corda). Indledningen er overtaget fra 1912-ritualet og er en sammenskrivning af den indledende dialog, som findes i næsten alle oldkirkelige liturgier. Det er et nyere dansk træk gående tilbage til 1912-ritualet, at der ikke er nogen dialog – at det kun er præsten der siger noget. Hvis der også havde været en hilsen, som der er i næsten alle oldkirkelige nadverliturgier, havde der været mulighed for mere præcist at identificere en oldkirkelig kilde. Men der er ikke en indledende hilsen. Som indledningen står i 1943-forslaget, er den bare generelt oldkirkelig inspireret.

Derefter følger første del af nadverbønnen. Det er en takkebøn til Gud Fader for skabelsen, og den munder ud i en opfordring til at synge med på helligsangen »I Samfund med hele din Menighed paa Jorden og i Himlen, i Kor med alle Engle«. Efter romersk tradition varierer denne del af nadverbønnen (præfationen) med kirkeåret. Det gør den ikke hos Dansk Kirkesang. Det peger på østlig inspiration, men der kan også bare være tale om en forenkling. De østlige nadverbønner, fx Basilius-liturgien eller Chrystostomos-liturgien, er ret lange, mens Dansk Kirkesangs forslag er ret kort – så der er ikke tale om nogen ordret oversættelse.

Alle de klassiske nadverliturgier har en optakt til helligsangen, hvor der ret omstændeligt tales om at synge sammen med serafer, keruber, ærkeengle og almindelige engle m.m. Men jeg har ikke endnu fundet en bestemt oldkirkelig nadverbøn, som Dansk Kirkesangs forslag er en ordret eller tæt oversættelse af. Så jeg er indtil videre af den opfattelse, at Dansk Kirkesangs udvalg her har skrevet en selvstændigt formuleret førstedel af nadverbønnen, især med inspiration fra østlige liturgier. For det er jo karakterisk for nadverbønnens indledning i Dansk Kirkesangs forslag, at der er tale om en takkebøn for skabelsen. Og de romerske præfationer er primært takkebønner med kristologisk indhold fra anden trosartikel.

I 1895 fremlagde Georg V. Hansen et forslag til dansk nadverliturgi, som har været kendt af Dansk Kirkesangs udvalg. Det præsenteres som et forslag udarbejdet på »Grundlag af Fællesindholdet af de oldkirkelige østerlandske Liturgier« (se bilag nr. 3). Dansk Kirkesangs forslag fra 1943 ligger ikke langt fra Georg V. Hansens forslag, men man kan tydeligt se en bevidst fremhævelse af takken for skabelsen, som ikke findes tilsvarende hos Georg V. Hansen.

I Dansk Kirkesangs forslag 1943 følger derefter helligsangen. Det er et almindeligt træk ved de klassiske nadverliturgier både i øst og vest, at der en sådan helligsang. Så det kan næppe bruges til nærmere at identificere et oldkirkeligt forlæg for Dansk Kirkesangs forslag. Det var for Dansk Kirkesang et vigtigt punkt, at det er menigheden, der synger helligsangen. Og sådan var det også i oldkirken. Derimod er det – så vidt jeg ved – et specielt dansk træk, at Benedictus (»Velsignet være han, som kommer, i Herrens Navn!«) siges eller messes af præsten. Det er formentlig en slags arv fra biskoppernes forslag fra 1910 og det autoriserede ritual fra 1912, hvor helligsangen siges af præsten, men hvor menigheden har mulighed for at synge »Hosianna i det høje!«. Der var ikke nogen dialog i indledningen, men til gengæld kommer der så mulighed for en dialog i helligsangen, hvor der ikke var dialog i de klassiske nadverliturgier.

Anden del af nadverbønnen er bevidst kristologisk i sit indhold med emner, der berører anden trosartikel. Der er ikke nogen umiddelbar lighed med de bønner, der i romersk nadverliturgi bedes på denne plads. Derimod er der nogle ord, der ligner et næsten ordret citat fra Georg V. Hansens forslag fra 1895: » ... fordi du friede os ud af Mørkets Magt og førte os over i din elskede Søns Rige«. Tilsvarende ord findes også i Peder Severinsens forslag fra 1912. Men da ordene primært er et bibelcitat (Kol. 1,13), kan de næppe bruges til at identificere oldkirkelige inspirationskilder

I Dansk Kirkesangs forslag kommer indstiftelsesordene i umiddelbar forlængelse af nadverbønnen. I oldkirkelige nadverliturgier er indstiftelsesordene en integreret del af nadverbønnen. Det er ikke tilfældet i Dansk Kirkesangs forslag, men de er tæt på. De opnår det især ved at have Fadervor efter indstiftelsesordene, umiddelbart inden uddelingen.

På dette punkt med Fadervors placering er Dansk Kirkesang klart inspireret af oldkirkelige nadverliturgier, men ikke af de ældste. Fadervor indgår fx ikke i Hippolyts nadverliturgi. Det virker på mig, som om de på dette punkt er mere inspireret af østlige liturgier end af Roms ordning. I romersk nadverliturgi kommer Fadervor før O du Guds lam. I Dansk Kirkesangs forslag er rækkefølgen den omvendte.

O du Guds lam er et andet punkt, som gør det svært at udpege en helt præcis inspirationskilde til Dansk Kirkesangs forslag. O du Guds lam (Agnus Dei) indgår i romersk nadverliturgi efter ca. 700, men den indgår ikke i østlig liturgi. Så hvis inspirationen kun havde været østlige liturgier, skulle der slet ikke have været noget O du Guds lam. Men salmen indtager en ret central og markant plads i Dansk Kirkesangs Forslag. De foreslår – ligesom biskopperne i 1910 – at man bruger Grundtvigs gendigtning i tre vers, men de placerer den anderledes, umiddelbart efter indstiftelsesordene.

Hvis jeg skal forsøge en konklusion på denne gennemgang af de enkelte led i Dansk Kirkesangs forslag fra 1943, må denne konklusion blive – så vidt jeg kan se på nuværende tidspunkt – at der i Dansk Kirkesangs forslag er tale om et ret selvstændigt forslag med inspiration fra forskellige gamle nadverliturgier, både fra øst og fra vest, både fra oldkirken og fra tidlig middelalder. Men der er ikke tale om et forsøg på præcist at gengive en bestemt oldkirkelig nadverliturgi.

Afslutning

Udgangspunktet for dette foredrag var et forholdsvis elementært spørgsmål om, hvilke oldkirkelige nadverliturgier der har været inspirationsgrundlaget for nadverbøn C i den danske højmesseordning fra 1992? Og hvem var det der lod sig inspirere?

Svaret på det sidste spørgsmål ser ud til at være, at nadverbøn C i højmesseordningen fra 1992 som sine primære fædre i nyere dansk sammenhæng har et udvalg under Dansk Kirkesang. Udvalget blev nedsat i 1938 og publicerede et forslag i 1943. Normalt bliver Skydsgaard anset for at være hovedmanden, og det er sikkert også rigtigt. Men der var også en mere anonym person med i udvalget, som måske har betydet mere end som så for, at forslaget fra 1943 endte med at have stor indflydelsen på den autoriserede nadverliturgi fra 1992, nemlig Gunnar Pedersen.

Da jeg annoncerede foredraget, troede jeg også, at der var en vis mulighed for, at man kunne finde et præcist svar på, hvilke oldkirkelige ritualer der har tjent til inspiration. Men det er ikke lykkedes for mig at nå frem til et præcist svar.

Jeg vil ikke udelukke, at nogen der graver et spadestik eller to dybere end mig kan finde frem til noget. Jeg tror det egentlig ikke, men spørgsmålet kunne godt fortjene en grundigere undersøgelse.

Set i et længere perspektiv i dansk liturgihistorie består den oldkirkelige inspiration primært i, at nadveren indledes med en nadverbøn – ligesom i de oldkirkelige nadverliturgier. I perioden frem til 1912 blev nadveren indledt med en formaning, rettet til altergæsterne. I 1992-ritualet indledes nadveren med en nadverbøn rettet til Gud.

Jeg vil slutte foredraget med et citat fra Skydsgaards gudstjenestehistorie fra 1943. Citatet viser formentlig, at det man tilstræbte i gudstjenesteudvalget under Dansk Kirkesang ikke primært var en rekonstruktion af en bestemt ældre nadverliturgi, men inddragelse af flere vigtige aspekter i nadveren. Citatet lyder således:

> Der er næppe noget Punkt i Gudstjenesten, hvor liturgisk Nydannelse viser sig at være saa vanskelig som ved Nadverens Sakramente. Og dog er det her, der maa sættes ind. Følgende Momenter præger en evangelisk Nadverfejring: Nadveren er 1. Taksigelse, Frembærelse af Menighedens Tak og Lovprisningsoffer for alle Guds Velgerninger, baade dem, der er indesluttet i første og dem, der indeholdes i anden Trosartikel. Den er 2. Ihukommelse af Jesus i hans Lidelse og Død for os, af hans Opstandelse og Himmelfart. Og Nadveren er 3. den opstandne selv, som levende er til Stede iblandt os i sit Offer til Syndernes Forladelse og det evige Liv. Ligesom Nadveren er Samfund med Kristus, er den 4. Fællesskab mellem Nadvergæsterne indbyrdes, det indbyrdes Forsonings- og Tilgivelsesmaaltid. Nadveren aabner Vejen ud til Hverdagen med vor Næste. Og endelig peger Nadveren 5. frem mod det kommende Gudsrige, hvor al Strid og Møje er forbi. ...
>
> (Skydsgaard 1943, 67).

Citatet stammer fra 1943, samme år som Dansk Kirkesangs udvalg fremlagde sit forslag, og det kan vist godt opfattes som et forsøg på at formulere de tanker, der lå bag udvalgets forslag i 1943. Det man tilstræbte var ikke en restaurering af en bestemt oldkirkelig nadverliturgi, men en fornyet inddragelse af centrale aspekter i nadveren, som man kunne finde i oldkirkelige nadverliturgier, og som i dansk sammenhæng var gået tabt i tidens løb.

KILDER: DANSKE NADVERLITURGIER OG FORSLAG

Liturgierne og forslagene anføres i kronologisk rækkefølge.

Kirkeordinansen 1539. Som udgivelse bruges: Kirkeordinansen 1537/39 ... Tekstudgave med indledning og noter ved Martin Schwartz Lausten, København 1989. [Nadverritualet i den danske version af kirkeordinansen findes s. 170-172 og 185-187].

Palladius' Alterbog 1556. Som udgivelse bruges: Peder Palladius, Den ældste danske Alterbog 1556, udgivet efter Originalen af Lis Jacobsen, København 1918. [Nadverritualet findes blandt kirkeårets tekster, efter skærtorsdag, i Lis Jacobsens udgave s. 91-98].

Kirkeritualet 1685. Som udgivelse bruges: Danmarks og Norgis Kirke-Ritual 1685-1985. Genudgivet af Udvalget for Konvent for Kirke og Theologi, 1985. [Nadverritualet findes s. 60-63].

Baggers Alterbog 1688: Forordnet Alterbog udi Danmark og Norge. København: Joachim Schmedtgen 1688. [Nadverritualet findes s. 334-338].

Georg V. Hansen 1895: Oldkirkens Nadveroffer. Dets Forfald og dets Kaar i Nutiden, af Georg V. Hansen. Kjøbenhavn: Frimodts Forlag 1895. [Forslaget til nadverritual findes s. 193-196].

Biskoppernes Forslag 1910: Forslag til Ritualer for Daab, Nadvere, Brudevielse og Begravelse. Udarbejdet af den danske Folkekirkes Biskopper. København: Det kgl. Vajsenhuses Forlag 1910. [Forslaget til nadverritual findes s. 22-26].

1912-ritualet: Ritualer til Daab, Nadver og Brudevielse. Autoriserede til Brug ved kgl. Resolution af 19. Juli 1912. København: Vajsenhuset 1912.

Peder Severinsen 1912: Ord og Skik ved Daab og Nadver. Kirkehistoriske Oplysninger, af Peder Severinsen. Odense: Milo'ske Boghandel 1912. [Indeholder forslag til nadverritual s. 86-88].

Dansk Kirkesang 1943: Forslag til en dansk Højmesseliturgi. Udgivet af Samfundet Dansk Kirkesang – i: Dansk Kirkesangs Aarsskrift 1943, s. 1-26.

Kirkemusikkredsen 1960: Forslag til Højmesse. [Udarbejdet og udgivet af] Kirkemusikkredsen. København 1960.

Theologisk Oratorium 1960: Dansk Højmesseliturgi. Et forslag udarbejdet af et udvalg nedsat af Theologisk Oratorium. Bringstrup 1960.

Prøveritualbogen 1963: Forslag til Ritualbog for Den danske evangelisk-lutherske Folkekirke. København 1963. [Nadverritualet findes s. 31-39. Der er to nadverindledninger, I og II].

Liturgikommissionen 1971: Betænkning om en foreløbig revision af højmessen (herunder dåb og nadver), afgivet af Kirkeministeriets liturgiske kommission. Betænkning nr. 625, København 1971.

Udvidet nadverliturgi 1972: Foreløbige Ændringer i Ritual- og Alterbog. Autoriseret ved kgl. resolution af 20. november 1972. København 1973. [Nadverritualet findes s. 25-30].

Liturgikommissionen 1985: Forslag til Alterbog. Betænkning afgivet af Kirkeministeriets liturgiske kommission. Betænkning nr. 1057, København 1985. [Betænkningen består af to bind. Første bind er forslaget til alterbog og andet bind en indledning med artikler af kommissionens medlemmer, men ikke noget specielt om nadverliturgien].

Nadverliturgi 1992: Den danske Alterbog. Autoriseret ved kgl. resolution af 12. juni 1992. København 1992. [Nadverritualet findes i Alterbogen s. 14-22. Det findes også i Ritualbogen 1992 og i salmebogen].

Alterbogstillægget 1993: Tillæg til Alterbogen. [Udgivet af biskopperne]. København 1993. [Indeholder andre nadverindledninger s. 223-227, herunder også en fri gengivelse af Hippolyts nadverbøn].

LITTERATUR I ØVRIGT

Chr. Barfoed: Altar og Prædikestol. Liturgiske Skildringer og Betragtninger. Kjøbenhavn: Lehman & Stages Forlag 1886.

Chr. Barfoed: Oldkirkens Liturgier. København: Lehmann & Stages Forlag 1902.

F. E. Brightmann (ed.): Liturgies, Eastern and Western. Vol. I, Eastern Liturgies. Oxford: Clarendon Press 1896.

Yngve Brilioth: Nattvarden i evangeliskt gudstjänstliv. Stockholm 1926.

Ole Brinth m.fl.: Højmessen i Den Danske Folkekirke. En liturgisk håndbog. København: Anis 1999.

Herm. Adalb. Daniel (ed.): Codex liturgicus ecclesiae universae in epitomen redactus, tom. 1-4. Lipsiae 1847-1853.

C. T. Engelstoft: Liturgiens eller Alterbogens og Kirkeritualets Historie i Danmark. København 1840.

Helge Fæhn: Gudstjenestelivet i Den norske kirke. Fra reformasjonstiden til våre dager. Oslo: Universitetsforlaget 1994.

Georg V. Hansen: Nadvergudstjenesten. Et Forslag udarbeidet paa Grundlag af Fællesindholdet af de oldkirkelige østerlandske Liturgier. Kjøbenhavn: Langstad 1890.

Georg V. Hansen 1895: Se kilder.

Anton Hänggi & Irmgard Pahl (ed.): Prex Eucharistica. Textus e variis liturgiis antiquiribus selecti. (Spicilegium Friburgense 12), Fribourg: Éditions universitaires Fribourg Suisse 1968. [Indeholder et fyldigt udvalg af oldkirkelige nadverbønner i original og/eller latinsk oversættelse].

R. C. D. Jasper & G. J. Cuming: Prayers of the Eucharist. Early and reformed Texts translated and edited with commentary. Third edition. Collegeville: The Liturgical Press 1987.

Erik Kyndal: Nadverlære og nadverfællesskab. Den lutherske nadverlære kritisk belyst ud fra Ny Testamentet og den økumeniske samtale i nutiden. København 1984.

Thomas Laub: Dansk Kirkesang. Gamle og Nye Melodier. København: Wilhelm Hansen 1918.

Hans Lietzmann: Messe und Herrenmahl. Eine Studie zur Geschichte der Liturgie. Bonn 1926.

Den ortodox-katolske (orientalske) Kirkes guddommelige Liturgier. Oversatte af C. Siletzky. København 1909.

Peder Madsen: Skriftemaalet og dets Plads ved Gudstjenesten, samt Sakramenterne. Kjøbenhavn: Gads Forlag 1912. [Udgivet posthumt].

Carl Henrik Martling: Svensk liturgihistoria. Stockholm: Verbum 1992.

Yngvill Martola: Verba Testamenti i nordisk luthersk liturgitradition. Åbo: Åbo Akademis Förlag 1989.

Den hellige katholske Kirkes Messebog (Missale Romanum) med særligt Hensyn til det apostoliske Vikariat i Danmark. København: Høst 1907.

Bent Flemming Nielsen: På den første dag. Kirkens liturgi, Oldtid og Middelalder. København: Eksistensen 2017.

Fredrik Nielsen: Aktstykker til Gudstjenestens og Liturgiens Historie. Kjøbenhavn: Karl Schønbergs Forlag 1878.

Niels Nøjgaard: Herrens Bord. En dansk Nadverbog. København: De Unges Forlag 1942.

A. F. Nørager Pedersen: Gudstjenestens teologi. København: Berlingske Forlag 1969.

Gerhard Pedersen: Tradition og fornyelse i nadverliturgien – i: Teologi og kirke. Festskrift til Poul Nepper-Christensen, ed. Johannes Nissen & Hejne Simonsen, Unitas 1986, s. 130-146.

Gunnar Pedersen: Fra det liturgiske udvalgs arbejde. Nadverliturgien – i: Præsteforeningens Blad 53 (1963), s. 553-560.

Peter Schindler: Liturgi. En Haandbog. København: Schultz 1928.

Peder Severinsen: Ord og Skik ved Daab og Nadver. Kirkehistoriske Oplysninger. Odense 1912. [Indeholder forslag til nadverritual].

Kristen Ejnar Skydsgaard: Kirkens Gudstjeneste – i Haandbog i Kristendomskundskab, bind 6, København 1943, s 7-78.

Christian Thodberg: Liturgi og teologi – i: Dansk Kirkesangs Aarsskrift 1961-62, s. 16-38.

Christian Thodberg: Den forsømte gudstjeneste. København: Gad 1965.

Holger Villadsen: Nordisk Patristisk Bibliografi. Bind I, Systematisk afdeling. København: Books on Demand 2011. [Litteratur af nordiske forfattere om oldkirkelig liturgi kan findes i afsnit B5, s. 269-276].

BILAG

Udvalgte danske nadverritualer eller forslag til nadverritualer i kronologisk rækkefølge.

1. Palladius' Alterbog 1556

I det følgende gengives nadverritualet, som det findes i Palladius' Alterbog fra 1556 (se kildefortegnelsen). Alterbogen indeholder kun præstens ord. De overordnede anvisninger for afholdelse af nadver findes i Kirkeordinansen 1539. Palladius forudsætter, at præsterne også kender anvisningerne i Kirkeordinansen. Der står i alterbogen eksempelvis intet om uddelingen af brød og vin. Jeg har tilføjet nogle overskrifter i skarp parentes.

En Formaning faar Alteret til dem / som ville anamme Christi Legem oc Blod.

Paa det kæriste venner Christi / at i rettelige oc verdelige kunde anamme det høyuerdige Sacrament / da bør eder disse tho ting her besønderlige at vide / som er huad i skulle tro oc gøre. Disse ord Christus sagde / Det er mit Legem / som giffuis for eder / Item det er mit Blod / som udgydis for eder til Syndernis forladelse / skulle i fuldkommelige tro saa at vere i sandhed / at Jesus Christus er der selff til stede met sit Legem oc Blod i Sacramentit effter Ordsens lydelse. Dernest skulle i ocsaa tro aff Christi Ord / Til Syndernis forladelse / at Jhesus Christus skenckte eder sit Legem oc Blod til en stadfestelse / paa alle eders Synders forladelse. Paa det siste skulle i oc gør Christi befaling fyllist der som hand biuder eder sigendis. Tager hen oc æder det / Item dricker alle der aff / Item dette gøre i min hukommelse. Thi hand haffuer giffuit oss sit Legem oc Blod at æde oc dricke til Syndernis forladelse / oc der hoss ihukomme hans hellige Død og Pine. Der faare / naar i saa tro disse Christi ord oc gøre effter denne hans befalning / saa ere i ret prøffuede / som Paulus siger / Oc verdelige kunde æde Christi Legeme oc dricke hans Blod til eders Synders forladelse. Der til giffue eder Gud Fader sin naade ved samme Jhesum Christum vor Herre / oc der om ville wi bede sigendis aff hiertet / Fader vor du som.

[Fadervor]
Lader oss bede.
Fader vor du som est i Himmelen / Helligt vorde dit Naffn tilkomme dit Rige / vorde din vilie her paa Jorden som hand er i Himmelen / giff oss i dag vort daglige Brød oc forlad oss vor skyld som wi forlade vore skyldener / Leed oss icke vdi fristelse / Men frels oss fra ont. Amen.

[Indstiftelsesordene]
Statim Accepto pane.
Vor Herre Jesus Christus i den nat der hand bleff forraad Tog hand brødet tackede oc brød det / gaff sine Discipler oc sagde / Tager dette hen oc ædered det er mit legom / som giffues for eder det gøre i min hukommelse.
Accepto Calice.
Lige saa tog hand oc kalcken effter afftens maltid tackede gaff dennom oc sagde / Dricker alle der aff dette er det ny Testamentis kalck i mit blod det som blifuer udgydet for eder til syndernis forladelse / dette gører saa offte som i dricke i min hukommelse.

[Uddeling og nadversalme]

[Hilsen]
Herren vere met eder.

Collect
Lader oss bede.
Wi tacke dig Herre Almecticste Gud / at du met disse salige gaffuer haffuer oss vederqueget / Nu bede wi din barmhertighed / at du lader denne samme gaffue oss ret bekommis / til vor Troes styrckelse paa dig / oc til

en brendendis kærlighed imellem oss indbyrdis / for din Søns Jhesu Christi vor Herris Skyld / Amen.

2. Baggers Alterbog 1688

I det følgende gengives nadverritualet som det findes i Baggers Alterbog 1688 (s. 334-338, se nærmere i kildefortegnelsen). De overordnede anvisninger findes i Kirkeritualet 1685, mens alterbogen kun indeholder præstens ord. Jeg har tilføjet nogle overskrifter i skarp parentes.

CHRISTI NADERIS SACRAMENTE

[Nadverformaning]
Paa det kiereste Christi Venner / at i rettelig og værdelig kunde annamme det høiværdige Sacramente / da bør eder disse to Ting her besyndelig at vide / som ere hvad i skulle troe og giøre. Disse Ord Christus sagde: Det er mit Legeme / som givis for eder. Item: Det er mit Blod / som udgydis for eder til Syndernis Forladelse / skulle I fuldkommeligen troe saa at være i Sandhed / at Jesus Christus er der selv tilstæde med sit Legem og Blod i Sacramentet efter Ordets Lydelse. Dernæst skulle I ogsaa troe af Christi Ord til Syndernis Forladelse / at Jesus Christus skenker eder sit Legem og Blod til en Stadfæstelse paa alle eders Synders Forladelse. Paa det sidste skulle I og giøre Christi Befaling fyldist der / som hand saa byder eder sigendis: Tager hen og æder det. Item: Drikker alle heraf. Item: Dette giører i min hukommelse; Ti hand haver givet os sit Legem og Blod at æde og drikke til Syndernis Forladelse / og derhos ihukomme hans hellige Død og Pine. Derfore naar I saa troe disse Christi Ord / og giøre efter denne hans Befaling / saa ere i ret prøvede / som Paulus siger / og værdeligen kunde æde Christi Legeme / og drikke hans Blod til eders Synders Forladelse: Der til give eder Gud Fader sin Naade ved samme Jesum Christum vor Herre! Og derom ville vi bede sigendis af Hiertet:

[Fadervor]
FAder vor / du som er i Himlene! Helligt vorde dit Navn! Tilkomme dit Rige! Skee din Villie her paa Jorden / som den er i Himmelen! Giv os i Dag vort daglige Brød! Og forlad os vor Skyld / som vi forlade vore Skyldener! Leed os ikke udi Fristelse; Men frels os fra det Onde; Ti Riget er dit / Magten og Æren i Evighed! Amen!

[Indstiftelsesordene]
Vor Herre Jesus Christus i den Nat / der hand blev forraadt / tog hand Brødet / takkede og brød det / gav sine Discipler og sagde: Tager dette hen / og æder det: Det er mit Legeme / som givis for eder: Dette giører til min Hukommelse.

Lige saa tog hand og Kalken efter Aftens Maaltid / takkede / gav dennem / og sagde: Drikker alle deraf: Denne er det ny Testamentis Kalk i mit Blod / som udgydis for eder til Syndernis Forladelse: Dette giører / saa ofte som I det drikke / til min Hukommelse.

[Uddeling, kommunionssalme og takkesalme]
Dette er Jesu sande Legeme.
Dette er Jesu sande Blod.

Den korsfæste og opstanden Christus Jesus / som nu har spiset og skenket eder med sit hellige Legem og Blod / hvormed hand har fyldistgiort for alle eders Synder / hand styrke og opholde eder derved i en sand Tro til det ævige Liv!

Collect
Vi takke dig Herre almægtigste ævige Gud / at du med disse salige Gaver haver os vederqvæget: Nu bede vi din Barmhiertighed / at du lader os disse samme Gaver ret bekomme til vor Trois Styrkelse paa dig / og til en brændendis Kiærlighed imellem os selv indbyrdis for din Søn Jesu Christi vor Herris Skyld! Amen!

3. Forslag til nadverritual af Georg V. Hansen 1895

Forslaget findes i bogen: »Oldkirkens Nadveroffer. Dets Forfald og dets Kaar i Nutiden« (Kjøbenhavn: Frimodts Forlag 1895, s. 193-196). Layout er ændret. Der bruges kursiv til 'rubrikkerne', men ordlyd og stavemåde er ikke ændret. Mine tilføjelser er anført i skarp parentes. Forslaget har tidligere været fremlagt i 1890. Der er redigeret lidt i denne anden version fra 1895 i forhold til første version i 1890. Titlen på forslaget er: »Nadvergudstjenesten. Udarbejdet paa Grundlag af Fællesindholdet af de oldkirkelige østerlandske Liturgier«. Nadverritualet følger efter menighedens almindelige kirkebøn. Der lader ikke til at være en nadversalme efter kirkebøn og inden nadverritual.

Taksigelsen [Nadverbøn med indstiftelsesordene]
Brød og Vin og Menighedens Pengegaver frembæres til Alteret.

P., til Menigheden: Guds Fred være med eder alle.
M.: Og med din Aand.
P.: Hjerterne opad –
M.: Løfte vi til Herren.
P.: Lader os takke Herren vor Gud.
M.: Det er værdigt og ret.

P., vender sig mod Alteret:
I Sandhed værdigt og ret er det, at vi altid og alle Vegne prise dig, tilbede dig, takke dig, hellige Herre, almægtige Fader, evige Gud, ved Jesus Kristus, vor Herre, dig hvem Himlene love, Jorden og Havet, Solen og Maanen og hele Stjærnernes Flok, du som troner over Kerubim, lovsjunges af Serafim, æres og takkes af de Ældste, tilbedes af alle Englenes Hære. Med dem ville vi og forene vore Røster og i samtonende Jubel prise dit Navn:

M.: Hellig, hellig, hellig er du Herre Zabaoth.

Himmel og Jord er fuld af din Ære.
Højlovet i al Evighed. Amen.

P.: Vi takke dig for dine usigelige Velgjerninger imod os, dem, vi kjende, og dem, vi ikke kjende. Ti du har skabt Himlene og Jorden og alt, som er derudi, de hellige Engles Hærskarer, de høje Aander og Kræfter. Mennesket har du skabt i dit Billede og gjort ham til Skabningens Krone. Jorden og dens Fylde har du velsignet med din Miskundhed, og os har de bevaret ved din Omsorg og Naade. Men fremfor alt takke vi dig o Fader, fordi du gjorde os værdige til de helliges Arvedel i Lyset, idet du friede os ud af Mørkets Magt og satte os over i din elskelige Søns Rige: du ledede dit udvalgte Folk ved Loven, din Aand talede ved Profeterne; og da Tidens Fylde kom, sendte du din enbaarne Søn til Verden, han, som har udløst os fra Syndens og Dødens Trældom og overvundet den, der havde Dødens vælde; som og blev Førstegrøden af de hensovede og har sendt os din hellig Aand, givet os Gjenfødelsens og Helliggjørelsens Naademidler, og saaledes atter ført os tilbage til Barnesamfund med dig, og gjort os til Arvinger til det evige Liv.
M.: Amen.

P.: Og i den Nat, da han blev forraadt, tog han Brødet, takkede, brød det, gav sine Disciple det og sagde: Tager dette hen og æder det; dette er mit Legem, som gives for eder: gjører dette til min Ihukommelse. Ligesaa tog han ogsaa Kalken efter Aftensmaaltidet, takkede, gav dem og sagde: Drikker alle heraf; dette er den nye Pagts Kalk i mit Blod, som udgydes for eder til Syndernes Forladelse. Gjører dette, saa ofte som I den drikke, til min Ihukommelse.
M.: Amen.

P.: Vor Fader i Himlene! Vi ihukomme og takke for din Søns Vaande og Død paa Korset og hans sejrrige Himmelfærd, og glæde os over hans Opstandelse, hans Himmelfart, hans Sæde ved din højre Haand, og vente hans komme i Herlighed. Vi frembære for dig dette Brød og denne Kalk. Og vi bede dig, at du ved din hellig Aand vil gjøre Brødet til din Kristi

Legem og Kalken til din Kristi Blod; til Fornyelse i Samfundet med ham og alle hellige, til Sjæls og Legems Helliggørelse, til Syndernes Forladelse, til et evigt Liv for alle dem, som modtage det.
M.: Amen.

P.: Og nu, himmelske Fader, glæde vi os i Samfundet med alle dine hellige: Patriarkerne, Profeterne, Johannes Døberen og Jomfru Maria, med alle Slægter prise vi hende salig, Apostlerne, Blodvidnerne og enhver salig hensovet. Vi takke dig for al den Velsignelse, som du ved dem har udbredt paa Jorden, og vi bede: giv os at leve og dø i Herren, saa at vi med dem maatte vorde salige og naa til Opstandelsen fra de døde.
M.: Amen.

P.: Vi bede for de hensovede i Dødsriget, du give dem Hvile i din Fred, dér hvor dit Aasyn lyser, og oprejse dem til Livsens Opstandelse. (Vi ihukomme ogsaa for dig vor hensovede (N.N.), de hvile i din Fred og opstaa til et evigt Liv.)
M.: Amen.

P.: Fader vor ...
M.: Amen.

Altergangssalme [Nadvermåltidet]
Præsten tager Brødet og Kalken, vender sig til Menigheden:
P.: Det hellige for de hellige.
M.: Én er hellig, én er Herre, Jesus Kristus, til Guds Faders Ære. Amen.
Hosianna for Davids Søn.
Velsignet være den, som kommer i Herrens Navn.
Hosianna i det højeste.

Præsten sætter atter det hellige paa Bordet. De første Nadvergjæster samle sig om Altaret.
P.: Lader os alle bede.

Præsten vender sig mod Altaret.
P.: Herre, giv, at vor Deltagelse i dine hellige Hemmeligheder ikke vorder os til Dom, men til Stadfæstelse i vore Synders Forladelse. Lad vore Legemer helliges ved dit Legem og vore Hjærter renses ved dit Blod, og lad os fyldes med Aandens Kræfter: saa at vi mere og mere maatte vokse i et inderligt Samfund med dig og saaledes ved din Naade helliges til at faa Del i de retfærdiges Opstandelse og det evige Liv, dig vor Frelser til Ære i al Evighed.
M.: Amen.

Brødets Uddeling ledsages af Ordene:
Kristi Legem, Livsens Brød.
Kalkens af:
Kristi Blod, Livsens Drik.

Efter hvert Bord siger Præsten:
Den korsfæstede og opstandne Kristus Jesus, som nu har givet eder (os) sit hellige Legem og Blod, hvormed han paa Korset har gjort Fyldest for alle vore Synder, han styrke og opholde eder (os) derved i en sand Tro til det evige Liv. Fred være med eder. Amen.

Takkesalme
P.: Herren være med eder.
M.: Og med din Aand.
P.: Lader os takke og bede.
Vendt mod Altaret:
P.: Vi takke dig, Gud Fader almægtigste, fordi du i Dag har vederkvæget os med disse dine salige Gaver. Nu bede vi, at vi dermed maa styrkes i Troen paa dig, vorde faste i Haabet, brændende i Kjærligheden, udholdende i Bønnen, og engang ved din Naade faa Del i den store Nadver, som du har forjættet dine Børn i dit Rige, for din Søns Jesu Kristi, vor Herres Skyld.
M.: Amen.

[Der fortsættes med hilsen, aronitisk velsignelse, udgangssalme og udgangsbøn].

4. Biskoppernes forslag 1910

Fortalen til forslaget er dateret advent 1910. Der er ikke anført navne på biskopperne, men hovedkraften bag forslaget formodes at være biskop Peder Madsen. Forslaget til nadver findes i Biskoppernes forslag 1910, s. 22-25. Derudover er der forslag til ritualer for dåb, brudevielse og begravelse. Rubrikteksterne er i forslaget anført med petit og i parentes. Jeg har ændret til kursiv, samt tilføjet overskrifter i skarp parentes.

NADVERE I KIRKEN

Der begyndes med en Psalme, som egner sig til at synges ikke blot af Nadvergæsterne, men af hele den forsamlede Menighed. Nadvergæsterne samle sig i Koret.

[Nadverindledning]
Præsten siger eller messer, vendt mod Menigheden:
Opløfter eders Hjerter til Herren! Lader os prise hans Navn!

[Præsten,] vendt mod alteret:
Hellig, hellig, hellig er Herren, Gud, den Almægtige, han, som var, og som er, og som kommer. Hosianna i det høje!
Velsignet være han, som kommer i Herrens Navn. Hosianna i det høje!

[I en fodnote bemærkes, at ordene »Hosianna i det høje« kan synges af menigheden, hvor det ønskes]

Menigheden synger:
O, du Guds Lam! med Korsets Skam
Du bar al Verdens Synder, Derfra al Trøst
begynder; Miskundelig Forbarm du dig!

O, du Guds Lam! Med Korsets Skam
Du bar al Verdens Synder, Dermed al Fred
begynder; Af Kærlighed Giv os din Fred!

O, du Guds Lam! Med Korsets Skam
Du bar al Verdens Synder, Derfra vort Liv
begynder; Vor Død til Trods Opliv du os!

[I en fodnote bemærkes, at man kan nøjes med at synge første vers eller de to sidste vers]

Præsten siger:
Opstandne Herre og Frelser! Vær selv til Stede iblandt os med al din Kærligheds Rigdom. Hjælp os alle at modtage dig med troende og taknemmelige Hjerter. Og giv dem, der i Dag søge dit Nadverbord, at modtage dit Legeme og Blod til din Ihukommelse og til Syndsforladelsens Fred. Rens dem fra Synd, og styrk dem i det indvortes Menneske, at du maa bo ved Troen i deres Hjerter; gør dem faste i det evige Livs Haab; giv dem at vokse i Kærligheden, for at alle dine troende maa blive ét i dig, ligesom du er ét med Faderen!
Menigheden synger: Amen.

[Fadervor]
Præsten messer eller siger:
Vor Fader, du, som er i Himlene! Helliget vorde dit Navn; komme dit Rige; ske din Vilje, som i Himmelen, saaledes også paa Jorden; giv os i Dag vort daglige Brød; og forlad os vor Skyld, som ogsaa vi forlade vore Skyldnere; og led os ikke i Fristelse; men fri os fra det onde; thi dit er Riget og Magten og Æren i Evighed!
Menigheden synger: Amen.

[Indstiftelsesordene]
Præsten messer eller siger:

Vor Herre Jesus Kristus i den Nat, da han blev forraadt, (NB.) tog han Brødet, takkede og brød det, gav sine Disciple det og sagde: "Tager dette og æder det; det er mit Legeme, som gives for eder. Gører dette til min Ihukommelse!"
Ligesaa (NB.) tog han ogsaa Kalken efter Aftensmaaltidet, takkede, gav dem og sagde: "Drikker alle deraf; denne Kalk er den nye Pagt i mit Blod, som udgydes for eder til Syndernes Forladelse. Gører dette, saa ofte som I drikke det, til min Ihukommelse!"

[Nadvermåltidet]
Idet hver Nadvergæst modtager Brødet, siger Præsten:
Dette er Jesu Kristi Legeme.
Idet hver Nadvergæst drikker Vinen, siger Præsten:
Dette er Jesu Kristi Blod.

[I en afsluttende anmærkning anføres, at det er tilladt at bruge de ældre uddelingsord]

Derefter siger Præsten til hvert Hold af Nadvergæsterne:
Den korsfæstede og genopstandne Frelser, vor Herre Jesus Kristus, som nu har givet eder sit hellige Legeme og Blod, hvormed han gjorde Fyldest for alle vore Synder, han styrke og opholde eder derved i en sand Tro til det evige Liv!
Fred være med eder!

Kollekt
Lader os alle bede:
Vi takke dig, Herre, almægtige, evige Gud, fordi du i din Barmhjertighed vederkvæger os med disse salige Gaver. Vi bede dig, at du vil lade disse dine Gaver komme os rettelig til gode, til at styrke vor Tro, grundfæste vort Haab og gøre den indbyrdes Kærlighed levede i vore Hjerter, for din Søns, Jesu Kristi Skyld!
Amen.

[Der afsluttes med hilsen og den aronitiske velsignelse].

5. Peder Severinsens forslag 1912

Foranlediget af biskoppernes forslag i 1910 udsendte Peder Severinsen i 1912 en lille bog om »Ord og Skik ved Daab og Nadver«. I bogen er der et forslag til nyt nadverritual (s. 86-88). Der er ikke tale om et fuldt gennemarbejdet forslag med alle detaljer. Det følgende er en redigeret version, hvor jeg har tilføjet overskrifter i skarp parentes og bruger kursiv til 'rubrikkerne'. I forhold til biskoppernes forslag er det bl.a. karakteristisk, at salmen »O, du Guds Lam« og Fadervor ikke indgår i ritualet. Og det er muligvis ikke kongenialt med Severinsens forslag, at jeg har indsat en særskilt overskrift til indstiftelsesordene.

Severinsen foreslår, at nadvergæsterne bliver på deres pladser sammen med de andre kirkegængere og først går op til alteret under en salme efter indstiftelsesordene.

[Indledningssalme]

[Nadverindledning / nadverbøn]
Præsten: Herren være med eder!
Menigheden: Og med din Aand.

Præsten: Opløfter eders Hjerter til Herren, lader os prise hans Navn!

(Vendt mod alteret: Hellig, hellig, hellig er du Herre, Gud den almægtige! du som var og som er og som kommer!
Menigheden: Hosianna i det høje!
Præsten: Velsignet være han, som kommer i Herrens Navn.
Menigheden: Hosianna i det høje!)

[Parentesen er sat af Peder Severinsen og betyder, at de pågældende ord kan udelades, men bør tillades]

Præsten: Ja, Lov og Tak og Pris bringer vi dig, Gud Fader almægtige, for alle dine usigelige Velgerninger imod os, du som har skabt Himlen og Jorden. Men frem for alt takker vi dig, fordi du friede os ud af Mørkets Magt og gav os Borgerskab og Arvedel i din elskelige Søns Rige.

[Indstiftelsesordene]

Han selv, din enbaarne Søn, Jesus Kristus, vor Herre, i den Nat, da han blev forraadt, tog han Brødet, takkede og brød det – – – – Ligesaa tog han ogsaa Kalken efter Aftensmaaltidet – – – –

Saa velsign os da disse Gaver, at vi i dem maa modtage din Søns Legeme og Blod, og hjælp os, at vi kan tage imod med troende og taknemmelige Hjerter, at det maa tjene os til Liv og Salighed. Rens os fra Synd og styrk os i det indvortes Menneske, at du maa bo ved Troen i vore Hjerter. Gør os faste i det evige Livs Haab. Giv os at vokse i Kærligheden, for at alle dine troende maa blive eet i Kristus Jesus, vor Herre!
Menigheden: Amen.

[Severinsen har forslag til en anden slutning fra ordene »Gør os faste«, nemlig noget fra Apostellæren (Didake): »Kom din Menighed i Hu, Herre, saa at du frelser den fra alt ondt og fuldender den i din Kærlighed, og saml den helliggjort fra de fire Verdenshjørner i dit Rige, som du beredte for den. Thi din er Magten og Æren i al Evighed«]

[Salme]

Derefter istemmes f. Eks. »Jeg kommer, Herre, paa dit Ord«, og Altergæsterne gaar op i Koret og knæler ned, hvorefter Uddelingen sker paa sædvanlig Maade.

[Nadvermåltidet / uddeling]

[Severinsen forudsætter uddelingsord på sædvanlig måde, men han har ikke noget imod en lempelig ændring. Vedrørende velsignelsesønsket efter uddelingen, foreslår han følgende ordlyd:]

Den korsfæstede og opstandne, vor Herre og Frelser Jesus Kristus, som nu har givet eder sit hellige Legeme og Blod, hvormed han gjorde Fyldest for alle vore Synder, han styrke og opholde eder derved i en sand Tro til det evige Liv.

[Slutningskollekt]
Vi takker dig, Herre, almægtige, evige Gud, fordi du i din Barmhjertighed har vederkvæget os med disse livsalige Gaver. Vi beder dig, at vi derved maa styrkes i Troen paa dig, være faste i Haabet, brændende i Kærligheden, udholdende i Bønnen, og engang ved din Naade faa Del i den store Nadver, som du har forjættet dine Børn i dit Rige, for din Søns Jesu Kristi vor Herres Skyld.

> [Severinsen bemærker, at forslaget er beriget med en eskatologisk tone med lidt lån fra Georg V. Hansens forslag i Oldkirkens Nadveroffer, s. 196].

6. Dansk Kirkesang 1943

Et liturgisk udvalg nedsat i 1938 af bestyrelsen for Dansk Kirkesang fremlagde i 1943 et forslag til ny højmesseliturgi. Forslaget blev trykt i selskabets årsskrift for 1943 (s. 1-26). Som en del af højmesseliturgien findes et forslag til nyt nadverritual (s. 21-25). Det gengives i det følgende. Rubrikteksterne er her ændret til kursiv.

NADVER

Under salmen efter Prædikenen gaar Præsten for Alteret, iført Messeklæder. Naar Salmen er forbi, vender Præsten sig mod Menigheden og synger eller siger:
Opløft eders Hjerter til Herren! Lad os prise hans Navn!

Derefter vender han sig mod Alteret og fortsætter:

Lov, Tak og Pris ofrer vi dig, Gud Fader almægtige, ved Jesus Kristus, vor Herre. Du skabte Himlen og hele dens Hær, Jorden og alt, som er derpaa. Liv og Aande giver du os, mætter os daglig af din Fylde. – I Samfund med hele din Menighed paa Jorden og i Himlen, i Kor med alle Engle synger vi din Herligheds Lovsang.

Menigheden synger:
Hellig, hellig, hellig er Herren, Gud den almægtige! Himlen og Jorden er fuld af din Herlighed! Hosianna i det højeste!
Præsten: Velsignet være han, som kommer, i Herrens Navn!
Menigheden: Hosianna i det højeste!

Præsten:
Ja, fremfor alt takker dig, hellige Gud og Fader, fordi du friede os ud af Mørkets Magt og førte os over i din elskede Søns Rige. Han er det levende Brød, der kom ned fra Himlen for at give Verden Liv. Vi ihukommer med Taksigelse hans bitre Lidelse og Død, hans sejrrige Opstandelse og Himmelfart og forventer hans Komme i Herlighed!

Idet Menigheden rejser sig, synger Præsten videre:
Vor Herre Jesus Kristus – i den Nat, da han blev forraadt, tog han Brødet (NB), takkede og brød det, gav sin Disciple det, og sagde: Tag dette og æd det, det er mit Legeme, som gives for eder. Gør det til min Ihukommelse!
Ligesaa tog han ogsaa Kalken (NB) efter Aftensmaaltidet, takkede, gav dem den og sagde: Drik alle deraf; denne Kalk er den nye Pagt i mit Blod, som udgydes for eder til Syndernes Forladelse. Gør dette, saa ofte som I drikker det, til min Ihukommelse!

> [To fodnoter bemærker, at præsten ved NB tager henholdsvis disken med brødet og kalken].

Menigheden synger:
O du Guds Lam!

Med Korsets Skam
Du bar al Verdens Synder,
Derfra al Trøst begynder.
Miskundelig
Forbarm du dig!

O du Guds Lam!
Med Korsets Skam
Du bar al Verdens Synder,
Dermed al Fred begynder.
Af Kærlighed
Giv os din Fred!

O du Guds Lam!
Med Korsets Skam
Du bar al Verdens Synder,
Derfra vort Liv begynder.
Vor Død tiltrods
Opliv du os!

Under det sidste vers gaar Nadvergæsterne op i Koret og knæler omkring Alteret.

Præsten:
Herre Jesus Kristus, den levende Guds Søn! Giv os i en sand Tro at modtage dit Legeme og Blod og derved faa Del i dit fuldbragte Offer til Syndernes Forladelse og evigt Liv!

Fader vor, du som er i Himlene! Helliget vorde dit Navn; komme dit Rige; ske din Vilje, som i Himlen saaledes ogsaa paa Jorden; giv os idag vort daglige Brød; og forlad os vor Skyld, som ogsaa vi forlader vore Skyldnere; og led os ikke i Fristelse; men fri os fra det onde!

Menigheden: Thi dit er Riget og Magten og Æren i Evighed. Amen.

[I en fodnote bemærkes, at præsten, hvis han ikke messer, selv fortsætter med ordene »Thi dit er Riget o. s. v.«]

Præsten går nu rundt og rækker Nadvergæsterne Brødet, idet han siger til hver især:
Dette er Jesu Kristi Legeme.
Derefter uddeler han Vinen, idet han siger:
Dette er Jesu Kristi Blod.

Gaar Præsten selv til Alters, nyder han Brødet efter at have uddelt det til de øvrige Nadvergæster; og ligesaa Vinen.
Under Uddelingen synges en Nadversalme.

Til sidst siger Præsten, vendt mod Nadvergæsterne og holdende Kalken i Haanden:
Den korsfæstede og opstandne Frelser, vor Herre Jesus Kristus, som nu har givet eder (os) sit hellige Legeme og Blod, hvormed han har gjort Fyldest for alle eders (vore) Synder, han styrke og opholde eder (os) derved i en sand Tro til det evige Liv! Fred være med eder! Amen.

Nadvergæsterne forlader Alteret og gaar til deres Pladser i Kirken.
Præsten vender sig mod Menigheden og synger eller siger:
Lad os alle bede! *(vender sig mod Alteret)*
Vi takker dig, Herre vor Gud, almægtige Fader, fordi du har vederkvæget os med disse salige Gaver. Nu beder vi din Barmhjertighed, at du lader disse dine Gaver komme os rettelig tilgode, til at styrke vor Tro, oplive vort Haab og gøre den indbyrdes Kærlighed brændende i vore Hjerter. For din Søns, Jesu Kristi, vor Herres Skyld!
Menigheden: Amen.

7. Prøveritualbogen 1963, ritual I

På et bispemøde i Aalborg i 1953 blev der nedsat et udvalg til revision af ritualerne og gudstjenesteordningen. Udvalget afsluttede sit arbejde med Prøveritualbogen 1963. Den første del af ritualbogen udgøres af en ordning for højmesse, og heri indgår et nadverritual med to nadverindledning, I og II. I det følgende gengives nadverritualet med indledning I (s. 31-39).

Layout er ændret, sådan at der her bruges kursiv i stedet for petit. Overskrifterne er i overensstemmelse af Prøveritualbogen 1963: Lovprisning, nadverbøn, Fadervor, indstiftelse, O du Guds Lam. Det er påfaldende, at der ikke er en selvstændig overskrift til uddelingen/nadvermåltidet.

NADVER

Altergæsterne bliver siddende på deres pladser og kommer først op i koret ved uddelingen. Er det ikke sikkert, at der bliver altergang, må man se bort fra denne regel og fra prædikestolen bede altergæsterne samles i koret under salmen efter prædikenen eller efter kirkebønnen.

Lovprisning

Hvor det ønskes, kan de to første menighedssvar udelades. Præsten messer eller siger, vendt mod menigheden:

P. Opløft eder hjerter til Herren.
M. Vi opløfter vore hjerter.
P. Lad os takke Herren , vor Gud.
M. Det er værdigt og ret.

I advent, i hellig trekongerstiden og i trinitatistiden:

P. Det er i sandhed værdigt og ret, at vi altid og alle vegne takker dig, Gud Fader almægtige, ved Jesus Kristus, vor Herre. Du skabte himlen og hele dens hær, jorden og alt, som er derpå. Liv og ånde giver du os, mætter os daglig af din fylde. Med hele din menighed på jorden og i Himlen, i kor med alle engle synger vi din herligheds lovsang.

[Der anføres derefter yderligere fem bønner, som varierer efter kirkeåret: 1) juletiden, 2) septuagesimatiden, fasten og langfredag, 3) påsketiden, 4) Kristi himmelfartsdag og den følgende søndag, 5) pinsedagene. De slutter alle med ordene: »i kor med alle engle synger vi din herligheds lovsang«]

Efter denne indledning fortsættes:
M. Hellig, hellig, hellig er Herren, Gud den almægtige! Himmelen og jorden er fuld af din herlighed. Hosianna i det højeste!
P. Velsignet være han, som kommer, i Herrens navn.
M: Hosianna i det højeste!

Nadverbøn
P. Lovet være du, hellige Gud og Fader, fordi du friede os ud af mørkets magt og førte os over i din elskede Søns rige. Vi mindes med taksigelse hans bitre lidelse og død, hans sejrrige opstandelse og himmelfart og forventer hans komme i herlighed. Vi beder dig: send din Helligånd over os og dette måltid. Giv os i tro at modtage vor Herres Jesu Kristi legeme og blod og derved få del i hans fuldbragte offer til syndernes forladelse. Lad os ved hans kærlighed vokse i enheden med alle troende og samles med din menighed, når du fuldender den i dit rige.
M: Amen.

Efter nadverindledning I eller II messer eller siger præsten:

Fadervor
Vor Fader, du som er i Himlene! Helliget vorde dit navn; komme dit rige; ske din vilje på jorden, som den sker i Himmelen; giv os i dag vort daglige brød; og forlad os vor skyld, som også vi forlader vore skyldnere; og led og ikke ind i fristelse; men fri os fra det onde; thi dit er riget og magten og æren i evighed.
M. Amen.

[I en fodnote bemærkes, at lovprisningen: »thi dit er riget og magten og æren i evighed. Amen« i sin helhed kan synges af menigheden.]

Indstiftelse

Menigheden rejser sig.

Vor Herre Jesus Kristus i den nat, da han blev forrådt, tog et brød, (NB) takkede og brød det, gav sine disciple det og sagde: »Tag dette og spis det; det er mit legeme, som gives for eder. Gør dette til min ihukommelse«.

Ligeså tog han også kalken (NB) efter aftensmåltidet, takkede, gav dem den og sagde: »Drik alle heraf; denne kalk er den nye pagt ved mit blod, som udgydes for eder til syndernes forladelse. Gør dette, så ofte som I drikker den, til min ihukommelse.«

Ved NB tager præsten disken, henholdsvis kalken, og sætter dem ikke, før han har læst det pågældende afsnit af indstiftelsesordene til ende.

O, du Guds Lam!

Menigheden sætter sig og synger:

O, du Guds Lam!
med korsets skam,
du bar al verdens synder,
derfra al trøst begynder;
miskundelig
forbarm du dig!

O, du Guds Lam!
med korsets skam,
du bar al verdens synder,
dermed al fred begynder;
af kærlighed
giv os din fred!

O, du Guds Lam!
med korsets skam,
du bar al verdens synder,
derfra vort liv begynder;
vor død til trods
opliv du os!

Man kan nøjes med at synge et enkelt af versene. Salmen kan også synges under uddelingen.

[Der anføres to alternative former af O, du Guds Lam. De er udeladt her].

Altergæsterne knæler ved alterbordet.

Idet præsten rækker brødet, siger han til hver nadvergæst:
Dette er Jesu Kristi legeme.
Idet præsten rækker vinen, siger han til hver nadvergæst:
Dette er Jesu Kristi blod.

Efter hvert bord siger præsten:
Gå bort med fred!

Hvor flere præster fungerer ved altergangen, går den administrerende præst med kalken.
Når den administrerende præst selv ønsker at modtage sakramentet, uddeler han brødet først til de andre nadvergæster og derefter til sig selv med de sædvanlige ord; på samme måde med vinen. I slutningsønsket ændres da ordene »eder« og »eders« til »os« og »vore«.

Efter det sidste bord siger præsten:
Den korsfæstede og opstandne frelser, vor Herre Jesus Kristus, som nu har givet eder (os) sit hellige legeme og blod, hvormed han har gjort fyl-

dest for alle eders (vore) synder, han styrke og opholde eder (os) derved i en sand tro til det evige liv!
Herrens fred være med eder alle!

[Nadverritualet sluttes med hilsen, takkekollekt, hilsen og den aronitiske velsignelse].

8. Foreløbige Ændringer 1972: Udvidet nadverritual

Ved kgl. resolution af 20. november 1972 blev der autoriseret nogle »Foreløbige Ændringer i Ritual- og Alterbog«. Som en del af højmesseordningen indgik der tre nadverritualer: (1) Kort nadverritual, (2) Let revideret udgave af 1912-ritualerne og (3) Udvidet nadverritual. Autorisationen blev ophævet igen i 1992 i forbindelse med autorisationen i 1992 af Den Danske Alterbog. I det følgende gengives det udvidede ritual, som i den trykte udgave fra 1973 findes s. 25-30. Ved 'rubrikteksterne' anvendes her kursiv, hvor 1973-udgaven bruger petit.

UDVIDET NADVERRITUAL

Efter salme efter prædikenen og evt. skriftemål:

Præsten, messer eller siger, vendt mod menigheden:
Opløft jeres hjerter til Herren! Lad os prise Hans navn!
Vi takker og lover dig, Gud Fader Almægtige, ved Jesus Kristus, vor Herre. Du skabte Himlen og hele dens hær, jorden og alt, som er derpå. Liv og ånde giver du os, mætter os daglig af din fylde. Derfor vil vi med hele din menighed på jorden, i kor med alle engle, synge din herligheds lovsang:

Menigheden:
Hellig, hellig, hellig er Herren, Gud den Almægtige. Himlen og jorden er fuld af din herlighed. Hosianna i det højeste!

Præsten: Velsignet være Han, som kommer, i Herrens navn.
Menigheden: Hosianna i det højeste!

Præsten:
Opstandne Herre og frelser, du som selv er til stede iblandt os med al din kærligheds rigdom! Giv os at modtage dit legeme og blod til din ihukommelse og til stadfæstelse i troen på syndernes forladelse. Rens os fra synd, og styrk os i det evige livs håb. Giv os at vokse i kærligheden og lad os med alle troende må blive ét i dig, ligesom du er ét med Faderen.
Menigheden: Amen.

Eller:
Vi takker dig, vor Herre Jesus Kristus, fordi du for vor skyld ydmygede dig og gav dig verden i vold. Vi beder dig: Gå til bords med os og bliv ét med os i vor fattigdom. Giv os udholdenhed indtil døden og skænk os det evige liv!
Menigheden: Amen.

Præsten:
Vor Fader, du, som er i Himlene! Helliget vorde dit navn; komme dit rige; ske din vilje som i Himmelen, således også på jorden; giv os i dag vort daglige brød; og forlad os vor skyld, som også vi forlader vore skyldnere; og led os ikke (ind) i fristelse; men fri os fra det onde; thi dit er riget og magten og æren i evighed!
Menigheden: Amen.

Præsten:
Vor Herre Jesus Kristus i den nat, da han blev forrådt, tog brødet (NB) takkede og brød det, gav sine disciple og sagde: »Tag dette og spis det; det er mit legeme, som gives for jer. Gør dette til min ihukommelse.

Ligeså tog han også kalken (NB) efter aftensmåltidet, takkede, gav dem den og sagde: »Drik alle heraf; denne kalk er den nye pagt i mit blod, som udgydes for jer til syndernes forladelse. Gør dette, så ofte som I drikker den, til min ihukommelse.

Ved NB tager præsten disken, henholdsvis kalken, og sætter dem ikke, før han har læst det pågældende afsnit af indstiftelsesordene til ende.
Altergæsterne knæler ved alterbordet.

Idet præsten rækker brødet, siger han til hver nadvergæst:
Det er Jesu Kristi legeme.
Eller: Modtag Jesu Kristi legeme.
Eller tavs uddeling.

Idet præsten rækker vinen, siger han til hver nadvergæst:
Det er Jesu Kristi blod.
Eller: Modtag Jesu Kristi blod.
Eller tavs uddeling.

Under uddelingen kan synges Agnus Dei i form af salmen: »O, du Guds Lam!« (Nr. 365 eller 174) eller i prosaform:

O, Guds Lam uskyldig,
du som bærer verdens synd:
forbarm dig over os!
O, Guds Lam uskyldig,
du som bærer verdens synd:
forbarm dig over os!
O, Guds Lam uskyldig,
du som bærer verdens synd:
forlen os din fred!
Amen.

Efter hvert bord siger præsten:

Den korsfæstede og opstandne frelser, vor Herre Jesus Kristus, som nu har givet jer sit hellige legeme og blod, hvormed han har gjort fyldest for alle jeres/vore synder, han styrke og opholde jer derved i en sand tro til det evige liv! Fred være med jer!

Efter alle borde undtagen det sidste kan præsten sige:
Gå bort med fred.

Hvor flere præster fungerer ved altergangen, går den administrerende præst med kalken. Når den administrerende præst selv ønsker at gå til alters, uddeler han brødet til de andre nadvergæster og derefter til dig selv med de sædvanlige ord; på samme måde med vinen. I slutningsønsket ændres da ordene »jer« og »jeres« til »os« og »vore«.

Når nadverhandlingen er afsluttet, vender præsten sig mod menigheden og messer eller siger:
Lad os alle bede!
Derpå vender han sig mod alteret og messer eller siger:
Vi takker dig, Herre vor Gud, almægtige Fader, fordi du i din barmhjertighed vederkvæger os med disse livsalige gaver. Vi beder dig, at du vil lade dine gaver komme os rettelig til gode, til at styrke vor tro, grundfæste vort håb og gøre den indbyrdes kærlighed levende iblandt os, for din Søns, Jesu Kristi, vor Herres skyld.
Menigheden: Amen.

[Der afsluttes med hilsen og den aronitiske velsignelse]